总主编◎向　阳　　总主审◎李　忠

会议策划与组织

第 4 版

主　编◎向　阳　董丽华　王　曦
副主编◎钟建珍　文景昱　周　茉

重庆大学出版社

图书在版编目（CIP）数据

会议策划与组织 / 向阳，董丽华，王曦主编. --4
版. --重庆：重庆大学出版社，2024.6
ISBN 978-7-5689-4497-7

Ⅰ.①会…　Ⅱ.①向…　②董…　③王…　Ⅲ.①会议—
组织管理学—教材　Ⅳ.①C931.47

中国国家版本馆CIP数据核字（2024）第092999号

会议策划与组织

（第4版）

HUIYI CEHUA YU ZUZHI

主编　向　阳　董丽华　王　曦
策划编辑：唐启秀
责任编辑：黄永红　　版式设计：唐启秀
责任校对：关德强　　责任印制：张　策

*

重庆大学出版社出版发行
出版人：陈晓阳
社址：重庆市沙坪坝区大学城西路21号
邮编：401331
电话：（023）88617190　88617185（中小学）
传真：（023）88617186　88617166
网址：http://www.cqup.com.cn
邮箱：fxk@cqup.com.cn（营销中心）
全国新华书店经销
重庆市正前方彩色印刷有限公司印刷

*

开本：787mm×1092mm　1/16　印张：18.75　字数：388千
2024年6月第4版　2024年6月第11次印刷
ISBN 978-7-5689-4497-7　　定价：49.00元

丛书编委会

总主审 李 忠

总主编 向 阳

编委会成员

肖云林　向　阳　王锦坤

韩开绯　孔雪燕　赵雪莲

金常德　吴良勤　王　曦

总序

在习近平新时代中国特色社会主义思想的指导下,中国职业教育迎来了空前的发展。各职业院校在深入贯彻党的二十大精神的同时,始终坚持党的领导,坚持正确办学方向,坚持立德树人,优化类型定位,深入推进育人方式、办学模式、管理体制、保障机制改革。职业院校的教师们以建设技能型社会、弘扬工匠精神为指南,培养了大批高素质技术技能人才、能工巧匠、大国工匠,为全面建设社会主义现代化国家、赋能新质生产力、助力人才强国,提供了有力的人才和技能支撑。

现代文秘专业在职业教育改革的大潮中锚定目标,厚积薄发,积极地与新经济、新产业、新业态融合,对标现代服务业,坚持产教融通、校企合作,推动形成产教良性互动、校企优势互补的发展格局,释放出文秘类专业职业教育的新空间、新活力,取得了一系列令人瞩目的教学、科研、实践的成果。本系列教材正是在这样的形势下开始策划和推动的。随着时代的不断发展,信息技术的迭代更新,文秘工作已经不仅仅是简单的文字处理和事务管理,它要求从业人员具备更加出色的政治素养、全面的职业素质、精湛的专业技能和敏锐的时代触觉。这套新形态教材的编写出版,旨在为文秘类专业的学生和从业者提供一个全新的学习平台,帮助他们更好地适应未来职业发展的需求。

在教育部职业院校教育类专业教学指导委员会文秘专业委员会的直接指导下,在重庆大学出版社的大力支持下,我们以国家《现代文秘专业标准》为依据,集合了全国多所职业院校文秘类专业的专业带头人和优秀老师,共同编写了这套符合"立德树人"整体要求、凸显校企融通思路的新形态教材。这套教材的编写,紧密结合了企事业单位对文秘人才的现实需求,充分吸收了最新的智慧办公数字行政方面的成果,力求在传授专业知识的同时,培养学生的实践能力和创新精神。我们遵循高职教育的规律，以人才培养为核心，以行业需求为导向，以提升学生的综合素质和职业技能为目标，努力打造一套既符合高职教育特点，又具有鲜明时代特色的文秘类专业系列教材。

在编写过程中，我们坚持"为党育人，为国育才"的基本出发点，将课程思政贯穿每一本教材的始终。通过深入分析当前企事业单位对文秘人才的需求趋势，结合高职教育的特点和人才培养模式，我们力求在教材中融入最新的教育理念和教学方法，使之既符合教育规律，又能有效提升学生的职业技能和综合素质。在内容的选择上，我们力求精简、实用，避免空洞的理论阐述，而是更多地关注实际操作和应用，力求使每一章节、每一个知识点都能紧密联系实际，服务于学生的未来职业发展；在版式设计上，我们采用了大量的图表、案例和实训练习，使学生在学习过程中能够更直观地理解知识点，更好地掌握实际操作技能。同时，我们还配套了大量的多媒体教学资源，包括视频教程、在线测试、模拟实训等，旨在为学生提供一个更加丰富、多元的学习环境。通过对这些资源的使用，学生可以随时随地进行自主学习和实践操作，进一步提升学习效果和职业技能。

我们坚信，这套文秘类专业新形态教材的出版，必将对推动新时代文秘类专业教育的发展产生积极而深远的影响。我们期待它能够成为广大师生学习、教学的得力助手，为我国文秘人才的培养贡献智慧和力量。

在此，我们要再次感谢重庆大学出版社对这套教材的编写和出版的全力支持。他们的专业团队在内容策划、编辑校对、版式设计等方面都给予了我们宝贵的建议和帮助，使得这套教材能够更加完善、更加符合读者的需求。

展望未来，我们将继续关注文秘行业的最新发展动态，不断更新和完善教材内容，确保其始终与时俱进、紧跟时代步伐。由于编者来自不同的省市和院校，水平也有限，教材中难免存在一些不足，我们也希望广大师生能够积极使用这套教材，提出宝贵的意见和建议，共同推动文秘类专业教育的不断发展和进步。

让我们携手努力，共同书写文秘类专业教育的新篇章！

编　者

2024 年 3 月

第 4 版前言

在广大读者的关心和支持下，在编者团队与重庆大学出版社的共同努力下，这本教材已经走过了 14 年的时光。过去的 14 年，高质量发展成为全面建设社会主义现代化国家的首要任务，智能化浪潮席卷经济社会生活的方方面面，智能会议、云端会议成为习以为常的工作方式，由党政机关带头实行的节俭高效办会也成为会议组织的基本要求。这些变化都对会议组织与策划的课程建设和教学实践注入了新的元素，提出了新的要求。

此次改版，我们坚持了前版教材基于任务驱动式设计思路和成果导向的教学思路，以建设国家级精品课程为目标，充分融入了团队的教学改革成果，尝试融入更多高科技新元素，并更新了案例和素材，以期更好地回应国家"十四五"规划中职业技术教育的新要求。同时，我们将党的二十大报告的有关精神融入教材，做到了课程思政全贯穿，以此来引导读者在会议策划和组织中坚定理想信念，以更加积极的态度和行动来推进新时代的会议工作。

在编写中，我们以全面落实"立德树人"为根本任务，把思想政治工作贯穿教育教学的整个过程，持续深化"三全育人"改革实践，精心设计了关于家国情怀、工匠精神、安全意识、劳动精神等的思政案例，进一步挖掘会议组织与策划中所蕴藏的思政元素，为实现党的二十大报告中提出的"育人的根本在于立德。全面贯彻党的教育方针，落实立德树人根本任务，培养德智体美劳全面发展的社会主义建设者和接班人"提供支撑。

党的二十大报告提出，要"坚持守正创新""坚持问题导向"。与现代会议越来越高的要求、越来越强的专业性形成鲜明对比的是，真正具备会议策划与组织能力的实用型人才的普遍缺乏。因此，在本版教材的编写中，我们引入了智能会议系统，着重突出智慧会议和信息化手段在会务工作中的应用，创设了更加符合智能时代会议实践的学习场景。

在此基础上，我们进一步认识到，数字化转型已成为推动会议行业发展的关键力量。因此，本教材在学习通平台配备了整套的数字资源，旨在将最新的技术与会议策划和组织紧密结合。这些资源不仅包括无纸化会议系统教学资源，还涵盖了元宇宙会议平台教学资源，它们正在重塑会议的形态和运作方式。

此外，我们还特别强调了 AI 辅助会议策划与组织的方法，这是对传统会议策划与组织技能的重要补充和提升。通过这些先进的数字资源，学生不仅能够掌握会议策划与组织的基础知识和技能，还能学习到如何运用人工智能等前沿技术来优化会议流程、提高效率和参与度。这样的学习体验将有助于学生更好地适应未来会议行业的发展趋势，成为能够驾驭新质生产力的创新型人才。

通过这些数字资源的整合与应用，我们期望本教材能够成为培养新时代会务人才的重要工具，真正实现"教、学、做"一体化，从而实现党的二十大报告提出的"培育创新文化，弘扬科学家精神，涵养优良学风，营造创新氛围"的教育目标，培养具备更加扎实职业能力的会务人才，助力文秘、行政、经管、会展等文科类专业学生更好地丰富会议知识，并扎实提升会议策划与组织技能，提高会议工作水平。

最后，我们要感谢为前三版作出贡献的编者们，是你们为本书注入了深厚的底蕴；同时，我们要感谢为本书的再版作出贡献的所有人员，是你们让本书获得了源源不断的活力，其中董丽华老师负责全书内容的重新设计、思政元素的融入以及案例的更新，王曦老师负责全书内容的审定和更新，钟建珍老师、文景昱老师负责项目八的写作，来自有道商创（深圳）科技有限公司的周茉女士为本次修订提供了重要思路和案例。在此特别感谢强月霞老师、龙新辉老师、杨慧老师、迟小华老师、梁贝妮老师为本书编写所做的相关工作。

愿本书能够为广大读者提供有益的帮助，同时也期待读者们对本书提出宝贵的意见和建议，以便我们不断完善和提高教材质量。谢谢大家！

向　阳

2024 年 3 月于珠海

目录
MULU

项目一　会议概说 / 1

　　任务一　会议的含义与要素 / 2

　　任务二　会议的功能与种类 / 10

　　任务三　会议不良现象及解决对策 / 16

　　任务四　秘书与会议 / 23

项目二　会议的策划与准备 / 31

　　任务一　会议策划与会议方案 / 32

　　任务二　会议机构的组成和人员选择 / 41

　　任务三　会议经费预算 / 43

　　任务四　会议选址和布置 / 56

　　任务五　会议文件的准备 / 62

项目三　会中组织与服务 / 75

　　任务一　会议接待 / 77

　　任务二　会议现场服务与管理 / 86

　　任务三　会议食宿服务 / 100

　　任务四　会议后勤保障服务 / 109

项目四　会议善后工作 / 121

任务一　参会人员送别 / 122

任务二　会议文件的收集、整理与归档 / 130

任务三　会议精神的传达与落实 / 145

任务四　会议评估与总结 / 151

项目五　会议礼仪 / 163

任务一　会议基本礼仪规范 / 164

任务二　接待人员形象设计 / 173

任务三　会议礼仪文书 / 183

项目六　会展策划与组织 / 191

任务一　认识会展 / 195

任务二　办展方的主要工作 / 201

任务三　参展方的主要工作 / 215

项目七　常规会议的组织 / 221

任务一　行政办公会议 / 221

任务二　股东大会和董事会会议 / 224

任务三　工作现场会 / 231

任务四　座谈会和茶话会 / 235

任务五　评审会 / 242

项目八　网络视频会议的组织 / 245

任务一　网络视频会议简介 / 247

任务二　智能数字会议系统介绍 / 254

参考文献 / 289

项目一
会议概说

知识目标

1. 了解秘书与会议的关系。

2. 熟悉会议的含义和要素。

3. 掌握会议的组成要素。

能力目标

1. 能针对会议要素准备会议。

2. 能区别会议的种类和会议的特点。

3. 能掌握会议的误区及解决对策。

素质目标

1. 认同会议工作的意义和价值。

2. 加强会议工作的责任意识和服务意识。

3. 践行自信自强、守正创新的职业道德要求。

【案例导入】

王义大学刚毕业便应聘到一家大型企业当秘书。一天，公司杨经理走进办公室，"明天上午九点在三楼会议室开会，……"

"唉，怎么又开会？"王义脱口说了一句。

杨经理有点惊讶地反问道："你认为开会是没有意义的事吗？"杨经理似乎看出了王义不以为然的样子，继续问："你说说会议都有哪些价值或者为什么没有价值？"

这个问题王义从没有想过，对开会的厌烦情绪淹没了他对会议的理性思考。

杨经理见他语塞，递给他一份资料："拿去看看，好好准备明天的会议。"

也许是由于在学校见多了一些无聊的会议，每次开会王义不是逃会就是在会场睡觉。他认为自己刚来不久，没啥事会问到自己，开会就是走走过场。因此，王义打定主意，明天到会场上休息休息。

第二天，当杨经理看到坐在角落睡眼蒙眬的王义，就点名让他为讨论的方案献计。

王义急忙站起，两手空空，两耳空空，口中无语；看看四周，才发现大家手边都放着一些资料，而且都在记录着什么，他一下涨红了脸，低下了头……

杨经理见状，沉默了一会儿，对他说："会后到我办公室来一下。"

王义开完会就来到杨经理办公室，杨经理递给他一份文件："下周有个新员工培训会议，你来帮我办会。"

王义仔细看了文件上的要求，原来这么简单的一个会议还需要这么多的准备工作，看来办会还真不简单。

思考：

1. 结合你平时对会议的认识，谈谈会议的意义何在。
2. 如何才能成功举办一次高效率、高质量的会议？

- -

任务一　会议的含义与要素

一、会议的含义

中国共产党第二十次全国代表大会为我们提供了一次高质量、高规格、高水平的会议范例。那么究竟什么是会议呢？孙中山先生在《民权初步》中对会议有一段精彩的论述："凡研究事理而为之解决，一人谓之独思，二人谓之对话，三人以上而循有一定规则者，则谓之会议。"会议是人们最常见的一种交往形式。会是指多人相聚，议是指协商事宜，会议合在一起就是人们聚集在一起通过一定的形式和程序，协商事宜、交流信息、沟通情感、达成共识的一种重要的行为过程，是人们在社会生活中处理有关问题的一种经常性的活动形式。

根据以上定义，我们得知，会议必须具备以下 3 个条件：

（1）必须由 3 个或以上的人参与；

（2）必须有一定的议题和目标；

（3）必须通过一定的程序达到目标。

会议可以说是无处不在，不仅在国家机关、企事业单位中，人们经常需要有组织、有领导地聚集在一起通过会议商议事项、进行交流，而且在国与国之间、国际组织之间，人们也需要通过会议进行沟通、交流、协商，以避免矛盾和冲突，达成共识。如上海世博会、博鳌亚洲论坛年会、世界气候大会等。会议已成为人类解决各种问题必不可少的方式之一。

二、会议的要素

会议是由多种要素构成的一种综合性行为方式。认识会议，首先应从明确会议的基本要素入手。会议的基本要素如图 1-1 所示。

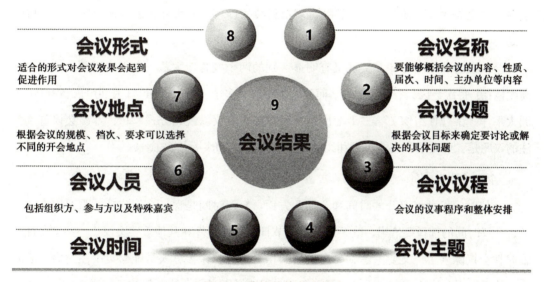

图 1-1　会议的基本要素图

（一）会议名称

会议名称要求能概括会议的内容、性质、参加对象、主办单位以及会议时间、届次、地点、范围、规模等。根据会议内容和性质，每次会议名称不尽相同。如"中韩秘书教育学术研讨会"显示内容和性质；"博鳌亚洲论坛 2019 年年会"显示地点、时间和形式；"易事特集团股份有限公司 2020 年第四届临时股东大会"则显示单位、时间、届次、范围、规模、性质、参加对象。总之，会议名称必须确切、规范。大中型会议的会议名称常常做成横幅大标语，置于会场主席台的天幕上方，作为会议的标志，简称"会标"。会标必须用全称，不能随意省略，以免造成误会。

（二）会议议题

会议议题，是根据会议目标来确定并付诸会议讨论或解决的具体问题，也是会议活动的必备要素。小型会议，特别是小型的专业会议，往往就一个议题进行探讨。如某企业召开会议，探讨如何提高职工的福利待遇。而大中型会议，特别是综合性会议，往往有多个议题。如2022年6月12日世界贸易组织第十二届部长级会议在瑞士日内瓦开幕，会前就已经确定了"新冠疫苗知识产权豁免""疫情应对""粮食安全""世贸组织改革"等多个议题。

（三）会议主题

会议主题，是根据会议议题概括出的主题性口号。一般来讲，大中型会议才确立主题口号，小型或日常会议只确定议题。如世博会，每年的世博会都会确立一个主题。2010年上海世博会的主题是"城市，让生活更美好"，围绕这一主题确立了五个副主题，即城市多元文化的融合、城市经济的繁荣、城市科技的创新、城市社区的重塑、城市与乡村的互动。

会议议题和主题是相互关联又有明显区别的两个概念。主题一定围绕议题，是议题的高度概括；每次会议只有一个主题，而议题则可以有多个。如2020年11月20日，APEC（亚洲太平洋经济合作组织）第二十七次领导人非正式会议以视频方式举行，本次会议重点关注的议题是：亚太地区疫情应对和经济复苏，启动2020年后合作愿景。

（四）会议时间

会议时间指会议召开的时间和会期两方面。会议时间是保证会议成功的重要因素，因此，会议时间的选择要恰当，既要避开重要节日、重大事件和其他重要会议（一些紧急性、临时性会议除外），又要考虑到参会人员的相关情况，让参会人员能够集中注意力专心开会，从而提高会议的效率和质量。一旦会议时间选择不当便会使会议的各种努力付诸东流。如2020年12月7日，世界经济论坛宣布，考虑到新冠疫情，该论坛2021年年会将于2021年5月13日至16日在新加坡举行。但到了2021年2月3日，仍然是因为新冠疫情导致的全球旅行限制和在抗击病毒方面面临的国际挑战，世界经济论坛决定将年度会议延期，改为2021年8月17日至20日举行。

（五）会议地点

合适的会议地点是保证会议顺利进行的要素之一，安静、舒适、优雅的会议环境，相应的会议设施有助于提高会议的效率和质量。会议地点的选择虽然没有铁定的规律可循，但在选择会议地点时首先要考虑会议的目的、主题和内容。如商务会议一定要满足商务旅行者的要求；与休闲娱乐有关的会议要选择旅游胜地和度假村，或者其他有多项娱乐活动的场所；专业培训和小型会议则适合在小型会议中心举办等。

通常被选择用于举办会议的地点有会议中心、会展中心、市内酒店、远郊宾馆、度假村以及高校等。

（六）会议议程

会议议程，指会议议事程序和整体安排。会议议程所涵盖的内容除了各种议题，还包括会议时间、会议地点、会议内容以及参会人员姓名等内容。会议一定要有完善合理的议程安排，并且要严格按照议程来进行，这样才能避免出现会而不议，议而不决的情形。编排会议议程应遵循以下两个原则：

（1）按照议题的轻重缓急安排先后次序，即紧要的事项应安排在议程的前端处理，不紧要的事项则安排在议程的后端处理。

（2）预估并标示出处理每个议题所需要的时间。在会议议程中明确哪个时间段讨论哪一个议题，以便参会人员更好地把握会议程序和时间，从而提高会议效率。

（七）会议人员

会议人员包括会议主办方（含会议主持人），参会人员。

1. 会议主办方

会议的主办方是指具体策划、发起会议的单位或个人。有些会议直接由主办方组织；有些会议可以由主办方发起，承办方具体组织实施。在实际工作中要注意分清主办、承办、协办之间的区别，以及各自所承担的职责。如历年的广交会主办单位为中华人民共和国商务部和广东省人民政府，承办单位为中国对外贸易中心。专门成立的"中国进出口商品交易会领导委员会"由中华人民共和国商务部、广东省人民政府、广州市人民政府领导，由各交易团团长、各展馆馆长、有关部门领导共同组成。

2. 会议主持人

主持人是会议中的特殊角色，其任务是有效地组织会议，介绍领导、来宾，说明会议的意义，控制会议进程，调动听众情绪，营造会场气氛，对会议进行总结等。主持人不同的主持风格会带来不同的会议气氛和效果，需注意的是，主持人是会议的配角，不应该让所有人的目光都集中在主持人身上而忽略会议的主讲人和会议的议题。

3. 参会人员

为了保证会议的质量和效果，应尽可能选择与会议主题有关并能产生实际作用和影响的人来参加会议，尽量减少代开会、旁听会的人员。如果是重要会议，还需对参会人员进行提名。提名参会人员是一项重要的且原则性极强的工作，提名是否准确、全面，将直接影响会议的结果。在提出、确定参会人员名单时，应当注意以下几点：

（1）应根据领导的指示和要求，经过反复考虑、核对后提出与会人员名单，并请领导审定。

（2）讨论和选择与议题有直接利益关系的参会人员。

（3）选择按照组织程序和法律要求必须到场或使会议主题具有权威性的参会人员。

（4）明确参会人员身份（正式成员、列席成员、旁听成员、特邀嘉宾）。

（5）从会议的切实需要和会议成本来决定参会人数。

（6）参考单位惯例选择参会人员。

（八）会议形式

不同类型、不同规模的会议常采取不同的形式。适合的形式对会议效果会起到促进作用。会议形式主要有现场办公会、观摩会、座谈会、研讨会、论坛、辩论会等。随着网络技术和卫星传输手段的发展，视频会议、网络会议逐渐成为会议的主要形式。这种"虚拟实境会议"，既可以减少成本，也可以省去参会人员的车马劳顿之苦。有的地方还将全息投影技术用于会议中。第十六届心脏影像及心脏干预大会就用到了此技术。全息投影技术有利于提升参会人员的兴趣、聚集观众的目光、解决空间和时间的问题。

（九）会议结果

会议是以解决问题为目标的社会活动。因此，达到预期的结果，所有的会务工作都必须围绕会议的目标展开，以使会议达成目标。

明确了会议的9个要素，会议的组织就有了一条主线，秘书人员就有了清晰的工作目标和方向。接下来的工作就是按照会议筹备、会议召开和会议结束三个阶段将策划和服务工作具体落实。

📶 知识链接

聚焦 G20 杭州峰会六大看点

举世瞩目中，二十国集团（G20）领导人第十一次峰会即将在中国杭州拉开帷幕。首次在中国举办的 G20 峰会，有哪些事引人关注？

"新华视点"记者梳理出 G20 杭州峰会六大看点，供先睹为快。

看点一：习近平主席的"杭州时间"怎样安排？

G20 杭州峰会，是今年中国最重要的主场外交，也是近年来中国主办的级别最高、规模最大、影响最深远的国际峰会。作为东道国领导人，国家主席习近平在峰会期间的重要活动将有数十场之多。

9月4日至5日的领导人峰会上，习近平主席将主持欢迎仪式、开幕式、五个阶段会议、闭幕式等十余场活动，同各方一道围绕"构建创新、活力、联动、包容的世界经济"主题和各项重点议题展开讨论。会后，习近平主席将出席记者会，向中外记者介绍峰会成果和会议情况。

领导人峰会前，G20工商峰会（B20峰会）将于3日至4日举行。习近平主席将出席开幕式并发表主旨演讲，全面深入阐述对中国经济、世界经济和全球经济治理的看法和主张。

除上述两个峰会外，金砖国家领导人按惯例将在峰会期间举行非正式会晤，习近平主席将出席会晤并发表重要讲话。习近平主席还将同与会外方领导人举行双边会见。

中国现代国际关系研究院研究员陈凤英说，杭州峰会是中国"十三五"时期主办的首个大型国际峰会。中方将充分利用这一主场外交平台，向世界阐释中国理念、中国主张、中国方案。

看点二：杭州峰会有哪些新意？

人口占全球三分之二，国土面积占全球的60%，国内生产总值占全球的85%，贸易额占全球的80%——G20是公认的全球经济治理主要平台。在世界经济复苏仍然乏力、不确定性增多的大背景下，各方都期待这次G20峰会在全球经济治理中发挥重要作用。

外交部副部长李保东介绍，在峰会主题下，各方将围绕"加强政策协调、创新增长方式""更高效的全球经济金融治理""强劲的国际贸易和投资""包容和联动式发展""影响世界经济的其他突出问题"等重点议题展开讨论。

专家认为，这些重点议题既着眼当前又旨在长远，既围绕增长动力又围绕治理体制，重点突出发展问题，可谓切中肯綮。

今年以来，G20会议已经产生并将继续产生多个"首次"——首次聚焦全球增长中长期动力；首次将发展问题置于全球宏观政策框架突出位置；首次制定结构性改革优先领域、指导原则和指标体系；首次制定全球首个多边投资规则框架；首次把绿色金融议题引入G20议程；首次发表G20历史上第一份关于气候变化问题的主席声明，并准备在峰会前完成批准《巴黎协定》的国内法律程序……

陈凤英说，2008年国际金融危机以来，G20峰会已经举行十次。从危机应对机制向长效治理机制转型，是G20自身发展面临的重要任务。相信杭州峰会在这一历史进程中能够扮演关键角色。

看点三：与会政要将开展哪些外交活动？

20位G20成员国领导人、8位嘉宾国领导人、7位国际组织负责人——出席杭州峰会的外方领导人和国际组织负责人，将密集开展双边和多边外交活动。

中国国际问题研究院常务副院长阮宗泽说，峰会期间举行的双多边会晤，一方面可以就峰会议题本身进行探讨，推动达成更多共识；另一方面，还可以借此机会就双边关系和共同关心的其他热点和敏感问题充分交换意见，管控分歧和争议。

在众多会晤中，大国之间的互动尤为引人关注。中美两国已经宣布，习近平主席和奥巴马总统将在峰会期间举行会晤。在此节点举行的会晤吸引着全世界的目光。

此外，杭州峰会外交舞台将见证多个"第一次"。这将是巴西总统特梅尔、加拿大总理特鲁多、英国首相特雷莎·梅等就任现职后首次来华。专家表示，相信这些"第一次"会为双边关系发展创造新机遇。

正如外交部长王毅所说，中国将进入繁忙的"多边外交季"。

看点四：为什么邀请这么多发展中国家？

东盟主席国老挝、非盟主席国乍得、非洲发展新伙伴计划主席国塞内加尔、77 国集团主席国泰国以及哈萨克斯坦、埃及……这些发展中国家领导人都受邀与会。杭州峰会，成为 G20 历史上发展中国家参与最多、代表性最广泛的一次峰会。

"G20 最终要解决的是发展问题。制订世界经济未来发展方案，需要听取和吸收更多国家的诉求。"阮宗泽说，G20 作为全球经济治理的主要平台，应当拓展发展中国家的话语空间。

在中方推动下，"包容和联动式发展"成为杭州峰会重点议题之一。峰会第一次围绕落实 2030 年可持续发展议程制订系统性行动计划。峰会还将发起支持非洲和最不发达国家工业化合作倡议。

"对'发展'和'可持续'的高度重视，不仅是中国作为世界最大发展中国家为推动世界经济复苏作出的独特安排，也包含了更加强化 G20 这一交流合作机制的深刻考虑。"阮宗泽说。

据悉，峰会筹办过程中，中方全方位、多层次地开展 G20 外围对话。联合国大会、非盟总部、77 国集团，以及最不发达国家、内陆国和小岛国……中国的对话活动覆盖了几乎所有联合国成员，特别是其中 130 多个发展中国家。"这体现了中国开放、包容的办会宗旨，让 G20 峰会更具代表性。"陈凤英说。

看点五：工商"大咖"将关注哪些话题？

根据杭州峰会的日程安排，迄今规模最大的 B20 峰会将与 G20 领导人峰会"背靠背"举行。800 多名全球工商界代表将参加 9 月 3 日至 4 日举行的这次 B20 峰会，其中既有跨国公司巨头，也有中小企业翘楚。

G20 工商界活动（B20）的使命是代表工商界为 G20 建言献策。呼应 G20 峰会主题，今年 B20 设置了"金融促增长""贸易投资""基础设施""中小企业发展""就业""反腐败"六大议题，成立了由全球 533 位工商企业、商协会、国际机构和智库代表组成的 5 个议题工作组，并组织举办了反腐败论坛。

经过精心准备，今年《B20 政策建议报告》已经出炉，将于 B20 峰会上正式向领导人峰会提交。实施 G20 智慧创新倡议、支持世界电子贸易平台（eWTP）倡议……报告提出了 4 方面 20 项政策建议。

"企业家是引领世界经济复苏的排头兵，全球经济治理需要倾听他们的声音。"陈凤英说。

中国工商界在今年 B20 中可谓"史上最深度参与"——峰会代表近半数来自中国，马云、宁高宁、李彦宏等企业家分别担任 5 个议题工作组主席。阮宗泽说，本次 B20 峰会为中国企业家深入参与国际规则制定提供了重要平台。

看点六：反腐败"天网"怎样越织越牢？

推动 G20 制定追逃追赃高级别原则、设立追逃追赃研究中心、制订反腐败 2017—2018 年行动计划……在中国的推动下，反腐败议题将成为今年 G20 峰会的重点之一。

"只有风清气正的经济环境，才能催生健康的世界经济。"阮宗泽说，腐败是全球现象，为经济发展创造公平公正环境是各国普遍需求。

近几年来，反腐败都是 G20 的重要议题。作为今年 G20 主席国，中国高度重视推动 G20 反腐败合作。在工商峰会即将向领导人峰会提交的《B20 政策建议报告》中，写入了加大国际反腐合作、提升商业环境透明度等内容。

杭州峰会的预期成果之一，是构建原则、机制、行动"三位一体"的反腐败格局。北京大学廉政研究中心主任李成言认为，所谓"三位一体"，即原则上各成员应共同遵守对腐败分子的法律认定，机制上要建立互相配合的追逃追赃协商小组，行动上则要在法律结合点上提供方便快捷的主客观条件，以达成一致行动。

（记者 杨依军、王卓伦、陈晓波）

（资料来源：新华社杭州 2016 年 9 月 1 日电）

📶 实训

1. 把全班同学分为若干个小组，每个小组选一位负责的组长，后面所有的实训将以小组为单位进行。组长将不同的实训任务合理分配给不同的成员，同时要求全组同学精诚团结、互相合作，体现出良好的团队精神。

2. 以"我说会议"为题，谈谈自己参加过的印象比较深刻的会议，以及对会议的认识、理解。每个小组选一名同学在班上发言。

　　3.教师根据学校和当地实际情况，准备若干会议案例，会议案例尽可能包括多种不同的会议类型和会议规模，分别交给各小组，并组织小组讨论。每个小组派代表发言，谈谈自己将选择哪种会议形式，并说明理由。

📶 自测题

　　1.会议包括哪些要素？如果让你排序，你会把哪三个要素排在最前面？

　　2.确定会议时间需要考虑哪些因素？

　　3.除了书中提到的，你还知道哪些会议方式？

　　4.收集几个你认为很精练的会议主题，与大家分享。

任务二　会议的功能与种类

一、会议的功能

　　作为一种沟通、交流手段，会议主要有以下功能：

（一）提供信息

　　在当今瞬息万变的信息社会，会议已经成为人们交换信息、获取信息的重要形式。虽然网络、影视、图书、报刊也能够为我们提供大量的信息，但会议作为一种面对面的交流形式，让我们一方面可以从主办方、组织者、发言人那里获得相对集中的信息，另一方面还可以从会议代表那里获得多角度的信息。另外，会议中的交流、研讨也可以产生大量新的信息。

（二）交流经验

　　会议为参会人员提供了交流经验的机会和平台。通过会议，既可以交流宏观层面的政策、战略等方面的信息，也可以交流微观层面的包括生产流程、技术工艺、实际操作等方面的心得。这种交流既可以是企业内部的交流，也可以是同行之间，甚至是国际之间的交流。通过会议交流，参会人员能够取长补短，相互借鉴，共同提高。

（三）解决问题

　　当一位企业管理者面临问题时，他可凭借经验当机立断亲自解决，也可授权给下属代为解决，但遇到一些复杂多变、涉及面广的问题，往往就需要借助会议来解决。通过会议，可以将问题所涉及的各方面代表聚集起来，在有限的时间内高效地解决彼此之间的矛盾，商讨最佳方案，达成共识。通过会议，邀请下属共商问题解决方案，集思广益，既能很好地解决问题，又能营造出民主性气氛，使企业上下一心，和谐发展。

（四）宣传政策

当一位企业管理者准备将既定的政策传达给下属的时候，他可以采取三种方式：第一，书面宣传；第二，面对面宣传；第三，会议宣传。书面宣传虽然最符合经济原则，但由于缺乏督促，很难达到宣传效果；面对面宣传督促效果很好，但会增加人力成本；而会议宣传既能当面提要求，讲落实，又能节省人力资源以及管理者和员工的时间，是一种较好的宣传方式。

（五）沟通情感

社会交往之中，为增强交际效果，我们常举行一些特殊会议，如联谊会、茶话会、联欢会、答谢会等，这些会议的主要功能在于沟通情感、畅叙友情、增进了解。

二、会议种类

会议的种类复杂多样，而每类会议又都有其各自的特点和办会要求。了解和掌握会议的类型，目的在于更好地认识和组织会议，更好地发挥会议的作用。

（一）按会议性质分类

按会议的不同性质分类，会议可分为以下8种：

（1）法定性或制度规定性会议：如党代会、职代会、妇代会、股东大会等。

（2）决策性会议：如常委会、党组会、理事会、行政会、董事会等。

（3）工作性会议：如动员大会、工作布置会、经验交流会、现场办公会、总结会、联席会、座谈会、协调会、务虚会等。

（4）专业性会议：如研讨会、论坛、听证会、答辩会、专题会、鉴定会等。

（5）告知性会议：如表彰会、纪念会、庆祝会、庆功会、命名会等。

（6）商务性会议：如招商会、订货会、贸易洽谈会、观摩会、产品推介会、促销会等。

（7）联谊性会议：如接见、会见、茶话会、团拜会、恳谈会、宴会等。

（8）信息性会议：如新闻发布会、记者招待会、报告会、咨询会等。

（二）按会议区域分类

按会议区域分类是指按照会议代表来自的地区范围分类，会议可分为国际会议、全国会议、区域会议、单位或部门会议等。

（三）按会议规模分类

按会议规模分类是指按照参加会议的人数来分类，会议可分为大型会议、中型会议、小型会议。一般来讲，200人以内属于小型会议，200~500人属于中型会议，500人以上属于大型会议。当然，大型、中型、小型有时是相对概念，不同的组织会有不同的界定。比如，有些组织 300 人以上就算是大型会议，而有些组织的大型会议可能在万人以上。

（四）按会议周期分类

按会议周期分类，会议可分为定期会议和不定期会议。定期会议是指有固定周期，定时召开的会议；不定期会议则是指随时根据需要而召开的会议。

（五）按会议阶段分类

按会议阶段分类，会议可分为预备会议和正式会议。预备会议也可称为筹备会议，是指正式会议之前，为保证会议的顺利召开而进行的准备会议，主要商议正式会议召开的有关事宜。

（六）按会议手段分类

按会议手段分类，会议可分为常规会议、电话会议、电视会议、网络会议等。常规会议一般是指参会人员坐在同一个会场中，按照既定程序开会；电话会议是通过电话线路，将一个会场的声音信号传送到其他会场，让多个会场的人同时听会，这种形式可以节约时间和成本；电视会议是通过电视台或者有线电视信号将会场的声音和画面传到不同的会场中，让异地会场的人也有身临其境的感觉；网络会议是利用网络技术进行会议信号的传递，由于网络具有交互性，会议的各方均可以通过网络进行发言、讨论，因此它比电话、电视会议单向沟通的方式效果更好。

📶 知识链接

会议，是社会经济"发声"的载体与平台

刘海莹

2021 年 7 月 1 日，适逢中国共产党成立 100 周年。在年初的党史学习教育动员大会上，习近平总书记号召全党同志学党史、悟思想、办实事、开新局，从党的百年伟大奋斗历程中汲取继续前进的智慧和力量。值此盛时，笔者愿与业界共同回顾我国会议业发展历程。当前世界正处于百年未有之大变局中，各个国家、各行各业都面临着大革新，总结回顾会议行业发展史，从中探究发展规律，增强未来行业的预见性和创造性，正当其时。

欲知大道，必先为史。在人类社会历史发展进程中，每一次里程碑事件的产生都伴随着会议，会议是社会发展进程的发声、表达和载体；会议业是社会发展进程的映射、引领和平台。由于会议行业数据和信息记录的限制，笔者仅对新中国成立后会议业发展进行回顾。

1949—1989 年，以中国为代表的第三世界国家初登世界政治舞台，中国代表开始出现在国际会议中，国际会议开始在中国召开，中国会议业进入起步发展阶段。

在当时特殊的历史条件和政治环境下，国内会议数量很少，占据主体地位的是政府会议和事业单位会议；数量有限的国际会议均为纯粹的政府行为，政治意义远远大于经济意义。例如，新中国成立后举办的第一个国际会议是 1949 年 11 月 16 日在北京召开的世界工联亚洲澳洲工会代表会议，第一个国际学术会议是 1964 年 8 月在北京举办的北京科学讨论会。

直至 1978 年党的十一届三中全会确立了改革开放方针，我国开始放开对国际学术会议的管制，但仍对国际政府间会议严格控制，国际会议起步缓慢，企业会议和活动开始频繁出现。但由于硬件设施不足和专业服务人员匮乏，成为当时会议业发展最大的瓶颈。直到 1985 年，中国国际科技会议中心成立，宣示国际协会会议进入中国从此有了官方的渠道。

1990—2007 年，我国开始在国际舞台崭露头角，主要经济社会指标占世界比重持续提高，国际地位和影响力显著提升。会议业迎来稳步发展阶段，国际会议开始大量落户中国，国内会议和活动活跃，会议业具备了产业经济贡献价值。

1990 年，第十一届亚洲运动会在北京举办，这是中国举办的第一次综合性的国际体育赛事。继亚洲运动会后，1995 年联合国第四次世界妇女大会、1996 年第三十届国际地质大会、2001 年亚太经合组织（APEC）第九次领导人非正式会议等国际大型会议相继举办，让世界加深了对中国的了解，国际会议开始纷纷选址中国。与此同时，在国际会议的带动下，国内会议活动开始活跃起来。

这期间有两件关键性、标志性的大事。其一，2001 年 12 月，中国加入世界贸易组织，《中华人民共和国加入世界贸易组织议定书》附件 9 将中国会议和展览服务列入全面开放范围。这在当时引发了国内关于会展产业保护问题的争论。现在看来，此举对中国本土的会议和展览组织水平的提高起到了功不可没的促进作用。其二，2002 年 2 月，原国家质量监督检验检疫总局批准发布国家标准《国民经济行业分类代码》（GB/T 4754—2002），"会议和展览服务业"在我国国民经济 913 个行业里有了正式地位，行业代码 L74911，预示着会议业具备了产业经济贡献价值。

根据统计数据显示，2008—2019 年，我国对世界经济增长的贡献率超过美国、日本贡献率总和，成为世界经济增长的第一引擎，中国进入世界舞台中央。其间，中国会议业经历了快速爆发和整顿提升、高质量发展的阶段。在带动全球会议业重心向亚太地区转移的同时，也彰显出会议业平台在服务国家公共外交中的重要作用。

2008年北京奥运会和2010年上海世博会相继成功举办后，中国会议业更是呈现出欣欣向荣的发展趋势，会议数量、产值、从业人员服务技能和组织水平都得到了显著提升。北京、杭州、深圳、上海、成都等城市陆续成为国际大会及会议协会（ICCA）会员城市，更进一步提升了中国在国际会议领域的影响力。

2012—2014年，随着会议行业内结构调整和优化升级，会议业实现了从重规模向重质量的关键性转变。在会议业向着规范化、专业化和国际化高质量发展的进程中，以中国为主场的外事活动越来越多，特别是越来越多的国际峰会移师中国。国际性峰会秉承"中国特色、中国风格、中国气派"的理念，以"贡献中国智慧、提供中国方案、传递中国信心"为目的，成为凸显中国话语权的重要舞台、多边沟通的载体及平台。

2020年初，新冠疫情在全球蔓延开来，不仅对全球贸易往来、经济发展和社会生产、生活秩序造成严重的冲击和影响，也给全球会议行业带来沉重的打击。在应对全球公共卫生危机的过程中，中国成为全球疫情防控的最大贡献者和引领者，也成为会议业最先复苏的国家。

在疫情防控常态化的新形势下，中国会议业不仅实现了实体复苏，更是通过互联网、大数据、人工智能等信息技术的数字化赋能优势，开启了会议业新理念、新业态、新模式和新格局的新阶段。

凡益之道，与时偕行。与时俱进，则历久弥新。

（资料来源：《中国贸易报》，2021年7月8日）

实训

演绎岭南盛宴，打造高规格接待服务新标杆

2023年4月18日至20日，"读懂中国·湾区对话"专题论坛在广州越秀国际会议中心顺利举办。该论坛是近段时间在广州举行的大型国际性会议，是世界了解中国、读懂中国的重要平台之一。

越秀国际会议中心是广州市中心城区国际化程度最高、功能最齐全、综合性最强的会议场馆。凭借一流的国际化运营管理理念，为本次论坛提供了高水平、高品质的会议服务保障。除了满足常规的会议服务，会议中心以"满园春色映珠江"为晚宴主题精心筹划，并巧妙运用"羊城新八景"作菜式创作灵感，务求为各国来宾缔

造一场高规格的岭南盛宴！

接待一场高规格的国际会议不仅要提供标准的会议服务，布置氛围更要处处体现"别出心裁"。会议中心商务总监林哲向媒体朋友介绍："自古以梅、兰、竹、菊被视作花中四君子，在大堂迎宾过道区设多组紫、黄蝴蝶兰花柱，视作行君子礼迎宾。主会场外更以红、橙、粉、蓝等多种色彩组合的鲜花渲染氛围，寓意花城的春夏秋冬。"参会嘉宾所经之处皆精心布置特色花艺，处处尽显"花城"魅力。

一层国际会展厅内，放置着为大会特殊安排的一组名为"紫云青藤"的花艺造景。选用紫色满天星、白叶蝴蝶兰、云南绿毛球、大花蕙兰等花材衬托搭配，散发自由清新的春天气息，寓意"希望广州经济繁花似锦，紫气东来"。

在整体设计上，会议中心策划团队提到要把"羊城新八景"既融于菜式内，亦需形于外。在晚宴主宾席上，一个大型的花艺造景尽显于眼前。细看"珠江两岸"之间，广州塔、海心桥、珠江新城的高楼大厦等地标化身成为精美的花艺造景，八景逐一再现，配以锦簇花团饰边，赋予宴会空间优雅氛围，向来自世界各方的重要贵宾展示广州满园春色的面貌。

这场由会议中心团队为接待"读懂中国·湾区对话"活动而精心筹划的岭南盛宴不仅受到了各方的赞赏，更是吸引了不少媒体朋友的关注，争相报道！

"读懂中国·湾区对话"专题论坛，广州越秀国际会议中心上下一心，以高水准的服务向中外宾客诠释高规格的待客之道。作为专业的会议场馆，我们将持续提升会议、餐饮等服务接待水平，引入更多高端国际会议会展活动，助力广州打造国际会展之都。

（资料来源：广州越秀国际会议中心，2023 年 5 月 4 日）

请你阅读以上新闻，回答以下两个问题：

1. "读懂中国·湾区对话"专题论坛属于哪种会议类型？

2. 会议接待团队设计的"满园春色映珠江"主题能为会议起到什么样的作用？

自测题

1. 比较常规会议、电话会议、电视会议、网络会议等不同形式的会议的利弊。

2. 抽签回答下列会议的含义和特点：

（1）团拜会；（2）恳谈会；（3）茶话会；（4）观摩会；（5）听证会；（6）联席会；（7）招商会；（8）洽谈会；（9）务虚会；（10）推介会。

任务三　会议不良现象及解决对策

会议对人类社会活动有着重要的作用，但由于观念、组织、程序以及认识的误区等各种原因，导致实际工作中的会议存在诸多弊端。2012 年 12 月 4 日，中共中央政治局会议审议通过的《十八届中央政治局关于改进工作作风、密切联系群众的八项规定》（简称"中央八项规定"）中明确要求"要精简会议活动，切实改进会风"。

例如，一位上市公司营运总监经常会抱怨"会议太多了"。他每天的工作时间几乎 90% 以上花在了签署下属报告和参加会议上。剩下的时间，除了挤点时间回复电子邮件，总监这个职位上该思考的事情总是被无限期地延后。最要命的是，这位可怜的营运总监还总是弄不明白这些会议究竟是要干什么，往往是往会议室里一坐，问"这个是什么会"，然后就开始了。大多数时候，会议并未解决什么实质问题。但在其职位，他只能到场以示对别的部门或老板的尊重，就这样成了一台走马观花的会议机器。

一、会议不良现象

（一）会议缺乏意义

很多公司的会议不是为解决问题而召开，而是基于以下几个理由而召开的：

1. 为交际而开会

有些会议是因为"不妨找个时间大家聚一聚，不拘形式地谈一谈本部门有关的问题"而召开。这一类会议其实与交际或聊天并没有多大差别，对解决实际问题没有任何意义。

2. 为惯例而开会

有些会议是因为"历来管理者都利用星期三下午那段时间开会"而召开，即所谓的"例会"。一些例会的召开与议案无关，因为它仅仅是为开会而开会。

3. 为攀比而开会

有些会议是因"人家会计处每两星期就举行一次会议，我们人事处又岂能不跟进"而召开。这一类会议本质上是一种"东施效颦"式的攀比举动，并非旨在解决自身的问题。

4. 为表功而开会

有些会议是因"若不多开会，则老板将以为我偷懒"而召开。这一类会议被当成一种取得上司信任与好感的手段。

5. 为推卸责任而开会

有些会议是因"没有理由让我单独承担全部的责任"而召开。这一类会议是欠缺勇气面对决策风险的管理者所惯于采取的招数。

6.为避免尴尬而开会

有些会议是因"管理者不想令少数人太过难堪"而召开。例如，某一管理者在他所领导的15位下属之中，有两位常常迟到早退，于是召集会议，在全体下属面前重申准时上下班的要求，希望借此警告那两位不守时的下属。那两位不守时的下属却对自己的过失并不太在意，至于其他守时的13位同事则可能因无辜受责备而士气低沉。因此，这一类会议，除了白白地浪费16个人的时间以及让13个人士气低沉，毫无实际效果。

📶 知识链接

2021年潍坊市委、市政府"两办"关于压减会议改进会风的几条措施

1. 大幅压减会议

全市性会议集中在周一召开，其他时间原则上不再安排；确需召开的，按权属报市委或市政府审批。有关会议能合并的合并、能套开的套开，坚决杜绝为开会而开会。

2. 坚持开短会

市级会议原则上不超过90分钟，主要领导讲话一般不超过60分钟，分管领导讲话一般不超过40分钟。会议发言时不讲"尊敬的×××"、不鞠躬示意，对市级领导讲话不称"重要讲话"，汇报片上不出现市级领导镜头。

3. 严格按通知范围参会

因特殊原因不能参会的，必须向市委或市政府请假。对无故不参会或未经同意找人替会的，单位及个人要向市委或市政府作书面检查，市委、市政府将视情进行通报或约谈。

4. 按要求提前入场

市级各类会议，包括市委常委会会议、市政府常务会议等，要至少提前10分钟进入会场，与会时间有特殊要求的按要求执行。市级领导干部要带好头、作表率。

5. 严格遵守会议纪律

会议期间不得交头接耳，不得打瞌睡，不得随意进出会场，不得长时间滞留会场外，不得无故早退。涉密会议或内部会议严禁将手机带入会场，其他会议务必将手机关机或调至静音。

（资料来源：潍坊市人民政府网）

（二）会上议而不决

会议的实质是解决问题。但经常有一些会议出现议而不决的情况，即使到了会议结束时，大家也不清楚下一步该做什么。出现会议议而不决的情况，主要有以下几个原因：

1. 推卸责任

在一些会议上所有参会人员都不愿意承担责任，导致没有人愿意为最后的决策拍板。大家不断地讨论各自的职责、权力、利益，会议议题因此被一再推迟。

2. 追求完美

有些会议希望能够找到最完美的方案，在会议上对提出的方案不断进行比较和否定。事实上，最完美的方案即使存在也可能会消耗大量的人力、物力和时间成本。比较可行的办法是，找到一个相对完善的方案，在实施过程中不断进行修正，努力使结果不断完美。

3. 习惯拖延

美国哈佛大学人才学家哈里克说："世上有93%的人都因拖延的陋习而一事无成，这是因为拖延能挫伤人的积极性，而成大事的人则与之相反。"在会议中，对于一些比较棘手的事情人们往往习惯往后拖延，似乎放过一段时间后，问题就会自然解决，但拖延的结果往往是没有结果，然后又不得不再召开一次会议来解决这些问题。

4. 信息阻塞

一些会议，由于会议主办方无法把会议所有相关信息都搬上台面，大家在进行讨论时无法充分掌握相关信息，作出一项决策后，又会出现新的问题或意见，使得会议必须重作决策。这种事不断重复发生，当然会造成议而不决。

（三）讲话滔滔不绝

一些参会人员在会议中习惯讲官话套话，滔滔不绝、侃侃而谈，却言之无物，一些实实在在需要引起重视的东西，被淹没在一大堆正确的废话中，让执行打了折扣，落实遇到了障碍。有人总结说："凡会必有讲话，凡讲话必强调重要，凡重要必是你讲了我讲，凡讲必然长篇大论，会议多、会议滥、会议长，层层照转，以会议落实会议，会风不正，成为会场一病。"

（四）态度自由散漫

由于缺乏对会议的正确态度，在会议召开过程中，自由散漫现象也比较严重。常见的情况是，到了会议时间，从组织者到参会者都没有到齐，大家在一起高谈阔论，没有一点会议气氛；会议总算开始了，虽然主持人或发言人不断要求大家安静，但是台下姗姗来迟者有之，窃窃私语者有之，睡觉者有之，开溜者有之，随意进出者有之；会议结束后，相当多的人对会议的议题、要求并不知晓。于是，不得不另找时间、地点开会重新传达贯彻。

（五）会议不计成本

会议召开必定需要一定的成本，会议成本包括显性和隐性两个方面。显性成本，指会议设备、器材、场地、劳务等方面明显的花费；隐性成本，指参会人员因为参加会议而损失的劳动价值。遗憾的是，在很多会议组织中人们往往只计算能够看得到的显性成本，很少关注会议的隐性成本，从而造成相当惊人的间接浪费。

例如，某公司一次会议由分公司 8 位经理参加，会议时间 6 小时。每位经理需要为会议准备时间 2 小时，出差来回 2 天（48 小时），秘书准备（打印、复印、布置）时间 4 小时，服务人员会务服务 6 小时。其中时间成本 =（6+2+48）×8+4+6=458 小时，假设一位经理月工资 5 000 元，每小时就是 28.4 元，那么开会期间隐性成本 =28.4×458=13 007 元。这 13 007 元是在会议组织的显性成本中看不到的，但它却实实在在存在着，实实在在耗费着。

二、提高会议质量的策略

（一）会议前

1. 判断会议的必要性

会议之前首先要判断会议的必要性。对于不必召开的会议，应立即取消。在筹备会议之前应先寻找取代会议的可行途径，比如：①能由适当的人员有效解决的问题，就由这些人员解决，这样将可免除会议的召开。②以电话协商取代会议，既可以达到目的，又可以节省时间和成本。③延期或取消会议。将预定中的会议延期举行，并尝试将该预定中的会议议程并入下一次会议的议程中。

2. 取消不必要的例会

偶尔取消一两次例会，以观察这类会议的需要程度。实际上，很多会议的取消并不会影响工作的进展。

3. 将会议的决定权上交

如有可能，在组织内采取这样的策略：所有的会议都要获得上级批准才能召开。这一策略的用意在于让各阶层主管于开会之前三思有无开会的必要，以杜绝不必要会议的召开。

4. 确立会议目标

目标是会议的指南。召开会议之前，首先必须确立清晰的目标，若无清晰的目标，则不应开会，可以将需要开会讨论的议题集中在卷宗内，等卷宗内的议题累积到相当数量时再召开会议。这样做的好处是，在召开会议前管理者可以发现，有些议题将不再需要被列入议程之中，而那些重要且有待紧急处理的议题，则应尽早开会处理。

5. 减少开会人员

尽量减少参会人数，只邀请相关人员参加。有些主管为了表示公正或民主，常常让手下所有员工参会，殊不知参会人数的增加会增加沟通的难度。当参会人员只有2个人时，只有2个沟通渠道存在，沟通极为容易；第3个人加入时，沟通渠道随之增至6个；第4个人加入时，沟通渠道增至12个；第5个人加入时，沟通渠道增至20个。其余可依此类推，所以减少开会人员是提高会议质量的有效策略。

6. 选择适当的开会时间

选择开会时间时必须特别留意，以便让所有参会人员都能出席，当关键性人物无法参加会议时，原则上不应开会。为避免会议过于漫长，如有可能，则将会议安排在午餐前、另一会议或活动之前，或是下班之前等。

7. 选择适当的开会场地

选择地点时应考虑该地点对完成会议目标是否有利、设备提供是否齐全、交通是否便利、场地大小是否适中等因素。议程特别长的会议，最好在办公地点以外的地方举行，以免受到干扰。

8. 事先发放资料

会议议程及有关资料应先发给参会人员，使他们能事先做必要的准备，一到会场就能直接讨论或表决，不要等到已经开会了才开始阅读有关资料，才开始考虑相关问题。

9. 计算会议成本

除了前面所讲的计算会议成本的方法，还可以按每一位参会人员每分钟的工资额及每一分钟所享有的福利额估计会议成本。假定参会人员有10位，每一位工资20 000元，每一位的每个月工作时间为10 000分钟，每一位在平时所享有的福利等于工资的25%。组织本身对每一位参会人员每开一分钟的会议所需支付的代价为2.50元，而对10位参会人员每开一个小时的会议所需支付的代价则为1 500元。会议成本的估计有助于提醒会议召集者审慎处事，也有助于提醒其他参会人员珍惜会议时间。

10. 限定出席会议的次数

可能的话，应限定每位员工出席会议的次数，只出席与自己有关的或是自己有所贡献的会议。2019年中共中央办公厅印发了《关于解决形式主义突出问题为基层减负的通知》，各地陆续出台具体举措，其中一个亮点就是"无会日""无会周"制度。

（二）会议中

1. 准时开始

会议应准时开始，如果大家都在等待迟到者，其实是在惩罚准时者。等候迟到者的先例一开，则原来的准时者就有可能变为迟到者，而原来的迟到者就有可能变本加厉地成为更严重的迟到者。要避免和消除这种局面，召集会议者应先预告会议将准时举行，并毫无例外地坚持准时开始。

2. 控制时间

在会议开始前，可以采用事先对每个议题的时间或每个人发言限定起止时间等方法来对会议时间加以限制；在会议进行中，指定专人控制时间，以避免超时或滔滔不绝的现象。

3. 不宜过于舒适

会议环境的舒适度要适当。比如，座椅不要太柔软，参会人员身陷其中会影响效率；短会不必提供饮料、水果和点心等。

4. 按议程开会

会议应按议程所编列的优先次序进行，不要随便改变议题或者偏离议题，如出现以上情况应该及时调整与提醒。

5. 避免干扰

除遇紧急情况外，尽量避免会议受到干扰——包括电话及访客的干扰，比如要求参会人员关掉手机、禁止随意来访、禁止频繁出入。

6. 总结强调

会议结束前，主持人应对会议进行总结，强调落实会议精神的要求，以使会议达到应有的效果。

7. 准时结束

会议应准时结束，让参会人员尽快回到常规工作之中。

（三）会议后

1. 随机考核

随机考核指偶尔对参会人员进行不具名的考核。考核表中至少应包括以下内容：会议目标是否清晰？会议议程与有关资料是否在开会前适当的时间收到？会议是否准时开始与准时结束？倘若会议不是准时开始与准时结束，原因是什么？会议是否按议程进行？会议目标是否达成？如有必要分配工作并规定其履行期限，则这些事是否做妥？在全部会议时间内，有百分之几的时间没被有效利用？

2. 完善会议记录

会议记录一般在会议完毕就完成，但在记录过程中，可以有遗漏或不完善之处。散会后，应尽快完善会议记录，并对其进行适当处理。

3. 标明不守会议纪律者

为杜绝参会人员无故缺席、迟到或早退，可考虑在会议记录上注明哪些人无故缺席、迟到或早退。

4. 追踪会议的决议与待办事项

要有专人及时对会议决议和待办事项进行追踪、落实，这样才能保证会议的议题落到实处，避免出现"认认真真走过场"的情况，即会上讨论得很认真，却没有结果或效果。

5. 解散临时机构

解散为会议而设立的各种委员会或工作小组等临时机构。

📶 知识链接

转变会风 "压时间" 更要 "挤水分"

会议是为了推动工作，而推动工作的前提是正确而有效的交流。曾担任中国驻法国大使的吴健民先生，不久前接受《瞭望》周刊采访时谈他做大使的经历。在他看来，相当多的中国官员把大量时间浪费在充满套话、废话和空话的无效交流上。吴大使说："很多中国官员不大懂得交流。他们万里迢迢到国外招商，请了很多人，介绍自己的省份或者城市，结果一上台先说天气，'在这个春暖花开的季节，我来到美丽的巴黎，巴黎人民有光荣的革命传统……'，好不容易到正题了，又是一大堆让人云里雾里的话语，比如'我们的对外开放是全方位、多渠道、宽领域的开放'之类。我作为一个大使，坐在旁边却感到很不自在。"一些官员喜欢沿用国内的习气，一上台就是"尊敬的××、尊敬的××"，八个"尊敬的"下来，三分钟就没有了；还有的官员讲话喜欢"穿靴戴帽"，滥用"世界领先""国际水平"等形容词和主观判断，而不是用数字和事实说话，而且只讲成绩，不讲不足……国内官员的表现，让吴大使禁不住一次次脸红。（荆楚网　张如晟）

（资料来源：《中国经济网》时政评论，2008 年 10 月 28 日）

📶 实训

有一次，余世维先生主持公司的会议，他把闹钟带到会场，对参会人员说："各位，我今天带了闹钟来，11：30 散会。"大家都笑起来，但谁也没有在意。到了

11：30，"叮铃铃"闹钟响起来了，会却只开到一半。余先生说："哎呀，闹钟响了，我们散会。"这时有人说："还有一半没有开呢。""我不是告诉你们到 11：30 散会吗？各位主管，会议明天重开，散会！"

第二天他又把闹钟带到会场，对参会人员说："各位，今天我们重开，11：30 散会。"每个人眼睛都盯着闹钟，结果会议 11：28 就结束了。

（资料来源：《有效沟通》，作者余世维，机械工业出版社，2006 年）

1. 你参与过的会议有没有被拖延很长时间的，你的心情如何？

2. 根据你的经验，会议时间拖延的主要原因有哪些？每个组提出 3 个，全班一起讨论。

3. 每个小组提出一个有效控制会议时间的办法，方法不限，可行就好。

自测题

1. 有哪些会议是缺乏意义的会议？

2. 试分析影响会议效果的原因。

3. 为什么追求完美有时反而会影响会议效果？

4. 很多会议都不能按时召开，造成了时间和精力的浪费，请你想出至少三个可行的办法，以保证会议能够按时召开。

任务四　秘书与会议

一、秘书会务工作内容

在各种会议的筹备和举行过程中，秘书人员担任着重要的角色，从会议的设计、安排、组织、服务、协调，到各种具体事务的处理、文件的收集、新闻的发布等往往都有秘书人员的参与。会务工作已成为秘书人员的一项最基本的工作职责，而秘书人员的主要任务是保障会议的顺利进行，圆满完成会议目标。秘书人员应当紧密结合党的二十大精神，以服务大局、服务全局为宗旨，保持高度的敬业精神，不断提高自己的专业水平和综合素质。具体来说，秘书人员的会务工作内容包括：

（1）协助领导进行会议策划；

（2）为领导提供会议信息和资料；

（3）进行会场布置和器材准备；

（4）起草会议文件；

（5）会议接待与食宿安排；

（6）会议期间的服务工作；

（7）会议期间的沟通协调工作；

（8）会议记录与资料收集；

（9）会议的总结和善后工作。

由于会议性质、规格、要求不同，秘书人员的会务工作内容也不尽相同。

（一）大型会议

规模在 500 人以上的大型会议，组织工作复杂、涉及面广泛、接待任务繁重，不可能由一两位秘书单独完成会务任务，一般由秘书人员和其他工作人员组成相应的小组（或团队）分别负责不同的工作。大型会议要求秘书人员能够听从指挥，顾全大局，通力合作，灵活应变，共同完成任务。

（二）中型会议

规模在 200~500 人的中型会议，需要进行认真的策划和组织。秘书人员主要完成策划、组织、接待、协调、后勤服务等工作任务。此类会议要求秘书人员具有较好的综合素质和应变能力，能从容应对各种状况，有效组织会议。

（三）小型会议

企事业单位最常见的是小型会议，规模一般在 200 人以内，其会务工作也是秘书日常工作的重要内容。领导作出会议决定后，会前、会中、会后的各项工作一般都由秘书完成。

二、会务工作对秘书的要求

（一）职业道德要求

秘书人员在会务工作中体现出来的职业道德素养，首先要具有党的二十大报告所要求的"自信自强、守正创新，踔厉奋发、勇毅前行"的精神，具体来说包括以下几个方面。

1. 树立正确的服务观念

服务观念是指秘书人员在会议服务过程中所体现的热情、周到、主动服务的意识，即自觉主动做好会议服务工作的一种观念和愿望，它发自秘书人员的内心，应该成为秘书人员的一种本能和习惯。

会议中，秘书要承担大量的会议组织、服务工作，这些工作是保证会议顺利进行的关键，要求秘书人员必须树立正确的服务观念，乐于为参会人员提供优质的服务。服务观念体现在：

（1）服从会议组织者或领导的会务工作要求，确保会议和各项组织活动顺利进行；

（2）保证会场的各种设施完好，消除各种隐患；

（3）主动做好会议的各种准备工作，确保会议按要求召开；

（4）主动热情接待会议代表，妥善安排代表的食宿、生活、行程；

（5）以认真负责的态度处理会议期间各种应急事务；

（6）妥善保管会议的各种文件资料。

2. 爱岗敬业，严格自律

做好会议服务工作须具备爱岗敬业的态度。会议期间，秘书要认真履行所承担的会务工作任务，尽职尽责、一丝不苟。"细节决定成败"，会务工作无论哪一个细节出问题，都可能导致不可挽回的后果。因此，在办会过程中，秘书人员必须时时刻刻保持高度的责任感，严格要求自己，不允许有丝毫马虎和懈怠，更不能因为人为的原因导致任何疏忽和纰漏。没有责任意识或不能承担责任的人，不可能成为合格的秘书，更不可能成为优秀的秘书。会议期间，秘书会接触到一些财物、设备和资金，这就要求秘书人员能够严格自律，分清公私，绝不利用会议滥发钱物，以会谋私，以权谋私。

3. 严守纪律，保守机密

有些会议会涉及公司机密，甚至是国家机密。作为一个有素质的秘书，必须具备严格遵守纪律、保守会议机密的职业道德，自觉加强保密观念，不得以任何形式泄露国家或公司机密。否则，轻则造成公司损失，重则甚至会触犯国家法律。

会议机密主要包括：

（1）重要会议的时间、地点、参会人员；

（2）重要的会议议题、程序；

（3）会议讨论的过程，方案形成的过程；

（4）参与人员的主要观点；

（5）会议中尚未决定的事项，未公开的文件；

（6）参会人员，特别是参会领导的个人信息、活动情况；

（7）领导人未公开的讲话；

（8）会议内部传达的文件、发布的消息；

（9）会议记录、录音、录像等。

......

（二）业务素质要求

1. 娴熟的服务技能

要顺利完成会务工作任务，秘书还必须掌握必要的服务技能。除了具备会务服务技能、接待技能，秘书人员还应该具备会场布置技能、会议设备的使用和维护技能。比如：

（1）会前设计制作会标、制作各种标语横幅以及会场布置；

（2）会场花卉及装饰品的选择与摆放；

（3）会议家具设备的摆放，座位的排序；

（4）使用和操作各种灯光、音响、投影、电脑、录音、录像设备和器材等。

秘书人员要努力提高自己的动手能力，熟练掌握会场布置方法，熟悉各种会议设备的使用方法，提升操作设备和处理会务问题的能力。

2. 出色的沟通能力

会上的沟通是由领导和参会人员完成的，而会下的大量沟通工作常常是由秘书完成的。传达会议要求、了解参会人员的愿望、征求相关议题的意见、收集各种反馈信息等，件件都离不开秘书的沟通。这就要求秘书具有专业性的沟通技巧。会议沟通应该注意以下几个方面：

（1）对不同的对象采用不同的沟通方式；

（2）善于聆听，并给予积极的回应；

（3）注意词句的选择，善于运用形象的语言，防止出现歧义和误解；

（4）注意运用重音、停顿，准确无误地传递信息；

（5）配合适度的手势和体态，增强语言的影响力和感染力；

（6）用真诚、热情、机智、幽默来应对不同的会议场合和不同的对象。

3. 灵活的应变能力

会议进行过程中，会出现一些意外事件或者不可预料的场面，这要求秘书人员必须具备快速反应的能力，能够对各种突发事件迅速作出判断，并妥善加以处理，从而避免意外因素对会议的干扰和影响。秘书的应变大体上分为两类：第一类是主动应变，即秘书人员能够主动预估到会议进程中可能出现的各种情况，做到防患于未然。第二类是被动应变，即临场应变，就是在毫无准备或缺乏准备的条件下，面对突然发生的意外情况和困境从容地反应，恰当地处理。这种应变能力是建立在平时加强训练的基础上的。被动应变要注意两个方面：一是任何时候秘书都要保持良好的心态和仪态、遇事不慌、临危不乱；二是要准备一些紧急预案，对各种可能出现的情况预想一些处理程序、处理方法，以便在紧急情况下有条不紊地进行处理。

（三）心理素质要求

会务工作紧张忙碌，势必会给秘书带来较大的心理压力。这就要求秘书必须具备良好的心理素质。一名优秀的秘书，应自觉培养自己良好的情感品质，清醒地把握自己的情绪状态、保持稳定的心境，能镇静、从容、敏捷、果断地处理问题。在会务工作中，秘书人员应该做到：

（1）性格开朗，积极乐观，用良好的心态对待会议的每一个环节和每一个参会人员；

（2）良好的自我控制能力，能够在各种压力下迅速找到问题的解决方案；

（3）忍耐、宽容地对待会议中的各种人和事，针对不同的人不同的要求要以一颗平和的心去理解和体谅；

（4）增强自我调节能力，避免复杂环境和不良情绪的干扰。秘书人员可以采用以下方法进行自我调节：

①意识调节：人的意识能够调节情绪的发生和强度。一般来说，思想修养水平高的人能更有效地调节自己的情绪。因为一旦遇到问题，这类人更善于明理与宽容。

②语言调节：语言是影响人的情绪体验与表现的强有力工具，通过语言可以引起或抑制情绪反应。秘书人员遇到问题时可以用自我语言暗示的方法来缓解不良情绪。

③注意转移：把注意力从自己的消极情绪上转移到其他方面。俄国文豪屠格涅夫劝告那些刚愎自用、喜欢争吵的人：发言之前，应把舌头在嘴里转十个圈。这些劝导，对于缓和激动情绪是非常有益的。

④行动转移：即把情绪转化为行动的力量，把怒气转变为从事科学、文化、学习、工作、艺术、体育的力量。

⑤释放法：秘书人员在生气时可以把有意见的、不公平的、义愤的事情坦率地说出来，以消怒气；或者面对着沙包、头像猛击几拳，这些都有助于达到松弛神经功能的目的。

⑥自我控制：人们可以用自我调控法控制情绪，即按一套特定的程序，用机体的一些随意反应去改善机体的另一些非随意反应，用心理过程来影响生理过程，从而达到松弛入静的效果，以解除紧张和焦虑等不良情绪。

📶 知识链接

会务工作"八字"心得

董超

在会务工作中有一项著名的定律，即"100-1=0"定律，形容整个会议中1%的疏忽就可能导致100%的失败。我们在会务工作中必须坚持追求"零差错"的严谨态度，切实做到精益求精、高度负责，确保考虑问题周详、协调关系周全、落实工作周密。

那么，如何做到"零差错"呢？笔者结合多年的会务实践，梳理总结出以下"八字"心得。

一是"严"，严格遵守各项纪律规定

"师旷之聪，不以六律，不能正五音。"会务工作首先要讲政治，牢固树立"四个意识"，必须坚持原则、符合规矩。党的十八大以来，党中央相继出台一系列关于改进会风的规定，尤其是中央八项规定及其实施细则对会务工作提出了新要求，必须严格执行。会议是否应该召开，会议的规模、形式如何以及会务如何保障等，都应符合各项规定。如出现不符合规定的情形，会务人员必须坚持原则、敢于直言，及时向领导提出建议，在落实党中央纪律要求面前绝不能搞变通、打折扣。

二是"预"，做好充分的会前准备

"凡事预则立，不预则废。"会前准备是整个会务的重点，也是工作量最大的一个阶段。在明确掌握会议意图、目标和要求的前提之下，要拟订详细的会议筹备方案，对会议的议题、时间、参会人员范围、会场布置方案、后勤保障等进行详尽、细致的谋划，并对工作任务进行分解。要预先考虑会议中可能出现的变化或意外情况，制订应对紧急突发情况预案，对可能存在的问题和隐患提前解决、加强防范。

三是"问"，牢固树立请示意识

会务工作要求严谨细致，丁就是丁、卯就是卯，各环节都要坚决避免出现"可能""应该""差不多"等情况。工作中务必准确把握领导意图、明确办会要求，不清楚的地方要问、要请示，不能想当然。特别是在遇到计划外的事项时，更要及时问、勤请示，绝不能擅作主张。

四是"细"，用心做好细节工作

"天下大事，必作于细"。筹备会务要认真对待细节，不能有丝毫懈怠。对关键细节一定要多人核对、多次检查，不放过任何一个疑点、不遮掩任何一处盲区。只有这样，才能减少错误，取得良好的效果。如果会议的重点环节出现瑕疵，那么整个大会的效果就会大打折扣，因此必须做到思想上高度重视、精力上重点倾斜，确保万无一失。

五是"熟"，确保会务工作内容了然于胸

筹备会议时，我们既要重温会务的一般工作原则，也要对本次会议的具体内

容和特殊要求了然于胸。演员表演时讲究"入戏"，会务人员也要讲究"入会"，应在会前提前熟悉会务全部内容，包括会务工作涉及的部门、人员、材料、议程等，明确工作重点和应对策略。唯有如此，才能有的放矢、处变不惊。

六是"快"，做到反应迅速高效

"今日事今日毕，勿将今事待明日。"办会中遇到需要解决的任何事情，都要迅捷灵动，雷厉风行。"缓事要急办"，对一些时限要求不高的工作，也要快节奏办理，争取工作主动性。会务工作繁杂多变，如果不立即办理的话，容易忘记，也容易拖延成急事而误事。"急事更要急办"，要第一时间作出快速反应，边做边思考。越是处置紧急事情，越是要稳住心态，不能乱了章法。

七是"演"，进行多种形式的会前演练

会前演练有助于发现和解决会务工作中可能出现的问题，更好地落实会议方案中的各项任务。要对会议细节进行逐项演练，在此基础上制订详细的分工明细表，使每个人都清楚自己的任务，并了解其他人的任务，确保工作没有漏洞、任务没有漏项、人员没有漏位。对于大型会议，要深入会场、驻地进行实地演练，根据大会日程一项项地对会务细节进行预演，按照"提前一天""提前两个小时"的标准做好会议场地布置工作，即每一个会场提前一天布置完毕，每一项活动提前一天部署到位；会务工作者提前两个小时到达会场，一切准备工作提前两个小时就绪。

八是"变"，善于应变、当机立断

很多会议活动，尽管事先策划得非常周密，但总有可能出现各种意外情况，正所谓"智者千虑，必有一失"。这就要求会务人员对会议活动内容了如指掌，熟悉各项会务工作规则，对意外及突发情况的出现能够第一时间察觉，并准确把握事情性质，在没有时间请示领导的情况下，能够结合会议活动现场状况，作出准确的判断，当机立断解决问题。

（资料来源：《秘书工作》，2018 年第 7 期）

🔊 实训

以小组为单位选择一家企业的办公室做一次采访，采访对象为办公室主任或者专职秘书。通过采访了解以下内容：

1. 该企业召开会议的类型有哪些？

2. 企业会议召开一般要经过哪几个程序？

3. 企业会议的时间、议题安排应注意一些什么问题？

4. 该企业的会务一般由哪些人员来承担，主要工作内容有哪些？

5. 会务工作对工作人员的性格有什么要求？

6. 其他有关企业会议组织的信息。

小组在采访后完成一篇《××企业会议组织分析》的小文章，在班上交流。

📶 自测题

在一次剪彩仪式上，公司领导临时邀请了一位老首长上台剪彩，礼仪小姐准备的剪刀不够用了，正当大家手足无措时，在场的秘书小王不慌不忙地从口袋里掏出一把备用剪刀，亲自送到了老首长面前。事后大家好奇地问小王为什么正好会有一把剪刀，小王微微一笑，从另一个口袋里又掏出一把剪刀："如果再多一个领导我也不怕。"

1. 请问，以上案例说明会议人员应该具备什么样的素质？

2. 组织会议时秘书人员还应该考虑哪些可能发生的问题，请大家尽可能列举。

项目二
会议的策划与准备

知识目标

1. 了解会议准备阶段的基本内容和工作程序。

2. 熟悉各种会场的特点。

3. 掌握会议预算的内容和编写要求。

能力目标

1. 能完成会议策划方案、会议预算的制作。

2. 熟悉各种会议文件的格式，能完成会议文件的写作。

3. 能根据不同性质会议进行选址和会场布置。

素质目标

1. 培养遵纪守法的良好品德。

2. 形成精益求精的工作习惯。

3. 强化绿色环保的办会意识。

【案例导入】

A公司总经理让新来不久的秘书小黄安排一次部门经理会议，讨论公司新的营销方案，要求各部门正副经理参加，同时，各部门事先要做好相关准备，以多媒体的形式介绍本部门的创意和想法。小黄欣然接受任务，她把会议时间安排在周一上午8：30，地点在公司小会议室，并很快在公司网络办公平台上发出了通知。总经理看到通知，立即把小黄叫到办公室，对着她大发脾气："你这是干的什么事，安排时间、地点为什么不征求我的意见？为什么自己就把通知发了？公司小会议室能坐得下二三十人吗？

你难道不知道小会议室没有投影设备？”一连串的问题把小黄问蒙了，不是总经理让她安排会议的吗？

　　回到办公室，小黄伤心地抹着眼泪。办公室主任陈大姐过来安慰她。问明情况后，陈大姐告诉她，安排一次会议可不是件简单的事情，会前有很多准备工作，要把会议的程序、议题、人员、场所以及其他一些细节认真地进行安排，安排好后还应写成会议方案，领导审阅通过后，才能进行具体的准备工作。

思考：

1.有人觉得小黄很冤枉，就为这点小事挨了总经理的批评，你认为呢？

2.你认为会议应该有哪些准备工作？案例中小黄的问题出在哪里？你认为应如何避免？

- -

任务一　会议策划与会议方案

会议的议程、日程及程序

一、会议策划

　　会议策划是对整个会议过程从总体视角进行构思和设计的重要工作环节。其内容包括召开会议的目的和意义、开会的时间地点、参加人员、主持人、会议议题、大会程序、会议方式、经费预算、会场布置、突发事件处理等方面。在会议策划过程中，需要秉持党的二十大精神，"围绕服务中心"，具备全局视野和责任意识，把每一个会议策划的环节都做得严谨细致，为会议的顺利召开奠定坚实的基础。在进行会议策划时，应该做好以下几方面的准备工作：

　　（1）查阅与本次会议有关的资料；

　　（2）估计各方的观点和利益点；

　　（3）明确会议的议题、议程及要点；

　　（4）大中型会议应成立会议筹备组，小型会议应成立会务组，专门负责会议的各项工作；

　　（5）会前至少开一次预备会议，将准备工作落实到人；

　　（6）对会议中可能发生的意外情况进行估计，并预想出应对措施；

　　（7）与会议相关部门或人员进行沟通，征求他们的意见和想法；

　　（8）进行会议有关信息的咨询，如车辆、住宿、会场、饮食等；

（9）查阅同类会议的组织方法和经验教训。

会议策划一般由负责筹备会议的主要领导人提出整体思路，秘书人员具体落实并形成文字方案。

二、会议方案

会议方案，也称为会议策划方案，是会议策划的具体体现，其中应完整地提出会议的基本构想和各项准备工作的情况。会议方案由秘书人员起草后，上报相关领导审查批准。

（一）会议方案的内容

（1）会议概述。主要介绍会议召开的缘由、任务、意义、作用和影响，重点说明会议的必要性和可行性。

（2）会议主题。会议主题是对会议内容的高度概括，能够让人对会议的目的、要点一目了然，给人留下深刻印象，同时也便于会议对外宣传，引起广泛关注。

（3）会议形式。主要介绍会议召开、议事、形成决议的方式。

（4）会议的组织者。主要介绍会议的主办方、承办方、协办方等。

（5）会议日程安排。主要介绍会议召开的时间、议程以及日程安排。

（6）会议经费来源及预算。包括会议资金的筹措方式、金额，主要开支。

（7）会议的准备工作。包括会议主办方、参会人员会前应该做哪些方面的准备。

（8）其他需要说明的事项。

（二）会议方案的格式

会议方案一般包括以下部分：

1. 标题

会议方案标题一般直接写明"××会议方案"或"××会议策划书"。

2. 正文

会议方案的正文一般分项写成，分别说明会议名称、任务、意义、形式、日程安排、经费、准备工作等各方面情况。

3. 落款或签署

会议方案最后要写明具体的策划部门或策划人员并注明成文日期。

（三）会议方案的写作要求

1. 理由充分，意义明确

会议方案应对会议召开的理由和意义作出充分的阐述，以表明本次会议召开的必要性。

2.条理清楚，叙述简洁

会议方案按照会议筹备的顺序，分条款叙述，文字力求简洁清楚。

3.内容详细，要求具体

会议方案具体介绍会议的程序、内容、形式、要求时，一定要描述清楚、具体，不能模糊含混，否则会让人觉得会议计划不够清晰，策划不够到位。

📶 范文 2-1

××公司年终联欢会策划方案

一、目的

20××年是公司的观念提升年。在即将过去的一年里，公司提出了"对标先进找差距，转变观念谋发展"的先进文化理念，极力推行员工关怀制度，大力培养后续人才梯队，积极营造和践行企业文化。在公司领导和员工上下一心，积极配合和努力下，大家在思想观念、管理方法、团队整体素质上都有了很大的进步和提升。在这辞旧迎新之际，为了让企业文化真正在员工心中落地生根，继续增强员工凝聚力，表彰先进、树立楷模，激励员工奋发上进，使员工在××公司这个温暖的大家庭里能够快乐地工作，幸福地生活，特举办此联欢会。

二、联欢会宗旨

本次联欢会将是一场欢乐祥和的开心盛宴，整台联欢会以"激情大闯关"为主线，分为文化、勇气、逻辑、制度、常识等几个板块，通过一些积极向上的游戏和互动类节目体会和弘扬长城企业文化，感知公司领导对员工的关怀，总结过去，展望未来，使员工在寓教于乐中度过一个美好的下午。

三、时间

20××年1月18日13：30—16：30。

四、地点

××公司六楼会议室。

五、参会人员

××公司全体员工。

六、联欢会人员安排及职责

整台联欢会以"激情大闯关"为主线，通过四个职场队之间的游戏和互动来达到联欢会的目的和效果，人员安排如下：

1.总负责人：职场队总秘书长

职责：负责整台联欢会的前期策划和人员分工，节目审核确定，联欢会所需资源的准备、协调以及资金的审核和申请等。

2.筹委会人员：各职场队队长及职场队秘书

职责：负责节目的搜集和整理，与队员的协调和联络，节目所需道具和物品的制作、准备，联欢会安排和精神的传达，联欢会开展过程中的秩序维护及幻灯片制作等工作。

3.总导演：××

职责：负责整场联欢会的节目安排、节目审核确定、节目效果制作以及联欢会进行中的指挥工作。

4.主持人：××

职责：负责联欢会台词的撰写和联欢会进行中的主持工作。

七、联欢会前期准备工作

1.12月25日，总负责人及导演向各职场队队长分配任务，由各职场队队长负责联欢会素材的搜集。（已完成）

2.12月25日至27日，各职场队队长将搜集的素材交给总负责人及导演审阅。（已完成）

3.12月28日至12月30日，总负责人及导演确定最终的节目内容，确定最终节目名单及其所需道具，并开始进入准备阶段。

4.20××年1月10日前，筹委会将所需道具、奖品等需采购的物品列清单，交总经理审批，并于1月15日前采购到位。

5.所有人员穿工作服佩戴上岗证入场，联欢会时间安排及注意事项于1月13日前成文，报总经理审批，通知各部门。

6.联欢会过程中所需的背景音乐、灯光、场景道具、评分表等由筹委会于1月17日前准备妥当，并于17日进行现场调试，发现问题及时改进。

7.筹委会于1月17日前完成联欢会现场的会场布置工作。

8.1月18日，联欢会准时进行。

9.会后总结经验，寻找差距和不足，再接再厉，继续努力。

八、联欢会流程

1.12：30筹委会人员到场，开始联欢会前的准备工作。

2.13：20参会人员陆续到场，筹委会人员为到场人员安排座位。

3.13：30参会人员各就各位，全场灯光亮起，主持人宣布联欢会开幕。

4.13：35安排领导讲话，致新年祝福。

5.14：00为优秀员工颁奖，员工代表发言。

6.14：30 激情大闯关。

7.16：25 联欢会结束，主持人致闭幕词。

8.16：30 除留下清理场地人员外，其余人散场。

九、联欢会费用预算

1.会场布置用气球等 100 元。

2.联欢会条幅 50 元。

3.奖品 150 元。

4.其他 100 元。

注：优秀员工奖金另作准备。

合计：400 元整。

三、会议议程、日程和程序

会议方案获通过以后，会议筹备工作应进一步制订出会议的议程、日程和程序。会议的议程、日程和程序产生于会议之前，是对会议内容和时间的安排，但三者各有不同的作用。

（一）会议议程

会议议程是对会议议事程序的总体安排。会议议程不仅能够规范会议的内容，而且能够约束议事秩序与议事节奏，起到固定会议程序的作用。

范文 2-2

....

××药业股份有限公司

××年第一次临时股东大会会议议程

时间：20××年1月12日（星期一）上午9：00

地点：公司科技综合楼二十四楼会议室

主持人：董事长冯先生

一、宣读参加大会的股东（包括股东代理人）人数及持有、代表的股份数

二、宣布会议开幕

三、进入会议议程

（一）宣布议案

议案一：审议《关于修改〈公司章程〉的议案》

议案二：审议《关于修改〈股东大会议事规则〉的议案》

（二）股东发言

（三）宣布本次股东大会投票表决办法

（四）与会股东（股东代理人）对上述议案进行表决

（五）监事点票，股东代表监票，工作人员计票

（六）主持人宣读表决结果

（七）律师宣读法律意见书

（八）宣读会议决议

（九）与会董事签署会议决议及会议记录

四、宣布会议闭幕，散会

（二）会议日程

会议日程是对会议每天活动的具体安排，也可以看作会议的时间表，应该具体列出每天每个时间段会议的详细内容，以控制会议的进程。日程表一般在会议之前发放到与会代表手中，让他们根据会议的安排进行准备。会议日程不仅包括会议的主题活动，还包括会议的各项辅助活动，如聚餐、游览、参观、娱乐等。凡是一天以上的会议都要制订会议日程表，日程表如表 2-1 所示。

表 2-1 ×××会议日程表

日期	时间	内容	地点	负责人	备注
×月×日 （星期×）	上午 8：00—11：00	开幕式 ××同志作报告	大礼堂	张平	
	下午 2：00—6：00	分组讨论，××同志作报告	小会议室	徐江	
	晚上 7：00—9：00	主席团开会，代表看文艺演出	小会议室××剧院	徐江	
×月×日 （星期×）	上午	……	……	……	
	下午	……	……	……	
	晚上	……	……	……	
×月×日 （星期×）	上午	……	……	……	
	下午	……	……	……	
	晚上	……	……	……	

（三）会议程序

会议程序具体规定一次会议的详细步骤，它既可以让与会代表了解会议内容和顺序，同时也是会议主持人掌控会议的依据。会议应严格按照具体的程序和规定的时间一项项进行，见表 2-2。

表 2-2　××公司销售会议程序

14：00—14：30	来宾签到
14：30—14：45	开幕致辞
14：45—15：25	网络安全解决方案培训 培训内容包括： ·网络安全技术及全系列相关产品 ·基于 SSL VPN 的远程接入方案 ·行业安全成功应用方案
15：25—15：35	茶歇
15：35—16：15	××企业移动解决方案培训 培训内容包括： ·××移动终端与企业网互联 ·实现企业移动电子邮件
16：15—16：35	渠道策略与招募计划介绍
16：35—16：50	自由问答
16：50—17：00	抽奖活动
17：00	结束

四、会议的其他准备工作

会议策划方案制订好后，就要抓紧落实准备工作。为使会议准备工作万无一失，秘书人员还要制订会议组织计划表，落实日程，见表 2-3，以控制会议准备的进度，为会议的准时召开奠定基础。

表 2-3　会议组织计划表

会务工作项目	行动日程
1.确定会议的风格和形式	会议前 3 周
2.调查需要的信息种类	会议前 3 周
3.确认参加人数	会议前 3 周
4.确认会议地点	会议前 3 周
5.记录会议地点的备选场地	会议前 3 周
6.确定会场并预订房间	会议前 3 周
7.印发会议通知	会议前 3 周
8.准备日程表	会议前 3 周
9.确认应该通知的参会人员	会议前 3 周
10.预订会议标志	会议前 2 周
11.向宾馆或酒店确认预订的房间	会议前 2 周

会务工作项目	行动日程
12. 向与会者发出通知	会议前 2 周
13. 准备会议文件	会议前 1 周
14. 会场布置	会议前 1 周

会议准备工作的进程也可以编制成甘特表[1]让人一目了然，见表 2-4。

表 2-4　会议筹备工作进度甘特表

时间 内容	第 13 周		第 14 周		第 15 周		第 16 周		第 17 周		第 18 周	
	周二	周四	周二	周四	周二	周四	周二	周四	周二	周四	周二	周四
制订计划	■											
成立会议筹备组	■	■										
联系代表		■	■									
联系会场			■	■								
会场设计				■								
准备文件					■							
材料印制						■	■					
会场布置								■				
迎接代表									■			
会议召开									■	■		
善后工作											■	■

📡 案例

我国主场外交会议论坛的高水准会务服务

陈泽炎

在举办主场外交活动的城市中，北京是举办数量最多的城市。其中包括：2018 年的中非合作论坛北京峰会，2019 年的第二届"一带一路"国际合作高峰论坛、北京世界园艺博览会开幕式、亚洲文明对话大会及亚洲文化嘉年华开幕式。

为了做好这些重大活动的会务接待，活动主办场地做了一系列周密细致的组织和培训工作，造就了一支高水平高质量的员工队伍，提供了可以成为教科书式

1　甘特表是在 20 世纪初由亨利·甘特开发的一种线条图，横轴表示时间，纵轴表示要安排的活动，线条表示在整个期间上计划和实际活动完成情况。甘特表直观地表明任务计划在什么时候进行，以及实际进展与计划要求的对比。甘特表的优点是简单、明了、直观，易于编制，因此到目前为止仍然是小型会议项目中常用的工具。即使在大型工程项目中，它也是高级管理层了解全局、基层安排进度时的有用工具。

的会议服务规范。在接待这些活动的会议中心现场，我们可以看到各个会议室都布置得标准规范；房间温度和湿度均按规定调试达标，使得会议室无论在美观度上还是在舒适感上都达到最佳。从每一束花的点缀、每一个咖啡机的摆放到所有的桌椅设置、物品摆放、颜色搭配都严格按照标准执行，体现出严谨细致、一丝不苟的精神。

在各开幕式的现场服务中，服务人员不仅要根据会议进度精准把控提供服务的最佳时间点，还要与其他服务保障人员进出场同步。譬如，现场为各位演讲嘉宾提供茶水的服务环节，就要做到每一名服务人员分 7 次从备场点位走到讲台，每次 28 步，每次 14 秒，绝对丝毫不差。

令人惊叹的背后，凝结着场馆主办方多年来坚持的高标准。正是按照标准程序，他们在每次重大活动之前都要清洁场馆全部 2 927 平方米的主体外墙和各会议室内部的 27 658.75 平方米清洁区，同时他们还分 6 次对指定观光电梯 1 800 平方米面积按程序进行各种清洁。

为确保主场外交会展活动做到"万无一失"，活动主办场地成立了九大保障组，从设备设施检查到大会期间的运行值守，环环紧扣、一丝不苟。同时，企业安保部、安全生产部、工程部、施工服务部成立联合检查组，对场馆重点部位、办公区域、厨房、库房、电梯等进行反复的检查，确保了设备稳定运行。每次检查都记录在案，做到可追溯。

在接待服务中，活动主办场地的创意餐饮让人印象最为深刻，获得与会者的频频点赞。其富有特色的主题化餐饮，为中外来宾提供了一场融入中西文化的餐饮盛宴；精心设计的美食美点为宾客带来不一样的"舌尖"之旅。

总的来说，活动主办场地全体员工正是因为具有高度的政治责任感、社会责任感、企业责任感，把高标准、严要求贯穿始终，按照"安全运行万无一失，接待服务滴水不漏"的标准，充分发挥"专家型""工匠型"团队的先锋引领作用，才能圆满完成各次主场外交会议论坛的接待服务和运行保驾任务。

有了这样的高质量高水准的会务实践，这些活动主办场地才能成为一系列关于会议服务的国家标准起草单位，才能成为国家标准委员会关于贯彻服务业国家标准的全国试点单位和获奖单位，也才能把他们自己作为"场馆管理"的品牌向全国输出，并取得可喜成果。

（资料来源：《中国会展》，2020 年第 22 期）

🔊 实训

根据以下会议案例，编制出相应的会议议程和会议日程表。

由中国企业联合会和企业家协会主办、广科文化传播有限公司协办的"优秀企业成功经验高层研讨会"，将于20××年5月20日在广东省珠海市举行，会期4天。会议将邀请××科技有限公司、××中国公司、××公司集团的高层领导参加，同时也将邀请一些知名企业的董事长、总经理、高级管理人员以及一些知名专家和学者出席会议，共同探讨"企业管理本质、新经济与企业战略"等共同关注的议题，还将分享海尔文化与管理理念。

会议期间还将组织考察珠海南屏工业园区，详细了解×××创意园区、××汽车公司等的车间管理、工作管理、资本管理、资源管理、市场管理、文化管理、物流管理、领导行为管理、员工班级管理等经验。

🔊 自测题

1. 会议策划包括哪些方面的内容？
2. 编制会议方案应该注意哪些方面的问题？
3. 会议议程、日程和程序的区别是什么？

任务二　会议机构的组成和人员选择

一、成立会议机构

为了保障会议的顺利进行，需要注重团队合作与分工。会务人员应各司其职，承担自己的责任，同时强调相互配合，共同完成准备工作，体现合作共赢的价值观。针对小型会议，单设会务组，挑选专业人员进行筹划、组织、安排、协调等任务；对于大中型会议，需构建健全的会议组织体系，将具体任务细分给各小组，统一协调，集中力量，实现高效合作。一般来说，为集中和发挥团队力量，确保会议的成功进行，每次会议应先设置会务领导小组，小组负责人一般由单位主要领导人担任。会务领导小组下设几个小组，一般包括：

1. 秘书组
负责会议文字工作及领导在会议期间交办的各项任务。

2. 材料组

负责会议材料的印制、发放、保管、回收以及会后材料的汇集、归档工作。

3. 组织组

负责代表的编组、签到、代表资料审查、会议协调、会议进程的控制等。

4. 财务组

负责会议预决算工作、会议费用的筹集、会务费的收取、会议开支的支付和控制、会议账目的登记等。

5. 技术组

负责会议各种设备的安装、调试、维护等工作。

6. 宣传组

负责对外联络沟通、宣传报道，以及会议的摄影、录音、录像等工作。

7. 后勤组

负责会议期间的后勤保障，包括代表的食宿、交通、娱乐，各种生活用品的供应，各种票证的准备与制作，返程车船机票的预订工作。

8. 保卫组

负责会议的安全保卫和保密工作。

不同档次、规模的会议有不同的分组方法，但主要是根据会务工作的内容进行分工。

二、选择会务人员

会议组织有不同的任务，这些任务需要安排不同的工作人员来具体承担。在选择会务人员时，应注意既要考虑工作人员兴趣、能力、工作方式和工作特点，也要考虑人员性格、意愿、需要等心理因素，尽可能做到人尽其用。

一般而言，秘书组和组织组需要个性外向、语言能力强、善于沟通、应变能力好的人员；后勤组和材料组需要工作细心、踏实稳重、思维周密的人员；技术组要求专业知识扎实、动手能力强、能够处理各种现场问题的人员；宣传组需要有一定艺术修养和设计能力，熟悉各种宣传手段的人员；保卫组需要冷静坚定、目光敏锐、观察力强、反应敏捷、动作迅速的人员。

📶 实训

　　某省卫生系统准备举办一次学术研讨会，为了保证会议效果，决定将会议地址定在黄冈地区黄梅县的小池镇。秘书小李在起草会议通知时将会议地点写为：黄冈（小池）。有相当多的会议代表赶到黄冈市后才得知，黄梅县小池镇是黄冈地区的一个镇，距黄冈市还有100多千米，不得不再转车前往。结果会议开始后的第二天还有代表没有赶到，直接影响了会议的进程。办公室主任事后批评了小李，但小李却不以为然，认为自己并没有写错，是代表们的理解有问题。

　　1. 你认为小李错了吗？错在什么地方？

　　2. 通过这个案例，你认为秘书的会务工作的要求是什么？

　　3. 一旦出现了上述混乱情况，作为一个秘书应如何做好补救工作？

　　4. 选出几位同学扮演某大型会议组委会成员，对班上其他同学进行面试，以选择不同会务小组的成员。

　　5. 根据你的理解谈谈为什么要将会务人员分成若干个小组。

　　6. 谈谈你觉得会务人员应该具备哪些素质，在选择会务人员的时候应该注意哪些方面的问题。

任务三　会议经费预算

　　除单位内部的一些例会没有会议费用外，一般会议都会有一定的开支，事先作出会议经费预算是保证会议顺利进行的重要一环。厉行节约、端正会风、严谨务实是新时代精神文明建设的新要求，会议预算应本着节约、精简、实用、周到的原则，严禁铺张浪费、滥发钱物、以会谋私。

一、会议经费的来源

1. 主办方承担

　　主办方承担即谁办会谁出资，由主办方承担会议的费用，常见于公司内部会议、产品推广会、客户答谢会等。

2. 参会人员承担

　　通过向参会人员收取会务费、参会费等方式来筹集会务费，一般的学术会议、论坛、经验交流会等会议的费用往往都由参会人员承担。

3. 社会赞助

由其他商家、厂家通过赞助的方式向会议提供费用。

4. 转让无形资产使用权

可以通过转让会议冠名权、协办权等无形资产来获得会议经费。

5. 上级划拨

由主办方的上级单位直接将费用划拨给主办方。

二、会议开支的项目

（一）交通费用

1. 出发地至会务地的交通费用

出发地至会务地的交通费用包括航班、铁路、公路、客轮，以及目的地车站、机场、码头至住宿地的交通费用。

2. 会议期间交通费用

会议期间交通费用主要是会务地交通费用，包括住宿地至会场的交通费用、会场到餐饮地点的交通费用、会场到商务交际场地的交通费用、商务考察参观游览的交通费用以及参会人员其他可能使用的交通费用。

3. 返程交通费用

返程交通费用包括航班、铁路、公路、客轮，以及住宿地至车站、机场、码头的交通费用。

（二）会场费用

1. 会场租金

一般情况下，场地租金已经包含某些常用设施，如音响系统、桌椅、黑白板、油性笔、粉笔等。但有一些非常规设施不在其中，如投影设备、临时性的装饰物、展览架等，如果需要则要另算租金。

2. 会场设备的租赁费用

会场设备主要是租赁一些特殊设备，如投影仪、笔记本电脑、移动式同声翻译系统、会场展示系统、多媒体系统、摄录设备等。这些会议设备由于品牌、产地及新旧不同，租金可能有很大差异。

3. 会场布置费用

一般的会议可能不需要专门布置会场，但对会场有特别布置要求的会议，如产品发布会、联谊会、庆祝会等，则需要根据会议主题对会场进行专门布置。由于布置的档次、内容、气氛各不相同，这笔费用一定要事先作出尽可能精确的预算。

4.其他支持费用

其他支持费用包括广告、印刷、礼仪、秘书服务、运输、娱乐、媒体、公共关系等所花费用。

（三）住宿费用

住宿费有些是完全价格，有些需要另加收政府税金，还有些可以通过各种渠道获得折扣。不同价格和档次的宾馆所提供的服务也不一样，事先应了解清楚。住宿费根据会议情况可选择全部由参会人员自行承担、会议主办单位承担一部分、会议主办单位全部承担等几种形式。不管采用哪种形式，会前一定要告知参会人员。

（四）餐饮费用

餐饮费用根据会议的档次、规模、目的的不同而有很大的区别。

1.早中晚三餐

通常是自助餐形式，也可以采取围桌式就餐，费用按人数计算即可。但考虑到会议就餐的特殊性和原材料的预备，预计就餐人数不得与实际就餐人数相差超过15%，否则餐馆有可能拒绝按实际就餐人数进行结算，而改为按预定人数收取费用。如果需要安排专门的宴会，则需对菜单、程序、方式进行专门的设计，其费用也根据档次、菜单、服务的不同而不同。

2.酒水及服务费（包括宴会上使用的各种酒、饮料的费用）

如果在高级酒店就餐，那么酒店会收取一定比例的服务费，甚至有的餐厅会谢绝客人自带酒水，遇到这种情况，可根据新的《消费者权益保护法》同他们协商解决。

3.会场茶歇

此项费用基本是按人数预算的，预算时可以提出不同时段茶歇的食物、饮料组合，再加上一定比例的服务费。

（五）游览费用

会议结束后，通常安排参会人员参加一些有特点的游览活动，费用根据游览内容、人数、天数来定。最好与当地旅行社联系，以便为参会人员提供专业服务。

（六）宣传交际费用

宣传交际费用包括与新闻部门联系，现场录音、录像、采访、宣传，召开新闻发布会，与有关协作方交际的费用。

（七）各种耗材费用

耗材费用指会场所需低值易耗品，如胶卷、磁带、光盘、U盘、纸张、文具、墨盒、电池、装饰品等所花费用。

（八）会议人员劳务费用

会议人员劳务费用主要用于支付会议工作人员劳务费，特邀专家劳务费，表演人员、主持人、服务人员劳务费等。

（九）各种临时费用

各种临时费用如卫生勤杂、临时采购、临时司乘、打印复印、临时运输、临时道具、传真通信、快递服务、临时翻译、礼仪司仪等所花费用。

经费预算做好后，除向有关领导部门汇报外，还要及时归档，以备会议过程中随时查阅以及会后审计。有一些公开性的会议也可以通过吸引社会赞助来筹集资金，但要注意不要过分强调其经济目的，否则就会改变会议本身的性质。

🔊 知识链接

浪费！开幕式数千份食物无人吃被直接扔掉，东京奥组委发言人道歉

针对媒体此前爆料东京奥运会开幕式中有上千份食物无人吃导致被直接扔掉的现象，东京奥组委发言人高谷正哲 7 月 28 日在记者会上承认说，订购的食品数量确实与开幕式到场人员数有出入，并就此事致歉。

日本共同社：开幕式约 4 000 人份食品被扔掉，东京奥组委"没有吃完"。

7 月 28 日，东京奥运会主办方就在开幕式期间为工作人员订购太多食物造成浪费而道歉，此前用卡车运送一盒盒未食用食物的视频在网上广泛传播。东京广播公司上周晚些时候报道，由于决定在没有观众的情况下举行奥运会，志愿者的数量减少，数千个未食用过的饭盒和饭团被丢弃在体育场内。该报道对东京奥组委来说尤其尴尬，因为他们长期以来一直将 2020 东京奥运会定位为可持续发展的奥运会，并在其官网上写有"2020 东京奥运会旨在将资源浪费的负面影响降到最低"，并将这一条写在"资源管理：零浪费"的标题下。东京奥组委发言人高谷正哲 7 月 28 日表示，在开幕式期间，确实存在食物被剩下的情况。

他说："从本周开始，每个场馆都在实施优化食品订单的措施，我们对目前为止出现的大量浪费感到遗憾。"不过，他澄清说，多余的食物没有被扔掉，而是被回收作为动物饲料或另作他用。

东京广播公司的视频显示，未开封的午餐盒和面包被扔进了一个巨大的垃圾桶，这在社交媒体和其他地方立即引起一片哗然。

一位推特用户写道："这不应该发生。在新冠疫情期间，有些人的生活非常

艰难，他们没有充足的食物。"（来源：路透社　编辑：董静）

（资料来源：中国日报网，2021 年 7 月 29 日）

三、会议经费预算表的内容

会议经费预算表应包括以下内容：

（一）会议基本信息

会议基本信息包括会议的主题、起止时间、地点、参加人员、人数、要求等。

（二）会议目的和意义

会议预算应该清楚、简要地写明会议的目的和意义，以便为预算提供充分的理由。

（三）会议的主要经费开支项目

尽可能列出会议全部的经费开支项目，重要项目不得遗漏，否则会给经费审批、会议运作带来很多问题。

（四）每个项目的经费

作预算之前要对有关的行情进行认真调查和比较，经费尽可能准确、实际。预算经费过高或过低都会直接影响会议工作的进行。

（五）备用金

每个会议的预算都不可能完全准确，而且有可能会产生一些临时性费用。因此，一定要准备一定数目的备用金。备用金的具体数目可以根据会议的规模、档次、人员来定。

📡 范文 2-3

××公司 20××年度订货会经费预算

我公司定于 20××年 10 月 23 日、24 日在东方大酒店举行 20××年度订货会。与会人员预计为 200 人，现就会议所需各项经费作出预算：

一、场地租用费

东方大酒店二楼会议室租金一天 3 000 元，两天共计 6 000 元。

二、录像及设备租用费

届时将邀请专业人士现场录像，录像及设备租用费每天 1 000 元，两天共计 2 000 元。

三、产品宣传费

会议期间印制产品宣传广告、产品资料以及现场招贴广告，共计 20 000 元。

四、聘请专家咨询费

拟请专家 2 人，每人每天劳务费 1 500 元，两天共计 6 000 元。

五、用餐费用

会议期间用餐费用共计 20 000 元。

六、交通费用

拟租用金龙旅行车 2 辆，每辆每天租金 1 000 元，两天共计 4 000 元。

七、其他临时性费用

预计 5 000 元。

此次会议经费预算总额为 63 000 元。

此预算提交总经理办公会审查批准。

××会议筹备小组

20××年 9 月 20 日

📶 知识链接

关于印发《中央和国家机关会议费管理办法》的通知

财行〔2016〕214 号

党中央有关部门，国务院各部委、各直属机构，全国人大常委会办公厅，全国政协办公厅，高法院，高检院，各民主党派中央，全国工商联，有关人民团体：

为贯彻落实《党政机关厉行节约反对浪费条例》关于加强相关开支标准之间的衔接，建立开支标准调整机制的规定，进一步加强会议费管理，我们制定了《中央和国家机关会议费管理办法》。现印发给你们，从 2016 年 7 月 1 日起施行，请认真遵照执行。执行中有何问题，请及时向我们反映。

附件：中央和国家机关会议费管理办法

财政部　国家机关事务管理局　中共中央直属机关事务管理局

2016 年 6 月 29 日

附件

中央和国家机关会议费管理办法

第一章　总则

第一条　为进一步加强和规范中央和国家机关会议费管理，精简会议，改进会风，提高会议效率和质量，节约会议经费开支，制定本办法。

第二条　中央和国家机关会议的分类、审批和会议费管理等，适用本办法。

本办法所称中央和国家机关，是指党中央各部门，国务院各部委、各直属机构，全国人大常委会办公厅，全国政协办公厅，最高人民法院，最高人民检察院，各人民团体、各民主党派中央和全国工商联（以下简称各单位）。

第三条　各单位召开会议应当坚持厉行节约、反对浪费、规范简朴、务实高效的原则，严格控制会议数量，规范会议费管理。

第四条　各单位召开的会议实行分类管理、分级审批。

第五条　各单位应当严格会议费预算管理，控制会议费预算规模。会议费预算要细化到具体会议项目，执行中不得突破。会议费应纳入部门预算，并单独列示。

第二章　会议分类和审批

第六条　中央和国家机关会议分类如下：

一类会议。是以党中央和国务院名义召开的，要求省、自治区、直辖市、计划单列市或中央部门负责同志参加的会议。

二类会议。是党中央和国务院各部委、各直属机构，最高人民法院，最高人民检察院，各人民团体召开的，要求省、自治区、直辖市、计划单列市有关厅（局）或本系统、直属机构负责同志参加的会议。

三类会议。是党中央和国务院各部委、各直属机构，最高人民法院，最高人民检察院，各人民团体及其所属内设机构召开的，要求省、自治区、直辖市、计划单列市有关厅（局）或本系统机构有关人员参加的会议。

四类会议。是指除上述一、二、三类会议以外的其他业务性会议，包括小型研讨会、座谈会、评审会等。

第七条　中央和国家机关会议按以下程序和要求进行审批：

一类会议。应当由主办单位报经党中央和国务院批准。会议总务、经费预算及费用结算等工作分别由中共中央直属机关事务管理局（以下简称中直管理局）和国家机关事务管理局（以下简称国管局）负责。

二类会议。党中央和国务院各部委、各直属机构，各人民团体应当于每年12月底前，将下一年度会议计划（包括会议名称、召开的理由、主要内容、时间地点、代表人数、工作人员数、所需经费及列支渠道等）送财政部审核会签，按程序经中央办公厅、国务院办公厅审核后报批。各单位召开二类会议原则上每年不超过1次。

三类会议。各单位应当建立会议计划编报和审批制度，年度会议计划（包括会议数量、会议名称、召开的理由、主要内容、时间地点、代表人数、工作人员数、所需经费及列支渠道等）经单位领导办公会或党组（党委）会审批后执行。

四类会议。由单位分管领导审核后列入单位年度会议计划。

年度会议计划一经批准，原则上不得调整。对党中央、国务院交办等确需临时增加的会议，按规定程序报批。

第八条 一类会议会期按照批准文件，根据工作需要从严控制；二、三、四类会议会期均不得超过 2 天；传达、布置类会议会期不得超过 1 天。

会议报到和离开时间，一、二、三类会议合计不得超过 2 天，四类会议合计不得超过 1 天。

第九条 各单位应当严格控制会议规模。

一类会议参会人员按照批准文件，根据会议性质和主要内容确定，严格限定会议代表和工作人员数量。

二类会议参会人员不得超过 300 人，其中，工作人员控制在会议代表人数的 15% 以内；不请省、自治区、直辖市和中央部门主要负责同志、分管负责同志出席。

三类会议参会人员不得超过 150 人，其中，工作人员控制在会议代表人数的 10% 以内。

四类会议参会人员视内容而定，一般不得超过 50 人。

第十条 全国人大常委会办公厅、全国政协办公厅、各民主党派中央和全国工商联的会议分类、审批事项、会期及参会人员等，由上述部门依据法律法规、章程规定，参照第六条至第九条作出规定，并报财政部备案。

第十一条 各单位召开会议应当改进会议形式，充分运用电视电话、网络视频等现代信息技术手段，降低会议成本，提高会议效率。

传达、布置类会议优先采取电视电话、网络视频会议方式召开。电视电话、网络视频会议的主会场和分会场应当控制规模，节约费用支出。

第十二条 不能够采用电视电话、网络视频召开的会议实行定点管理。各单位会议应当到定点会议场所召开，按照协议价格结算费用。未纳入定点范围，价格低于会议综合定额标准的单位内部会议室、礼堂、宾馆、招待所、培训中心，可优先作为本单位或本系统会议场所。

无外地代表且会议规模能够在单位内部会议室安排的会议，原则上在单位内部会议室召开，不安排住宿。

第十三条 参会人员以在京单位为主的会议不得到京外召开。各单位不得到党中央、国务院明令禁止的风景名胜区召开会议。

第三章 会议费开支范围、标准和报销支付

第十四条 会议费开支范围包括会议住宿费、伙食费、会议室租金、交通费、

文件印刷费、医药费等。

前款所称交通费是指用于会议代表接送站，以及会议统一组织的代表考察、调研等发生的交通支出。

会议代表参加会议发生的城市间交通费，按照差旅费管理办法的规定回单位报销。

第十五条　会议费开支实行综合定额控制，各项费用之间可以调剂使用。

会议费综合定额标准如下：

单位：元/人天

会议类别	住宿费	伙食费	其他费用	合计
一类会议	500	150	110	760
二类会议	400	150	100	650
三、四类会议	340	130	80	550

综合定额标准是会议费开支的上限。各单位应在综合定额标准以内结算报销。

第十六条　一类会议费在部门预算专项经费中列支，二、三、四类会议费原则上在部门预算公用经费中列支。

会议费由会议召开单位承担，不得向参会人员收取，不得以任何方式向下属机构、企事业单位、地方转嫁或摊派。

第十七条　各单位在会议结束后应当及时办理报销手续。会议费报销时应当提供会议审批文件、会议通知及实际参会人员签到表、定点会议场所等会议服务单位提供的费用原始明细单据、电子结算单等凭证。财务部门要严格按规定审核会议费开支，对未列入年度会议计划，以及超范围、超标准开支的经费不予报销。

第十八条　各单位会议费支付，应当严格按照国库集中支付制度和公务卡管理制度的有关规定执行，以银行转账或公务卡方式结算，禁止以现金方式结算。

具备条件的，会议费应当由单位财务部门直接结算。

第四章　会议费公示和年度报告制度

第十九条　各单位应当将非涉密会议的名称、主要内容、参会人数、经费开支等情况在单位内部公示或提供查询，具备条件的应当向社会公开。

第二十条　一级预算单位应当于每年3月底前，将本级和下属预算单位上年度会议计划和执行情况（包括会议名称、主要内容、时间地点、代表人数、工作人员数、经费开支及列支渠道等）汇总后报财政部。党中央各部门同时抄送中直管理局，国务院各部门同时抄送国管局。

第二十一条　财政部对各单位报送的会议年度报告进行汇总分析，针对执行中存在的问题，及时完善相关制度。

第五章　管理职责

第二十二条　财政部的主要职责是：

（一）会同国管局、中直管理局等部门制定或修订中央本级会议费管理办法，并对执行情况进行监督检查；

（二）按规定对各单位报送的二类会议计划进行审核会签；

（三）对会议费支付结算实施动态监控；

（四）对各单位报送的会议年度报告进行汇总分析，提出加强管理的措施。

第二十三条　国管局的主要职责是：

（一）配合财政部制定或修订中央和国家机关会议费管理办法；

（二）负责国务院召开的一类会议的总务工作；

（三）配合财政部对国务院各部委、各直属机构会议费执行情况进行监督检查。

第二十四条　中直管理局的主要职责是：

（一）配合财政部制定或修订中央和国家机关会议费管理办法；

（二）负责党中央召开的一类会议的总务工作；

（三）配合财政部对中央各部门会议费执行情况进行监督检查。

第二十五条　各单位的主要职责是：

（一）负责制定本单位会议费管理的实施细则；

（二）负责单位年度会议计划编制和三类、四类会议的审批管理；

（三）负责安排会议预算并按规定管理、使用会议费，做好相应的财务管理和会计核算工作，对内部会议费报销进行审核把关，确保票据来源合法，内容真实、完整、合规；

（四）按规定报送会议年度报告，加强对本单位会议费使用的内控管理。

第六章　监督检查和责任追究

第二十六条　财政部、国管局、中直管理局会同有关部门对各单位会议费管理和使用情况进行监督检查。主要内容包括：

（一）会议计划的编报、审批是否符合规定；

（二）会议费开支范围和开支标准是否符合规定；

（三）会议费报销和支付是否符合规定；

（四）会议会期、规模是否符合规定，会议是否在规定的地点和场所召开；

（五）是否向下属机构、企事业单位或地方转嫁、摊派会议费；

（六）会议费管理和使用的其他情况。

第二十七条 严禁各单位借会议名义组织会餐或安排宴请；严禁套取会议费设立"小金库"；严禁在会议费中列支公务接待费。

各单位应严格执行会议用房标准，不得安排高档套房；会议用餐严格控制菜品种类、数量和份量，安排自助餐，严禁提供高档菜肴，不安排宴请，不上烟酒；会议会场一律不摆花草，不制作背景板，不提供水果。

不得使用会议费购置电脑、复印机、打印机、传真机等固定资产以及开支与本次会议无关的其他费用；不得组织会议代表旅游和与会议无关的参观；严禁组织高消费娱乐、健身活动；严禁以任何名义发放纪念品；不得额外配发洗漱用品。

第二十八条 违反本办法规定，有下列行为之一的，依法依规追究会议举办单位和相关人员的责任：

（一）计划外召开会议的；

（二）以虚报、冒领手段骗取会议费的；

（三）虚报会议人数、天数等进行报销的；

（四）违规扩大会议费开支范围，擅自提高会议费开支标准的；

（五）违规报销与会议无关费用的；

（六）其他违反本办法行为的。

有前款所列行为之一的，由财政部会同有关部门责令改正，追回资金，并经报批后予以通报。对直接负责的主管人员和相关负责人，报请其所在单位按规定给予行政处分。如行为涉嫌违法的，移交司法机关处理。

定点会议场所或单位内部宾馆、招待所、培训中心有关工作人员违反规定的，按照财政部定点会议场所管理的有关规定处理。

第七章 附则

第二十九条 各单位应当按照本办法规定，结合本单位业务特点和工作需要，制定会议费管理具体规定。

第三十条 党中央、国务院直属事业单位的会议费管理参照本办法执行。中央和国家机关各部门所属事业单位的会议费管理由各部门依据从严从紧原则参照本办法作出具体规定。

第三十一条 本办法由财政部负责解释，自2016年7月1日起施行。《中央和国家机关会议费管理办法》（财行〔2013〕286号）同时废止。

关于《中央和国家机关会议费管理办法》的补充通知

财行〔2023〕86号

党中央有关部门，国务院各部委、各直属机构，全国人大常委会办公厅，全国政协办公厅，最高人民法院，最高人民检察院，各民主党派中央，有关人民团体：

为贯彻落实中央八项规定精神，进一步规范中央和国家机关会议费管理，现就有关事项补充通知如下：

一、本通知适用于中央和国家机关按照《中央和国家机关会议费管理办法》（财行〔2016〕214号，以下简称《办法》）规定召开的一类、二类、三类、四类会议，包括线下会议和线上会议。

线上会议是指采取电视电话、网络视频等方式召开的会议，含线上与线下相结合的会议。

二、会议会期，二、三、四类会议原则上不超过1天半，传达、布置类会议不得超过1天。

会议报到和离开时间，一、二、三类会议合计不得超过1天半，四类会议合计不得超过1天。

三、各单位召开会议，在符合保密和网络信息安全要求的前提下，提倡采用线上会议形式。线上会议的主会场和分会场参会人数合计不得超过《办法》规定的相应会议类别参会人数上限，不请外地同志到主会场参会。

线上会议优先选择单位内部电视电话、电子政务内网视频会商等现有应用系统。单位现有应用系统无法保障的，应当结合工作性质、保密要求等，选择专用系统、运营商服务系统、第三方软件服务系统等。

四、会议费开支范围包括：

（一）线下费用：《办法》规定的住宿费、伙食费、会议场地租金、交通费、文件印刷费、医药费等；

（二）线上费用：能够明确对应具体会议的设备租赁费、线路费、电视电话会议通话费、技术服务费、软件应用费、音视频制作费等。

五、会议费应当按照以下方式进行核算列支：

（一）线下费用按照《办法》有关规定以实际发生的费用项目分项定额标准总额为上限，结合线下实际参会人数、会议时间进行核算。各项费用之间可以调剂使用，未实际发生的费用项目不得参与调剂。

（二）线上费用不纳入《办法》规定的综合定额标准内核算，凭合法票据原则上在单位年度会议费预算内据实列支。

各单位应当按照厉行节约、提高效率的原则，通过市场调研、充分议价，合理选择线上会议应用系统，细化完善本单位线上会议支出标准。

六、各单位在会议结束后应当及时办理会议费报销手续。线下费用按照《办法》有关规定进行报销。线上费用应当提供费用清单和使用相关应用系统所开具的合法票据，签署服务合同的，需一并提供相关合同。

七、各单位应当加强涉密会议安全和保密管理，落实网络安全工作责任制，强化网络安全技术防护措施，选择安全可靠的应用系统，督促系统服务供应商严格落实安全保密责任，加强对运维人员、技术服务人员日常保密教育和监督，定期开展终端设备和涉密场所保密检查，妥善保管会议音视频等材料，切实做好安全保障工作。

八、各单位应当加强对会议内容相近、参会人员范围相同会议的统筹，严格控制各类会议规模，简化办会形式，合理确定参会人员范围，减少参会人员数量，减少陪会。

九、各单位应在《办法》及本通知规定的开支范围和开支标准内从严从紧核定会议费预算，节约会议经费开支。

十、本通知自 2023 年 8 月 1 日起施行。《办法》有关规定与本通知不符的，以本通知为准。

财政部　国管局　中直管理局

2023 年 5 月 30 日

实训

根据任务一的实训案例，完成一份详细的会议经费预算表。要求各项目支出合理，既精简节约，又能够满足会议档次的需要。其中食宿、交通、游览、参观等费用，参考本地区的实际情况。如果不熟悉食宿、交通、宾馆、游览的价格，可派人进行市场调查，尽可能使预算具有可行性。

各小组派人在班上进行交流，说明制订预算的过程，以及预算的合理性。

自测题

1. 会议经费主要包括哪些方面？

2. 学习中央的八项规定，看看有哪些开支是会议中不允许支出的。

3. 如果是一个商务性的会议，有哪些方法可以增加收入？

任务四　会议选址和布置

会议选址和布置是一项重要的会前准备工作，它对会议的成功举办和效果产生着重要的影响。合理的会议选址和精心的会场布置能够为参会人员提供良好的环境，烘托会议主题，体现会议精神，提升会议的专业性和高效性。会务人员要心怀"以人为本""服务中心"的理念，以强烈的劳动意识、创新的审美观念和持续改进的工匠精神，对会议选址和布置认真规划、有效执行，为会议的顺利进行提供有力保障。

一、会议场所的选择

（一）大小适中

选择会场要根据会议规模、档次、参会人的身份，并结合会议内容来考虑。会场一定要大小适中。会场太大，不仅造成浪费，还让人觉得会场空旷、缺少气氛；会场太小，不仅拥挤，还会给人压抑之感。

（二）设施齐全

会场一定要有足够的设施，除桌椅外，空调、音响、录像（音）设备、茶具、卫生设备也都需要考虑。为了保证交通便利，会场最好靠近公交站、地铁站，会场外要有一定面积的停车场。

（三）保密性好

一些机密性会议，要求会场有较强的隐秘性。这类会议不要选择在繁华区召开，同时要求室内隔音效果要好等。

（四）安全性强

会场的安全性包括政治安全和环境安全两方面。政治安全是指要保证领导者或参会人员免受各种因素的侵害和威胁；环境安全是指会场无安全隐患，电器电路可靠，消防设施齐全，消防通道畅通。

（五）避开干扰

会场尽量避开闹市区或噪声严重的工厂、集市、街道，要尽可能避免受外界干扰。一些重要会议还要注意避开新闻媒体的干扰。

（六）经济实用

会场的选择要在保证会议效果的前提下，采取经济实用原则，要考虑租借费用是否超出成本，会场设施是否有必要。

（七）符合规定

会场的选择要与会议规模、主题相符，不可过于豪华、奢侈，不得铺张浪费。

二、会场布置

（一）会场布置的一般要求

会场布置要有利于突出会议主题、烘托会议气氛、调节参会人员的情绪、提高会议效率。不同会议对于会场有不同的要求，如政治性会议要求严肃、庄重；学术会议则要求气氛和谐宽松，易于交流；单位内部会议要求紧凑、高效；涉外会议则要考虑既有中国特色，又符合主宾习惯、爱好和禁忌。会场的布置应尽可能与会议的内容与要求相一致。

（二）小型会议会场布置

小型会议，一般指参加人数较少、规模不大的会议。它的主要特征是全体参会人员均应排座，不设立专用的主席台。其排座目前主要有以下三种具体形式：自由择座、面门设座和依景设座。排座形式主要是根据会议的性质、目的、参加人数来确定，见图 2-1。

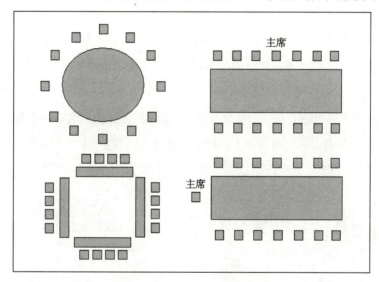

图 2-1　小型会议会场布置图

会议座次排定的方法主要有以下几种：

一是环绕式。所谓环绕式就是不设立主席台，把座椅、沙发、茶几摆放在会场的四周，不明确座次的具体尊卑，参会人员在入场后自由就座。这一安排座次的方式，在茶话会中最流行，与茶话会的主题最相符。

二是散座式。散座式排位，常见于在室外举行的联谊会、酒会等。散座式排位的座椅、沙发、茶几四处自由组合，貌似散乱无序，甚至可由参会人员根据个人要求而随意安置，其目的就是要营造出一种宽松、舒适、惬意的会议环境。

三是圆桌式。圆桌式排位，指的是在会场上摆放圆桌，请参会人员在周围自由就座。圆桌式排位又分下面两种形式：一是适合人数较少的，仅在会场中央安放一张大型的椭圆形会议桌，而请全体参会人员在周围就座。二是参会人数较多时，在会场上安放数张圆桌，请参会人员自由组合，各自在其周围就座。

四是主席式。这种排位是指在会场上安置一目了然的主席台，主持人、主人和主宾、重要领导安排在主席台就座。

举行正式会议时，通常应事先排定参会人员尤其是重要身份者的具体座次。越是重要的会议，它的座次排定就越受到社会各界的关注。对有关会场排座的礼仪规范，会务人员不但需要了解，而且必须认真遵守。在实际操办会议时，由于会议的具体规模有所不同，因此其具体座次排定也会存在一定的差异。

（三）大型会议会场布置

大型会议是指参会人数众多、规模较大的会议。其最大特点是会场上应分设主席台与听众席，前者必须认真排座，后者的座次则可排可不排。

1. 主席台排座

大型会场的主席台一般面对会场主入口。按主席台就座人数，用长条桌，呈横一字形排列；如主席台就座人数较多，也可摆设多排。第一排桌以不超过幕布为限，见图2-2。台前沿摆上盆花装饰，台口的后侧摆常青树。在台口幕布上悬挂大会会标，有些国内会议或国际会议，台后的大幕上还要挂会徽并竖与会国国旗（按参加国国名第一个英文字母排序）。在主席台就座的每一名人员面前的桌上，均应放置双向的名签。

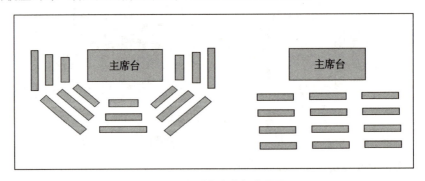

图 2-2　大型会议会场布置图

安排主席台的座位时需注意：

（1）身份最高的领导人（有时可以是声望较高的来宾）安排在主席台前排中央就座。

（2）其他人员按先左后右（以主席台的朝向为准），一左一右的顺序排列。

（3）主席台就座的人数为偶数时，前两位领导人共同居中就座，第一位领导人坐在第二位领导人的左侧。

以上座位安排一般适用于国内正式会议，而在商务会议、涉外会议中则通行以右为尊的原则。

2. 大型会场听众席的布置

（1）会场座位格局的类型。包括上下相对式、全围式、半围式、分散式、并列式等。

（2）座位排列的方式。包括按职务高低顺序排列、按姓氏笔画排列、按上级批复或任命通知中的名单顺序排列、按各单位名称笔画排列等。

（3）座位标识。座位排列好后，还应该做座位的标识。会场标识包括座位号标识、团组标识、席卡、桌次、指示牌、座次图等。

3. 大型会场的其他设施

（1）会场装饰。会标、会徽、标语、花卉、灯光等。

（2）会场必要的视听设备。现代会议中经常会用到视听辅助设备以增强会议效果，让听众更好地接受会议信息。由于现代视听设备能将复杂且不易理解的信息展示给观众，同时也能将一些照片、声像资料带到现场以增强会议效果，因此它已经成为现代会议不可缺少的辅助工具。秘书人员要熟悉和掌握这些设备的使用方法、操作技巧，并在会前仔细检查和安装这些设备。

以上设备主要根据现场的需要进行选择，但一定要事先准备好，否则会议开始时再反复调试不仅会延误会议时间，而且会直接影响会议效果。

在如谈判会议、庆典会议、展览会议等一些特殊会议的准备工作中，还需特殊用品和设备，如张贴画、摆花、充气模型、巨型屏幕、展台展板、签字用具等。这些物品要事先预订，提前安排。

秘书人员在布置会场时还应注意以下方面，见图2-3。

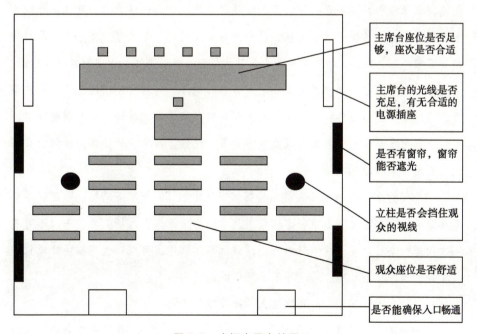

图 2-3 会场布置实战图

🔊 知识链接

揭秘|庆祝大会演练有个"科技大脑"，首次加入"落座率"统计

从 2008 年北京奥运会开幕式的"击缶而歌"，到 2019 年国庆盛典虚拟仿真演练，北京理工大学计算机学院教授、数字表演与仿真技术北京市重点实验室主任丁刚毅和他的团队已经经历了数次国家级盛典的考验。

今年，丁刚毅团队再次承担建党百年庆祝大会的仿真建模和现场服务，对此，整个团队开足马力、不敢懈怠，应用新平台、新技术为庆祝大会服务保障，助力庆祝大会顺利成功举行。

6 月下旬，是庆祝大会筹备最紧张的时刻，在北京理工大学计算机学院的数字表演与仿真技术北京市重点实验室内，团队成员全员在岗，每个人紧盯屏幕，随时查看、核实各项数据。计算机屏幕上，庆祝大会现场的座位图一一标注，每个座位都精确到人，观众、工作人员进场离场路线动态展示，安检、进出站等每处细节全都考虑在内。

"这套仿真系统将各项数据导入系统后，它就能把大会现场 2 000 多个要素精确模拟出来，如主席台、观众座位等。通过这个系统，指挥人员、导演、艺术家等就可以直观了解现场服务设施安置、人员流动、服务保障力量等信息，及时做出优化和调整。"丁刚毅说。

虚拟仿真团队对广场核心区及沿线活动区域进行了实地数据收集及基础环境搭建，包括物理环境要素建模、天气环境动态建模和庆祝活动流程建模，既能为服务现场参会人员提供物品数量、人力配备和时间规划等策略方案，大大节约物品安置服务工作时间，还能对参会人员从远端、近端到座席台流向进行仿真推演，生成多套人员集结疏散和现场落座决策方案。此外，针对可能出现的各项突发事件，系统也能进行应急模拟，包括对座席台突发事件最优救助、生成调度方案，集结疏散突发事件最优救助及其调度方案等。这些方案为各职能部门提供科学高效的应急预案和数据支持。

"有了这套系统，工作人员在指挥部里就能指挥'千军万马'。"广场参会人员服务指挥部办公室副主任李广哲说，"因为庆祝大会现场人数较多，不可能一次次进行全员预演，所以针对可能遇到的各类问题，可以通过虚拟仿真模拟进行排查，确保各个程序、各项环节尽可能做到万无一失。"

首次加入"落座率"统计

"相比我们过去参与的北京奥运会、庆祝新中国成立 70 周年群众游行等大

型活动，这次的庆祝大会在形式上有了很大不同。我们团队为此开发了一个新的模块，可以实时显示场内各归口单位人员落座情况。"丁刚毅说。

落座率系统可以为现场指挥调度起到良好的辅助作用，通过对各座席区域落座情况及时统计及反馈，达到实时掌握当前场内人员入场和落座情况，确保庆祝大会演练及现场指挥调度实时掌握最新信息，全面应对、及时处理，为指挥调度工作提供清晰、扁平化的实时状况，保证现场落座过程有序、可控进行。

为了实现在规定时间内引导观众进场落座，一套完备的参会人员集结疏散方案十分重要。负责该功能虚拟仿真模块开发运行的团队成员杨清杨告诉记者："从3月进行底层开发至今，这个系统已经更新迭代了20多个版本，我们通过不断收集各类真实数据，不断地在仿真系统里进行数据验证，从而优化调整出最佳的集结疏散方案。"

技术储备十余年

这已不是丁刚毅团队首次参加国家级重大活动的服务保障，团队自主开发的这套仿真技术在2008北京奥运会、2018平昌冬奥会闭幕式北京8分钟表演、庆祝新中国成立60周年和70周年群众游行等国家重大活动，都曾发挥了重要作用，承担仿真建模和现场服务等重点任务，并取得了显著成效。

长期以来，北京理工大学就有服务国家重大战略需求的办学传统，丁刚毅自1993年毕业留校任教至今，已研究了20余年仿真技术。2007年，丁刚毅带领团队开始将应用研究领域从军事转向表演。首次提出了"数字表演"的概念和体系，经过十余年技术积累沉淀，数字表演与仿真技术在国内已经处于领先地位。

不过，已有的技术积累没有让他有丝毫懈怠。在丁刚毅的办公室，除了满满的图书资料和办公用品以外，还备有一整套的被子、拖鞋、洗漱用品以及食品，家在学校内的他随时做好通宵准备。"10年过去了，技术迭代了，需求也更多了，我们不敢有丝毫放松，随时做好处理解决新问题的准备。"丁刚毅说。（记者孙云柯　程功）

（资料来源：北京日报客户端，2021年7月2日）

🔊 实训

安排一个较大的教室，一些活动的桌椅，要求各组在规定的时间内完成下列会场布置工作：

1.ABC三家公司为合作事宜举行谈判，其中A为东道主，B是当地企业，C是外地企业。

2.公司请著名的职业经理人余先生对中高层管理人员进行培训。

3.公司股东大会，公司董事长、董事会成员、上级主管领导、股东代表等100人参加。

4.公司安全生产月动员大会，总经理、副总经理、中层管理人员、各车间主任、员工代表80人参加，由总经理进行安全生产月动员，分管副总经理布置具体实施方案。

5.公司召开生产协调会，统筹协调解决各项目经理部在工程建设中遇到的困难和存在的问题。公司副总经理、工会主席、纪委书记、总经理助理出席会议，公司各专业工程公司经理、各部（室）及相关单位主要负责人约30人参加会议。

6.公司部分领导与家在外地的员工举行中秋茶话会。

📶 自测题

座次的风波

某分公司要举办一次重要会议，请来了总公司总经理和董事会部分董事，并邀请当地政府要员、同行业知名人士出席。由于出席的重要人物多，领导决定用长U字形的桌子来布置会议桌，分公司领导到时坐在位于长U字横头处。会议当天，贵宾们进入会场，按安排好的座签找到自己的座位就座。当坐在横头处的分公司领导宣布会议开始时，会议气氛突然变得有些不对劲，有些贵宾互相低语后便借口有事站起来要走，分公司的领导人不知道发生了什么事或出了什么差错，非常尴尬。

1.会场座位的安排应该注意哪些问题？

2.案例中的领导位置放在哪里比较好？

3.如果在现场发现了问题，应该如何及时处理？

任务五 会议文件的准备

会议通知

会议文件的准备工作对整个会议的顺利进行至关重要。会议文件既要保证内容的准确性，也要注意保存的规范性，这需要秘书人员具备强烈的责任心和规范意识。党的二十大报告提出要增强忧患意识，坚持底线思维，这就要求秘书人员在准备会议文件时严格遵守保密制度，坚决防止因工作疏漏造成文件的泄密。同时，秘书人员还应细致严谨，确保文件材料准确完整。秘书人员只有做到忠诚履职、勤勉专注，才能完成会议文件的准备工作，保障会议顺利召开。

一、会议通知

会议通知是上级对下级、组织对成员或平行单位之间传达会议信息时使用的应用文。会议通知是向参会人员传递会议信息的载体，是会议组织方和参会人员沟通的重要渠道。

会议通知有正式和非正式两种。正式通知属于公务文书，要按公务文书的要求撰写，按公文处理程序处理；非正式通知，也称便条式通知，它通常以便条的形式出现，其形式或是纸质传递，或是电子版发送。不论哪种形式，都包括时间、地点、主题、参会人员等内容。时间最好能精确到分；地点应具体到哪个房间；会议通知最好将议题一一列举，对参会人员的要求也应准确写明。

（一）标题：（发文机关）+事由+文种

由发文机关、事由和文种类别"会议通知"字样组成，一般不宜省略，特别是"会议"二字要标明，以区别其他类型的通知。

（二）正文

正文由以下几部分组成：

1. 主送机关

需参加会议的单位。

2. 前言

说明开会目的、意义，用"现就有关问题通知如下"过渡。

3. 主体

通知的具体事项，包括会议的时间和地点、主要议题、出席对象及出席者要求、需携带的材料、联系方式等。

4. 结尾

提出要求，如"希望各单位积极参与"等，也可以用"特此通知"等惯用语。

（三）落款发文机关、日期

会议通知的内容是会前受文单位需要准备的事项，会议的程序和内容不应列入，未列入的内容应在正文结束处用"将另行通知"等字样交代清楚。如有《登记表》《名额分配表》之类的附件材料，也应在正文中有所交代，附在通知后面。会议通知的形式分为文件式会议通知和备忘录式会议通知。

（四）会议回执

为了便于统计参会人数，掌握参会人员的身份，提前办理返程票务工作或者收集对办会的建议和意见，可以在通知后附会议回执，由参会人员填写好后提前寄回会务组。

关于召开全国高校秘书事务所联盟第三届大会
暨 2021 年泛大湾区文秘专业建设论坛的通知

各有关单位：

为贯彻党的十九届五中全会提出的"构建高质量教育体系"精神，进一步推动秘书专业对接现代产业体系，对接新经济、新业态、新技术、新职业，创建高质量职教体系，提升人才供给质量，特举办全国高校秘书事务所联盟第三届大会暨 2021 年"泛大湾区文秘专业建设论坛"。现将有关事项通知如下。

一、会议组织

指导单位：教育部职业院校教育类专业教学指导委员会

中国对外经济贸易合作企业协会

中国外经贸企协全国外经贸从业人员考试中心

主办单位：全国高校秘书事务所联盟

承办单位：湖南司法警官职业学院

中创慧文（北京）科技有限公司

协办单位：崇文秘书事务所

二、参会对象

各高等院校、中等职业学校文秘类专业教研室主任、专业负责人、骨干教师，全国高校秘书事务所联盟成员，联盟内各秘书事务所代表（学生）。

三、会议时间及地点

（一）会议时间

2021 年 6 月 4 日（周五）—6 月 6 日（周日）

（二）会议地点

湖南司法警官职业学院（湖南省长沙市芙蓉区远大二路 1069 号）

四、会议主题

（一）主会场

1."现代文秘专业"更名后的发展思路

2.文秘类专业 1+X 证书的开发与实践

3.高水平文秘专业群的组群逻辑与实施

4.司法体制改革背景下法律文秘专业人才培养

5.全国高校秘书事务所联盟第三批联盟成员授牌

6.2020 年会议策划方案比赛颁奖仪式

（二）学生会场

1. 会议策划方案比赛参赛作品的企业立场解析

2. 全国高校秘书事务所联盟所长培训

五、住宿及报到安排

（一）住宿及报到酒店

长沙隆华国际酒店（湖南省长沙市芙蓉区隆平科技园红旗路 199 号（大汉建材城对面））

（二）住宿收费标准

标间 / 单间：×××元，包含早餐

（三）报到时间与地点

2021 年 6 月 4 日 12：00—20：00，酒店大堂

（四）报名表二维码

请参会老师扫描二维码填写报名表

六、会务费及缴费方式

（一）会务费

会议收取教师会务费×××元 / 人，学生参会免收会务费。

会务费主要用于会议资料、会议交通、专家费用等开支。

（二）缴费方式

（略）

交通和食宿费用自理，住宿统一安排。

七、会议联系人

全国高校秘书事务所联盟××电话：186×××××××××

湖南司法警官职业学院××电话：152×××××××××

八、报名方式

请参会老师扫二维码直接填写报名表，报名截止时间为 2021 年 5 月 26 日。

申请加入第三批联盟的成员请填写附件 1，并于 2021 年 5 月 26 日前将相关表格的电子版发送至×××@×××.com。

全国高校秘书事务所联盟

湖南司法警官职业学院（代章）

2021 年 4 月 21 日

以上是公文式通知，便条式会议通知则写得比较简单，包括会议的时间、地点、议题、

方式、要求、参加人等事项，虽然结构简单，但内容仍要齐全、具体。便条式会议通知多用于单位内部。

📶 范文 2-5

会议通知

各职能部门：

  兹定于 5 月 20 日（周五）下午 3 点，在公司三层小会议室召开销售工作会议，请各部门经理准时参加。

总经理办公室

20××年 5 月 19 日

📶 范文 2-6

会议回执

姓名：	性别：		年龄：	职称：	民族：
报告题目：					
预定到会时间：		交通工具：		是否需要接机（站）：	
是否定回程票：	回程日期：	交通工具：	目的地：	备注：	

二、开幕词、闭幕词

（一）开幕词

1. 开幕词的概念和特点

开幕词是党政机关、社会团体、企事业单位的领导人在会议开幕时所作的讲话，旨在阐明会议的指导思想、宗旨、重要意义，向参会者提出会议的中心任务和要求。其主要特点是具有宣告性和引导性。不论召开什么重要会议，或开展什么重要活动，按照惯例，一般都要由主要领导人致开幕词，这是一个必不可少的程序，它标志着会议或活动的正式开始，对引导会议或活动朝着既定的正确方向顺利进行、保证会议或活动的圆满成功有着重要意义。

2. 开幕词的写法

开幕词通常由标题、称谓、正文三部分组成。具体标注位置和写法如下：

📶 范文 2-7

××社区首届文化艺术节开幕词

尊敬的各位领导、各位来宾、同志们、朋友们：

今天上午我们欢聚在一起，在这里举行首届社区文化艺术节开幕式。首先，我谨代表社区文化艺术节组委会向出席今天开幕式的各位领导、各位来宾和广大居民朋友们表示热烈的欢迎！对大力支持社区建设的社会各界人士表示衷心的感谢！

改革开放以来，随着人们物质生活水平的不断提高，广大群众的文化需求也日益增长，求美、求乐、求健康、求发展的需求日趋迫切，这为社区文化建设的发展提供了广阔的空间。社区文化建设活动是社区精神文明建设的重要组成部分，也是强化社区共建意识、提高社区居民思想道德和科学文化素质的有效载体。多彩多姿、生动活泼、寓理于情、寓教于乐的社区文化，在三个文明建设中起到了不可替代的作用。它有利于倡导文明新风、树立家庭美德；有利于促进社会文明进步，革除封建陋习、抵制愚昧腐朽的生活方式；有利于促进家庭和社会稳定，构建平安和谐社区。社区是我家，共建靠大家。社区文化建设得到了社会各界的重视、关心和支持，本届社区文化艺术节的举办，是对我市"十一五"期间社区文化建设成果的集中展示和检阅，也是对"十一五"社区文化建设的有力推动。

本届社区文化艺术节经市委、市政府同意，由市委宣传部、市委文明办、市文体局、市社区办和市文联等共同主办。本届社区文化艺术节旨在提供舞台，充分展示社区文化建设成果，弘扬平安和谐、健康向上的社区精神，增强社区凝聚力，推进社区文化建设，努力把社区建设成为"文明快乐、邻里和睦、家庭和谐、环境幽雅"的美好家园。与此同时，发掘社区里面的文化人才，激发社区广大群众去发现美、欣赏美、创造美，使居民群众成为艺术节的参与者、组织者、受益者，打造富有魅力与激情的人文社区，为我市的三个文明注入不竭的精神动力。

最后，再一次感谢各位领导、各位来宾的光临，衷心感谢各协办单位对本届文化艺术节的大力支持。祝在座的各位朋友身体健康！

（二）闭幕词

1. 闭幕词的概念和特点

闭幕词是在大型会议或重要活动即将结束时，有关领导人对大会的议程及会议中解决的问题所作的带有评价性、总结性的讲话。其主要目的：一是对大会基本内容和主要精神进行肯定和强调，鼓励与会人员会后进一步贯彻落实大会精神，并提出今后任务，指明前进方向；二是宣布会议闭幕，与开幕词前后呼应，保持大会的完整性。

2. 闭幕词的写法

闭幕词与开幕词写法大体一致，由标题和正文两大部分构成。格式和写法如下：

标题

（×× 会议闭幕词）

（或 ×× 领导在 ×× 会议上的闭幕词）

（或 ×× 领导在 ×× 会议闭幕式上的讲话）

称谓（女士们、先生们等，根据大会情况选择称谓，顶格）

开头：首先用一段简明的文字说明大会在什么情况下圆满结束，胜利闭幕；之后，以简练的文笔概述总结大会情况或对大会作出基本评价。

主体：对大会讨论通过的主要文件、研究解决的重要（或重大）问题；会议取得的成果及经验；会议的重要意义和如何贯彻会议精神等方面进行归纳肯定，并在此基础上提出贯彻执行的要求。

结尾：以简明、富有号召力而又充满信心的精练语言，郑重宣布大会胜利闭幕。同时，再次对与会者和相关单位表示感谢和祝愿。

范文 2-8

国际奥委会主席罗格在 2008 年北京奥运会闭幕式上的致辞

亲爱的中国朋友们：

今晚，我们即将走到 16 天光辉历程的终点。这些日子，将在我们的心中永远珍藏，感谢中国人民，感谢所有出色的志愿者，感谢北京奥组委。通过本届奥运会，世界更多地了解了中国，中国更多地了解了世界，来自 204 个国家和地区奥委会的运动健儿们在光彩夺目的场馆里同场竞技，用他们的精湛技艺博得了我们的赞叹。

新的奥运明星诞生了，往日的奥运明星又一次带来惊喜，我们分享他们的欢笑和泪水，我们钦佩他们的才能与风采，我们将长久铭记再次见证的辉煌成就。

在庆祝奥运会圆满成功之际，让我们一起祝福才华横溢的残奥会运动健儿们，希望他们在即将到来的残奥会上取得优秀的成绩。他们也令我们倍感鼓舞，今晚在场的每位运动员们，你们是真正的楷模，你们充分展示了体育的凝聚力。

来自冲突国家竞技对手的热情拥抱之中闪耀着奥林匹克精神的光辉。希望你们回国后让这种精神生生不息，时代永存。

这是一届真正的无与伦比的奥运会，现在，遵照惯例，我宣布第29届奥林匹克运动会闭幕，并号召全世界青年四年后在伦敦举办的第30届奥林匹克运动会上相聚。

谢谢大家！

三、讲话稿

（一）讲话稿的概念和特点

讲话稿有广义和狭义之分。广义的讲话稿是指人们在特定场合发表讲话的文稿；狭义的讲话稿是指领导在会议上的讲话稿，是各级领导在各种会议上发表带有宣传、指示、布置任务、总结经验等内容的文稿。

讲话稿的内容是由会议主题和讲话者身份来决定的，具有针对性。秘书在写讲话稿之前，必须了解会议的主题、性质、议题，讲话的场合、背景，领导者的指示、要求，听众的身份、背景情况、心理需求和接受习惯等。另外，领导讲话具有现场性，因此撰写领导讲话时必须提前考虑和把握现场气氛，篇幅不要过长，语言既要准确、简洁，又要通俗、生动。

（二）讲话稿的写法

讲话稿一般由标题和正文两部分组成。具体格式和写法如下：

标题（单标题和双标题两种写法）
（×××省长在全省教育工作会议上的讲话）
（进一步学习和发扬鲁迅精神——在鲁迅110周年诞辰纪念大会上的讲话）
称谓（根据参会人员的情况和会议性质来确定适当的称谓，要求庄重、得体，顶格）
开头：概述讲话内容，说明讲话的缘由或所要讲的内容重点。
主体：根据会议的内容和发表讲话的目的，可以重点阐述如何领会文件、指示、会议精神；可以通过分析形势和明确任务，提出搞好工作的几点意见；可以结合本单位情况，提出贯彻上级指示的意见；可以对前面其他领导人的讲话作补充讲话；也可以围绕会议的中心议题，结合自己的分管工作谈几点看法；等等。
结尾：总结全篇，照应开头，发出号召；或者征询对讲话内容的意见或建议。

四、其他会议文件

除会议通知外，秘书人员还要准备的会议文件有：

（1）供参会人员查阅的会议须知、日程安排、服务指南、分组名单、住宿名单等；

（2）会议证件（可以分为代表证、列席证、工作证、记者证、贵宾证等，见图2-4）；

图 2-4　各种会议代表证

（3）供代表发言、交流用的典型经验材料、学术论文、各种讨论稿等；

（4）供消息发布用的简报、新闻稿等。

会议文件尽可能在会前准备好，会议代表一到会就发到他们手中。会议期间有时会根据会议需要随时印制文件，相关的打印设备也应事先准备好。

📶 知识链接

《步步惊心：我亲历的会议服务故事》文章节选之一

《秘书工作》策划组

大字号的领导讲话稿

我刚调到办公室不久，就参加了一次会议的筹备工作。领导安排我负责主席台上领导讲话稿的打印和摆放。会前，处长来检查会务工作，他走到主席台跟我确认讲话稿版本等问题，顺手拿起主席台上我刚摆放好的讲话稿："字号怎么这么小？重新打一份，换成二号字，全文加粗。""咱领导年纪又不大。"看到我还一脸不解地嘀咕着，处长耐心地告诉我："领导讲话时，不可能一直盯着稿子，字小了容易看串行，眼睛也会累。所以，摆在主席台上的讲话稿，字号和行距要略大些。"我这才明白，打印一份大字号的讲话稿对工作人员来说只是举手之劳，却可以为领导提供不少便利。会议服务过程中，只有懂得与服务对象换位思考，才能真正提升会务服务的人性化、科学化水平。

会议通知落款怎么是去年的

元旦后，我市准备召开全市党外代表人士座谈会，承办部门起草了会议通知代拟稿，我们对通知进行了认真的修改完善，然后按部就班报批送审、排版校对。为了确保文字无误，我还特地把排好版的通知清样返回承办部门进行校对。

就这样，经过了层层修改校对，大家都以为肯定没问题了，就准备正式印制。这时，旁边一位年轻的排版工作人员问了一句："落款年份是去年，对吗？"大家大吃一惊，定睛一看，果然，落款年份还是上一年。顿时，所有人脸色通红，被吓出了一身冷汗，直呼："好险哪！差一点就犯下大错了！"

从那以后，在起草、校对通知等材料的时候，我们都对日期进行重点确认，尤其是在刚进入新年的一段时间里，更是加倍留意。

领导讲话稿的半页白纸

我厅年终总结大会就要召开，会上领导要作全年工作总结。处长带着我们一班人熬了好几个通宵，终于形成初稿，呈报给厅领导。反复打磨，几经修改，就在临开会前一天夜里，领导还对稿件进行了最后一次改定，并交代我誊清后明天一早带到会场。我打起十二万分精神，逐字逐句校对修改，确保万无一失。完成后，我打印了两份，并且一页一页翻着角看了一遍，发现页码是对的，欣欣然放进了公文包，就放心回家休息了。

第二天，我早早赶到会场，把报告放到主席台上，一切都很顺利。谁知，领导讲到第 14 页时，意外发生了。他忽然停顿了一下，来回翻了翻稿子，然后再讲语速就降了下来，没有按照稿子讲，而是接着刚才讲的问题进一步展开了论述。我听着不对劲，猛抬头，发现领导正在看我，还指了指手里的稿子。我立即反应过来，心知大事不妙，心一下子跳到了嗓子眼儿，迅速把备用稿拿了出来，翻到第 14 页，快速往后一页一页整个翻了一遍，还好没有问题，就赶紧把备用稿拿上去。拿回领导的那份讲话稿，我翻开一看，第 14 页上边多半页居然是空白的！事后回想，前晚在翻看核对的时候，我只是点了下面的页码对不对，并没有整页翻看稿子，谁知就是这么巧，打印机故障造成这页的上半页出现空白。

到底提出了几点要求

一次，县委县政府召开会议，县委书记在会上讲话。讲话既有工作总结，也对下一步的工作提出了五点要求。按照流程，接下来是主持会议的县长发言，对贯彻落实会议精神提出要求。县长念道："刚才书记提出的六点要求，我们要领会好、落实好。"这时我心里咯噔一下，刚才不是讲了五点吗？怎么是六点呢？

一想，原来县长的讲话稿是根据上一稿书记的讲话来写的，后来书记讲话又改了一稿，有两点要求作了合并处理，六点要求已经改为五点了，而县长的讲话稿没有进行相应修改。

会后，我们办公室作了总结，要求今后的会议，会上各个讲话稿的最终版本都要统一核对一遍，确保万无一失。

会议纪要发送范围要准确

今年，我市召开一项重点工作部署会。会后，我第一次承担起草会议纪要的工作。经过认真记录、反复修改，终于写好了会议纪要，交给处长审核。处长核改完纪要内容，又前前后后来回翻看，并在会议纪要发送范围后面画了一个红红的大问号，旁边添上了一个单位的名称。我顿时面红耳赤，真不知如何是好。心想，如果没有及时发现，会议纪要一旦发出，漏了一个单位势必影响决定事项的贯彻落实，今后做工作一定要慎之又慎，绝对不能再出现这种低级错误。

详细记录的重要性

某次，上级领导视察我单位，主持召开专题会议。一般这类会议事前都有讲话稿，我们了解这次会议也不例外。没有想到的是，当天领导基本脱稿作了一个即席讲话，具体地讲了某项工作应该怎么抓、怎么做，非常有指导意义。大家都感到非常振奋。结果一天以后，我们接到通知，讲话还是按照事先准备的稿子来宣传和下发，当天的即席讲话不公开。

会后的总结会上，领导遗憾地说："会上的讲话不提供讲话稿，因为不公开报道，所以录音电视台也不提供，连内部学习的材料都没有，真是可惜了。"

正在这时，会场角落里一位同志说："领导，我这里有一份较详细的记录。"我们都愣住了。这位同志说，因为自己是搞文字工作出身，听会时习惯作详尽的记录。大家如获至宝，以此为基础，整理出一稿来作为内部学习的资料。

通过这件事我总结，会议过程中，务必要养成多记、勤记的习惯。

会议结束不等于会务结束

一次准备要开纪念大会，我们负责起草议程。因为这种纪念大会有例可循，我们觉得不难，拿出上次纪念大会的会议材料，仿照之前的方案，针对新情况略作调整，修改后就送厅领导审示了。厅领导指着其中一页问我们："我记得以前这个环节不是这么安排的，你们确定是这样的吗？"

"之前材料上就是这样写的，没错啊！"领导还是有点不放心，让我们再问问当时负责这项工作的老同志。我赶紧给已经调走的老同志打电话。果然，对方回忆起来："哦，我想起来了，当时最后是没有按照原先的方案走，具体的安排根据主要领导的意见作了调整，存档的材料可能只保存了前面写好的方案，没有把调整的地方记录下来。"

原来是这样。把这些情况向领导汇报后，领导要求我们，今后有类似情况，一定要记录下来，总结好，形成文字存档，给后面办会的同志作参考。

（资料来源：节选自《步步惊心：我亲历的会议服务故事》，《秘书工作》，2017 年第 9 期）

实训

为促进国内企业海外上市、融资，加快国有企业、民营企业特别是中小企业与民营高科技企业高速发展，应众多组织之邀亚东展览服务有限公司将定于20××年10月26日至28日在本市举办"企业融资与海外上市高峰会"。会议将邀请国际国内著名投资银行、国际国内著名证券公司、会计师事务所和律师事务所等机构的有关领导和专家与参会企业领导就如何在新加坡、美国上市融资、借壳上市融资、私募融资及上市规划、准备、辅导和申请上市、招股挂牌等具体操作实施事项进行演讲、互动交流并落实合作和重点推介。

会议对象主要是具有强烈融资意愿或符合海外上市标准的各类企业负责人，各类中介机构合伙人，各行业国有企业、民营企业、上市公司、外资企业的董事长、总裁、总经理、首席执行官、财务顾问、法律顾问及其他各部门主管，等等。

根据以上所提供的会议情况，完成相应的实训任务。

1. 撰写一份正式的会议通知，并为出席会议的嘉宾设计邀请函。

2. 以主管领导的名义撰写一篇会议的开幕词。

3. 请你提出会场布置的方案，完成会议主席台的设计图。

4. 为参会代表设计代表证，要求美观大方并能体现出本次会议的特点。

自测题

1. 你代表公司老总参加某合作企业十周年庆典，主办方要求你代表公司作 5 分钟的发言。请准备 5 分钟后，作即兴发言。要求：能代表公司形象，能对对方表达祝愿，符合礼仪规范。

2. 在学校的公告栏或其他地方收集至少 5 份会议通知，一一分析这些通知写作上的优缺点。

3. 开幕词和闭幕词在写作上有什么异同。

项目三
会中组织与服务

知识目标

1. 了解会议接待的规格与礼仪，理解会议接待的原则。

2. 掌握接待不同身份的参会人员的特点与注意事项。

3. 掌握会议现场服务与管理的程序与注意事项。

能力目标

1. 具备进行会议接待策划的能力，学会撰写会议接待方案。

2. 能够策划及组织会中的旅游、参观、宴会等活动。

3. 掌握预防和应对各种会中突发事件的策略。

素质目标

1. 增强团队协作意识。

2. 提升以人为本的服务意识。

3. 培养不惧繁杂的劳动精神。

【案例导入】

20××年4月25—28日，××大学承办了全国××学会的学术年会。部分参会人员4月24日到达会议指定酒店——××部队招待所时，发现没有人接待。他们打电话询问，承办方说："明天才报到，你们今天怎么就来了？"可会议通知中只写了会期是4月25—28日，并未明确报到时间。无奈，他们只得自己登记住进了酒店。第二天，其他参会人员陆续到会，结果发现只有承办方秘书专业的三名学生在前厅进行住宿登记。其中，一人收会费，但只能开收据，说等老师来后再换正式发票；一人收住宿费，但酒店当时已没有空房间，要等到会务组负责人和酒店协商后解决；一人收餐费，但要早、中、晚餐一顿一顿分别计算，如果哪顿不在酒店用餐可以不交费。由于餐费计算烦琐，收费速度缓慢，同时，舟车劳顿的参会人员订不到房间，没有地方休息和存放行李，导致报到处一片混乱，争吵声不断。

登记完毕，来自全国各地的参会人员因没有订到房间都只能在大厅等候。在电话的催促下，会务组主要负责人终于露面了。他首先向大家表示歉意，并解释说："房间本来是按参会人数预订好的，可该酒店是部队的招待所，某部队首长一行人突然到这里出差，我们只能将房间让出。请大家耐心等待，我们再去和酒店商量，一定为大家安排好。"直到当晚9：35，该负责人才通知大家，酒店将办公室进行了改造，会议报到处也将房间腾了出来，供参会人员使用。参会人员这才根据安排分别到自己的房间去休息。到了房间却发现，房间里只有床垫，没有铺盖。这时大家早已筋疲力尽，虽然怨气冲天，但是也没有气力再和承办方理论，只能委屈就寝了。

第二天上午8：30，会议开幕式开始，会议由××办公室的李主任主持。他首先宣布会议议程。当读到第三项时，他"卡壳"了，说道："这写的是什么？抱歉啦，这是秘书写的。我没提前看，一会儿他来了，问问再说。"然后又接着宣读后续的项目。开幕式进行了不到半小时，李主任请大家走下三楼到楼前合影，说是领导已经在那里等候了。大家一窝蜂地下了楼，十分钟拍照完毕，又重新回到三楼。

4月26日的会议开得还算顺利，参会人员分别发言并介绍经验。大会宣布，4月27日下午2点，参会人员进行交流，并规定了重点发言人。到了27日下午2点整，参会人员相继来到会议室，可左等右等，主办方和承办方的人员都没到。直到40分钟后，李主任才来告诉大家："这个会议室有其他用处，我们换到另一个会议室讨论。"于是大家又用了20分钟时间换会议室。

会议的最后一项，是主办方领导为优秀论文获奖作者颁发证书。李主任分别宣读了获奖者和颁发者名单。于是大家一起走上了主席台，而几十个证书都堆在李主任的手中，结果是颁奖者无用武之地，获奖者在主席台上翻找自己的证书。获奖者找到证书之后，纷纷退下台去，离开主席台时嘴里还抱怨着："这也叫颁奖？！"

令参会人员不快的事接连不断，一直持续到会议结束。承办方为了弥补不足，承诺：会议期间的餐费由承办方承担，交了餐费的参会人员可以在最后和招待所结账时退款。甚至，在每顿饭时，李主任都强调，这是"我们"花钱招待大家，一定要吃好。可到了最后结账时，招待所不退餐费，说让参会人员找承办方去退。而承办方的人在4月28日参会人员离开时，则不再出现。打电话交涉，他们让参会人员找招待所。参会人员就这样被推来推去。返程的车票已订好，无奈之下，他们只好忍气返回。

思考：

　　1. 本次会议的接待工作存在哪些漏洞？如何才能做好会议接待工作？

　　2. 本次会议的会中组织存在哪些问题？如果由你来组织，你打算怎样做？

　　3. 遇到案例中预订好的房间临时被取消、被迫临时更换会议室等突发状况应怎样妥善处理？如何有效预防和处理会议期间的突发事件？

任务一　会议接待

会议室绿植　会议接待的准备工作　会议接待的主要内容

　　会议接待工作直接关乎会议的形象和效果。党的二十大报告强调要坚持全心全意为人民服务的根本宗旨，会务工作人员要牢记服务人民的初心，把会议接待工作作为服务参会代表的重中之重。制订的会议接待方案和具体的会议接待工作要体现以人为本、服务第一的工作作风，同时，注意端正会风，合理控制接待费用，杜绝铺张浪费，彰显党的优良作风。会务人员只有增强服务意识，提高职业素养，才能更好地完成会议接待工作，确保会议顺利、高效地开展。

一、制订会议接待方案

　　会议接待方案是指安排参会人员的迎送、食宿、交通、游览、娱乐等接待活动及具体事务的方案。会议接待方案属于会议专题策划方案，可以包含在会议总体方案中，也可以作为会议总体方案的附件。会前制订一份会议接待方案能够有效保障会议接待工作有序开展。会议接待方案的主要内容如下。

（一）接待对象

　　会议的接待对象众多，包括上级领导、政府官员、协办单位、支持单位、特邀嘉宾、参会人员（正式和列席）以及媒体记者等；有以政府代表团的名义来参会的，也有联合组团参会的，还有以个人身份参会的。因此，每一种接待方案一定要分门别类地写清楚具体的接待对象，同时，需简要说明接待的缘由、目的和意义。

（二）接待方针

　　接待方针即会议接待工作的总原则和指导思想。接待方针不是一成不变的，而是应当根据会议目标和会议主办方对接待工作的要求以及主要参会对象的具体情况而定。一般情况下，会议接待工作应本着"热情诚恳、细致周到、照章办事、讲究礼仪"的十六字方针来展开。

1. 热情诚恳

热情诚恳是社会交际成功的起点，也是最基本的待客之道。有失诚恳的热情会显得虚假做作，有失热情的诚恳会显得刻板拘谨。只有热情的言谈举止与诚恳的服务态度相结合，才会带给人轻松愉悦的感受。会议接待工作更要秉承这一原则，通过接待人员热情诚恳的服务体现对参会人员的尊重。

2. 细致周到

细节决定成败。会议接待工作的内容具体而烦琐，涉及方方面面。因此，会议接待人员要将每一个细节做到位，通过精心组织、统筹协调，科学合理地串联每个细节，这样才能既保障会议接待工作按预定的计划进行，又能做到服务无遗漏、管理无死角。

3. 照章办事

会议接待工作都有相应的执行标准，会议主办方应自觉地依照本单位、本行业或国家、地区的相关规章制度办事，不得擅自提高和降低会议接待的标准，既要让参会人员满意，又要厉行节约，杜绝浪费。有些营利性会议的主办方偷工减料，擅自降低接待标准，会引起参会人员的普遍不满；有些政府公务会议的主办方则巧借名目，擅自提高接待标准，浪费国家财产。上述两者均不可取。

4. 讲究礼仪

在会议接待过程中，讲究礼仪从大的方面讲就是要讲究礼宾次序，采取恰当的接待规格；从小的方面讲就是要做到面容整洁、衣着得体、亲和大方，举止要做到稳重端庄、自然从容，言谈要做到音量音调适度、语气温和等。在国际会议的接待工作中要按照国际惯例，讲究涉外礼仪，充分尊重参会人员的民族心理、宗教信仰、历史文化等。

（三）接待规格

接待规格是依据主要来宾的职位与主要陪同人员的职位之间的对比关系来确定的，分为高规格接待、对等接待和低规格接待三种。高规格接待是指主要陪同人员比主要来宾的职位要高的接待。如某一公司的副总经理接待上级单位派来了解情况的一般工作人员，或接待一位重要客户，而这位客户的职位不过是某公司的部门经理。高规格接待表明对来访者的重视和友好，但它会占用主陪人很多时间，也会在一定程度上影响主陪人的正常工作，有时会造成一定程度的资源浪费。对等接待是指主要陪同人员与主要来宾的职位相当的接待，是最常用的接待方式。低规格接待是指主要陪同人员比主要来宾的职位要低的接待，这种接待规格有时是因单位的级别造成的，有时则是另有原因，用得不好会影响双方的关系。

此外，与这三种接待规格相匹配的是不同等级的食宿等标准。在具体执行过程中，各单位的接待标准不同，要视具体情况而定。接待规格的最终决定权在领导，秘书仅提供参考意见。接待规格定下之后，秘书应当把会议主办方主要陪同人员的姓名、身份以及日程安排告知参会单位，征求对方的意见，得到对方的认可。

（四）接待内容和程序

接待内容包括接站、食宿安排、欢迎仪式、探望、翻译服务、预订票务、返程送别等。具体的接待程序如表 3-1 所示。

表 3-1　会议接待流程表

工作顺序	内容	责任部门
第一步：准备工作	了解客人基本情况（姓名、性别、单位、职务/职称、民族、所乘车次或航班、到达时间、联系电话等）	接待组
	拟订接待方案（包括确定接待规格与标准、拟订用车、食宿、接待人员等）	会务管理组
	报审方案（经会务组审核后，报与会议主办方最高主管领导审批，落实接待方案等）	会务管理组
	下单（与后勤组落实用车、就餐、住宿等事宜；与宣传组落实欢迎词或电子屏幕的欢迎字幕，制作及摆放路牌、路标，照相、录像以及联系新闻媒体等事宜；与秘书组落实欢迎词、祝酒词等接待文稿的撰写等）	会务管理组 后勤组 宣传组 秘书组
	预告（预告参与接待的领导及有关人员，做好开会或陪同就餐等准备）	会务管理组
	根据事先与参会人员沟通的情况，为有需要的参会人员预订返程机票或车票	后勤组
第二步：接待参会人员	接机或接站（制作好接站牌，到机场或火车站迎接参会人员，并将接机或接站动态及时告知有关领导）	接待组
	报到并注册（将参会人员接到会议指定地点，引导参会人员报到并注册）	接待组 报到组 财务组
	安排食宿（包括会议期间的日常餐饮与宴会）	后勤组
第三步：参会人员返程	必要时，提供具有会议主办方地域特色或本单位特色的纪念品，以起到宣传推广作用	宣传组
	送客人到机场或车站（将客人具体的离会时间告知有关领导）	后勤组 接待组
第四步：善后工作	报账 保存客人有关资料 保存接待安排有关资料 年终统一整理，存档备查	财务组 秘书组

（五）接待部门（人员）职责

不同的接待部门（人员）具有不同的职责，一般会务组负责总的统筹、协调和联络工作；后勤组负责按时安排迎客车辆，预先为参会人员准备好客房及膳食，提供票务预订服务；接待组负责布置接待环境，迎来送往；宣传组负责安排迎送条幅、路标、纪念品的派送及宣传材料的准备；报到组负责参会人员的签到、登记；财务组负责收取或清退参会人员的会费、住宿餐饮费，开具相关发票，与酒店进行清账结算等；秘书组负责撰写欢迎词、祝酒词等文稿，并在接待工作结束后，负责相关文件的整理归档。大型会议还可专门设置观光组、票务组等，分别负责参会人员的观光旅游、返离时的票务订退等工作。

（六）接待费用

会议接待包括以下费用：

（1）住宿费用。

（2）餐饮费用。包括用餐费、酒水及服务费、会场茶歇费。

（3）辅助设施等的费用。

（4）交通费用。包括出发地至会务地的交通费用、会议期间交通费用、欢送交通（即住宿地至机场、车站、港口的交通）及返程交通费用。

（5）接待场地费用。包括接待场地租金、会议设施租赁费用、接待场地布置费用。

（6）其他杂费。

二、参会人员的接待

（一）接待前的准备工作

1. 了解参会人员的基本情况

会议的报到日期一经确定，会务主管就要让负责接待的会务人员全面了解参会人员的以下情况：

（1）参会人员的姓名、性别、民族、单位、职务、联系电话等。一些专业性的会议还需了解参会人员与该专业相关的信息。

（2）了解参会人员是否在指定酒店入住，是否参加全程的会议，有无其他特殊要求等。

（3）参会人员到达的日期和具体时间，所乘车次或航班，是否需要接站或接机，需要哪个级别的领导主陪等。

负责接待的工作人员要将上述情况及时梳理、汇总并告之相关部门和人员，以便大家分头做好接待的各项准备工作，如有变化，应及时通知有关人员。

2. 布置接待环境

接待室的环境应该整洁、明亮、安静、幽雅，同时，应配备沙发、茶几、茶水、水果等。室内应适当点缀一些清雅花卉或绿色盆栽，可以放置几份会议主办方和承办方的内刊和宣传材料，供参会人员翻阅。

（二）参会人员的迎接

迎接参会人员是跨地区会议、全国性会议和国际性会议接待工作的第一环节。优质的迎接服务会给参会人员带来极大的方便，对初次到访的参会人员来说尤其如此。对一些有偏见或对会议心存疑虑的参会人员，优质的迎接服务能在一定的程度上减少他们的偏见，消除他们的疑虑。迎接工作是否到位直接影响参会人员对会议组织方的第一印象。做好迎接工作要做好以下几点：

1. 确定迎接规格

接待人员应依据参会人员的身份和重要性拟订接待规格，上报会务领导组。如有重要领导或外宾前来参加会议，会议组织方应当派有一定身份的人士前往机场、码头、车站迎接。

2. 竖立 / 悬挂接待标志

参会人员集中抵达时，应在接站处竖立醒目的接待标志，如该会议的会标，或悬挂欢迎标语和横幅，以便参会人员辨识。接站现场较大又比较嘈杂时，还应准备手提式扩音器。

3. 掌握抵达情况

接待人员要事先掌握抵达的参会人员名单和人数，特别要留意因飞机、火车晚点而延迟抵达的参会人员，避免漏接。同时，要注意那些事先并未发回执的参会人员的人数，及时与会议总指挥部或相关负责人联系，帮他们补订房间、增印会议材料。

4. 热情介绍，主动握手

参会人员到达时，接待人员应主动迎上前自我介绍，并与其握手以示欢迎。如果领导亲自前去迎接重要的参会人员，且双方是初次见面，可由接待人员或翻译人员进行介绍。

5. 陪同乘车

与参会人员一同乘车时要注意座位次序。一般而言，小轿车的座位次序通常为"右为上、左为下；后为上、前为下"，即轿车的后排右位为上座，安排坐主宾；后排左位为次座，安排坐主陪领导；接待人员一般坐在司机旁的座位。

6. 设立接待处

如果参会人员抵达时间不集中，且会议组织方不设专车接机 / 接站，那么应在机场行李认领处或火车站出站口一侧设一个接待处，并有专人解答参会人员提出的各种问题。这不仅会给参会人员带来极大的帮助，还会给参会人员留下良好的印象。

7. 接待人员与会议总指挥部（或相关负责人）保持信息畅通

面临参会人员提出的各种问题，接待人员要与会议总指挥部（或相关负责人）保持信息畅通，以防止出现接待人员无法解答来宾问题，或无法将最新信息准确通知来宾等情况的发生。

三、特殊参会人员的接待

（一）贵宾接待

许多会议都会邀请贵宾出席，借助于贵宾的知名度可提高会议受关注的程度，扩大会议的影响力。既然是贵宾，自然要受到特殊的优待。接待贵宾应注意以下几个问题：

1. 安排专人接待

一旦贵宾确定要参加会议，会议组织方就要安排专门的工作人员进行一对一的贵宾接待。接待人员负责迎送，安排贵宾的住宿、餐饮等。

2. 组织欢迎队伍

为了表示对贵宾的热烈欢迎，可组织欢迎队伍到机场、车站、码头等地方迎接贵宾的到来。在组织欢迎之前一定要向当地公安部门申请，同时附上现场管理控制方案、应急预案等。

3. 安排献花

接待贵宾，一般都会安排献花。献花必须注意：一是要献鲜花、花束必须整齐；二是给外籍贵宾献花要尊重对方的风俗习惯；三是献花者一般为少年儿童或女青年；四是献花一般安排在主客双方见面、介绍和握手之后。

4. 贵宾室的管理与服务

一般情况，会议组织机构会安排贵宾室来接待贵宾。贵宾室一般安排在离主会场较近的房间，且贵宾室和主席台之间有专门的通道。贵宾室内的服务也要周到，如茶点、水果、饮料的供应等一定要服务到位。

5. 准备新闻采访

作为公众人物的贵宾，其任何行踪都是新闻媒体关心的话题。这就要求会议组织方要事先联系好新闻媒体，将贵宾出席的具体时间、地点告知新闻媒体，做好采访准备，并在媒体采访过程中负责组织协调和沟通引导等工作。

6. 赠送礼品

会议组织方一般会为贵宾准备一些礼品，以示感谢。礼品选择一定要慎重。一般而言，赠送小型纪念品最为实际，因为大型礼品不方便携带。同时，地方特产也是不错的选择，能起到宣传推广会议主办方或承办方组织形象的作用。

常用花语

玫瑰：爱情、高贵、爱与美、容光焕发、纯洁的爱、美丽的爱情、美好常在

百合：顺利、心想事成、祝福、高贵

康乃馨：爱、魅力、尊敬

郁金香：爱的表白、荣誉、祝福永恒

鸢尾：好消息、使者、想念你

向日葵：爱慕、光辉、忠诚

山茶花：可爱、谦让、理想的爱、了不起的魅力

风信子：喜悦、爱意、幸福、浓情

牡丹：圆满、浓情、富贵……

（二）媒体记者的接待

媒体记者到会一般有两种情况：一种是会议本身影响力较大，媒体记者主动驻会采访；另一种是会议主办方主动邀请媒体记者来参会。无论是哪种情况，对媒体记者的接待工作都不容小视，需要注意以下几方面：

1. 接待媒体记者的工作程序

接待媒体记者的工作程序主要包括接待前的准备、媒体记者的注册签到、为媒体记者安排介绍会以及收集会议期间的媒体报道、积极准备媒体沟通会（或记者招待会）。

2. 对媒体记者的采访活动实施管理

会务组要安排专门人员或部门（如新闻中心或宣传组、联络组、公关组）负责管理会议期间的采访活动。采访活动的管理主要从以下几个方面着手：一是明确提出会议期间进行采访的要求和采访对象；二是规定采访区域；三是规定采访时间；四是安排好会议间歇期间的采访；五是落实媒体工作人员的安检工作。

3. 接待媒体记者的注意事项

会议接待人员在接待媒体记者时应注意：一是掌握会议信息的保密度，要求会议接待人员对会议内容涉及的机密问题，严守保密原则，既不能在新闻稿中泄露机密，也不得将机密信息透露给媒体记者；二是正确对待媒体的负面报道，这就要求会务组在得知媒体对会议的负面报道之后采取正确的处理方法，如请公关专家或会议组织方的公关小组调查分析媒体进行负面报道的原因所在。

（三）陪同人员的接待

陪同人员是指陪同参会人员到会的非参会人员，如参会人员的配偶、子女或其他亲友。据最新会议市场报告，目前每年约有1 100万配偶出席各类大会及公司会议，因此，陪同人员的接待也是会议组织者不能忽略的问题。做好陪同人员的接待，需要解决如下几个问题：

1. 确定陪同人员的收费标准

对陪同人员的收费应该包括他们所有的活动费用，如果允许他们参加会议，那么收费标准应该和参会人员相同。

2. 陪同人员的登记

陪同人员的登记可以采取与参会人员一起登记的方式，会议接待员应鼓励陪同人员在注册区填写表格，这样让他们觉得自己也是会议中的一分子。同时，会议为他们提供的名卡应该和参会人员名卡的颜色有所区别。

3. 为陪同人员安排特别活动

如果陪同人员较多，条件许可，会务组可根据陪同人员的兴趣安排一些特别活动。如为参会人员的配偶组织健身活动、购物活动、游览活动、参观活动、小型社交活动等；为参会人员的子女组织儿童游艺活动、益智活动、游览活动等。另外，如果没有组织特殊活动，会议可以为陪同人员设立独立的活动室，一方面可以减少他们因参会人员出去开会带来的孤独感，另一方面也便于管理。

四、会议期间对参会人员的探访

参会人员报到后，会议组织机构的有关领导应去住地探访来自各地的参会人员，实地检查会议生活服务方面的情况，征询参会人员对会议生活服务工作的意见，发现问题，及时纠正，或在力所能及的情况下加以改善，同时也是出于待客的礼节，表示对参会人员的尊重和关心。探访参会人员的方式主要有以下几种：

（1）会务组主管专门拜访层次较高的上级领导、贵宾等；

（2）有选择地探访某些行业、部门的参会人员；

（3）探访全体参会人员。

探访参会人员应注意：一是事先预约，按时到达；二是探访时间不宜过长。在会议活动中，还会有一些招待性会见、约见参会代表或其随行人员的特殊安排。这种约见如果在会议组织方的办公地点进行，主方应提前在办公室或会客厅门口迎候；如果在其他地方约见，如邀请比较特殊的参会人员品尝当地的特色菜、名茶等，主方应提前到达现场迎候。如果客方远道而来对当地不熟悉，主方应派专人将客方接至约见地点。

🔊 实训

20××年5月，某理工大学将承办第十六届河北省大学生运动会，会期五天。会前两周开始，运动员将陆续报到，提前适应赛场。某理工大学的师生们将在两周内接待来自全省各大高校的运动员、教练员、领队、跟队服务人员（如队医），评委，媒体记者，参加开幕式的领导与贵宾上千人。某理工大学校长公开表示，一定举全校之力筹备好这届大运会，欢迎兄弟院校到某理工大学做客。

1. 假若你现在是某理工大学的校办公室秘书，同时也是第十六届河北省大学生运动会组委会秘书，请拟写这次大运会的接待方案。

2. 将全班同学分成两组，一组扮演参会代表，包括运动员、教练员、领队、跟队服务人员（如队医）、评委、媒体记者、参加开幕式的领导与贵宾等众多角色；一组扮演某理工大学的会务接待组，模拟如下两个特定的接待场景：

（1）在火车站设立接待处，迎接参赛团队；

（2）大运会期间，承办方负责人到运动员居住的招待所探访部分运动员代表。

然后，两组角色互换，原来扮演与会代表的转而扮演接待组成员，再模拟如下两个特定的接待场景：

（1）在火车站设立接待处，迎接驻会记者；

（2）承办方负责人及部分会务人员，在贵宾室内接待到会的领导与贵宾。

以上每个场景的模拟时间是20分钟。

最后，两大组分头组织小组讨论（5~6人为一组），分析本大组以及对方组在完成接待任务的过程中存在哪些可取之处与不足，并做记录。15分钟之后，每大组委派一个发言人将各小组的讨论记录进行汇总，10分钟之后，向全班同学汇报本大组的讨论结果，以便两组互评与交流。

🔊 自测题

1. 接待方案应包括哪些内容？

2. 如何接待参会人员？

3. 探访参会人员应注意哪些问题？

4. 如何接待参会的特殊人员？

任务二　会议现场服务与管理

会议参观的
服务与安排

会议现场服务与管理直接关乎与会代表的体验，对会议氛围起着重要作用。党的二十大报告提出要坚持以人民为中心的发展思想，会务人员要牢记以人为本，时刻为参会代表着想。在工作中，会务人员要注重沟通协调，理解代表需求，细致周到地提供服务，同时，要注意团结协作，在与其他岗位的配合中体现集体主义精神。会务人员在会议现场服务与管理工作中，只有增强服务意识，明规律、多理解、善表达，才能让参会代表在现场感受到贴心关怀，全身心投入会议。

一、组织会议签到

为及时、准确地统计到会人数，会议签到环节必不可少。如代表大会等会议只有达到一定人数才能召开，否则会议通过的决议无效。因此，会议签到是一项重要的会务工作。

（一）会议签到的方式

会议签到的方式主要有簿式签到、证卡签到、会务人员代为签到、座次表签到、电脑签到等，如表 3-2 所示。簿式签到的优点在于利于保存、便于查找，但它只适合小型会议。证卡签到的优点在于方便，避免签到拥挤，多用于大中型会议，但不便于保存和查找。会务人员代为签到简便易行，但要求会务人员认识绝大部分参会人员，所以只适用于小型会议和一些常规性会议。座次表签到让参会人员在签到时就知道了自己座位的排数和号码，能起到引导的作用。电脑签到快速、准确、简便，一些大型会议都是采用电脑签到。随着科技的发展，刷脸、指纹等签到方式也逐渐普及。

表 3-2　会议签到表

时间		地点		
主持人		记录人		
会议主题：				
序号	单位（部门）	姓名	职务	电话（手机）

（二）签到应注意的事项

1. 认真准备

会前要将签到的相关工具、设备准备好，如签到簿、签到卡、花名册、座次表和签到机等，且准备的数量要充足。还需准备记事本、签字笔等必备文具。

2. 有序组织

会务人员要事先安排好签到处，并提前在签到处等候。如果签到时同时发放会议文件，则应将有关材料袋装好，以免代表签到时等候，显得手忙脚乱。

3. 及时统计汇报

统计到会人数是一项细致工作，领导往往会在开会前一两分钟向会务人员要到会人数、缺席人数及其名单，这就需要会务人员以最快的速度统计并且不能出现差错。同时，会务主管一定要嘱咐登记人员记住发言者、贵宾和其他重要人物的到达时间，以便安排他们会议间的活动。

4. 耐心服务

大型会议的签到工作比较麻烦，这就需要会务人员耐心细致，热情服务，不能因为签到的人数众多而降低服务质量。对于持续时间较长的会议，参会人员几乎每场会议、每次会议活动都要和负责签到的工作人员打交道，如果这些工作人员服务耐心细致，办事高效有序，可为整个会议增色。

二、发放会议文件

会议文件的发放是会议的一项最基本的工作，大中型会议要发送的文件很多，包括论文集、日程、参会须知、礼品和资料包等。这就要求会务人员了解发放会议文件的基本要求，及时、准确地把会议文件发放到参会者手中。会议文件的发放主要有以下三种形式：

1. 会前发放

会前发放即在参会人员签到时发放或由会务人员在会场入口处分发给参会人员；也可以把材料在开会前按要求摆放在每位参会人员的座位上。

2. 会中发放

会中发放的文件材料一般是会中讨论、交流产生的文件，或者是会前不便发放的机密文件。会中发放材料，会务组可把工作人员分成小组，分头负责某种文件的发放和回收。

3. 凭票自由领取

凭票自由领取即在代表签到时发给代表领取会议文件的票证，代表们在会前凭票领取。

一般而言，如果发放资料相同，则凭票领取非常方便；如果发放资料不同就要严格按会前准备的具有个性化的票证领取资料，其上要印有代表的姓名和编号。代表领取资料后，要求在票证上签字并将票证交给会务人员妥善保管，以便日后查询。

三、引导参会人员入座

参会人员事先可能不熟悉会场，因此，会务人员应将参会者引导到相应的座位，这样既方便参会人员，又维持了会场秩序。一些大中型会议可以事先安排好每位参会者的座位，将座位表提前发放给参会者，同时采用在会场上设立指示标记、在签到证或出席证上注明座次号码等方式，这样能让参会人员顺利找到自己的座位，同时也可以减轻会务人员的负担。

四、安排开幕式

（一）开幕式的形式

开幕式的形式主要有两类：一类是以领导致辞为主；另一类是领导致辞加上专题报告。

（二）开幕式的时间

会议的开幕式可以安排在会议正式开始的前一天晚上，也可以安排在会议正式开始的第一天上午。国际会议开幕式的时间安排不尽相同，通常是由东道国来决定。

（三）开幕式的地点

开幕式地点的选择取决于参加开幕式的人数。相对而言，中小型会议开幕式的会场比较容易解决。大型会议，参加开幕式的人数较多，开幕式地点的选择要考虑很多因素：一是开幕式会场的容纳量；二是如果是室外举行的开幕式，既要考虑现场秩序的维持，还要考虑天气的变化，这就要求会务组制订应急预案。

（四）开幕式的程序

"好的开始是成功的一半"，开幕式作为会议的第一步，对整个会议起着非常重要的作用。许多大型会议，尤其是国际会议，在开幕式上都会邀请国家领导人出席并致辞，这已成为世界各国举办会议的一种潮流。开幕式通常由主办方主持（主持人要有一定的身份），联合主办的会议可采取共同主持的形式（各方主持人身份大体相当）。仪式较为简单的开幕式可由主持人直接致开幕词，也可由主办单位的领导发表主旨讲话或致欢迎词。联合主办的会议，可用剪彩的形式代替开幕词，其中剪彩人应当是主办单位出席开幕式中身份最高者，也可安排主办单位的上级领导、协办单位的领导与主办单位领导共同剪彩。

📶 范文 3-1

∙∙

中国国际酒业及技术博览会开幕式程序

8：00　大会工作人员、保卫人员就位，进行各项准备、查验工作；各展台参展人员入场

8：30　礼仪服务人员到位，准备工作就位

8：45—9：20　领导、贵宾及媒体记者入场、签到

9：21—9：30　引导参加开幕式的领导、贵宾步入主席台

9：31—9：35　主持人宣布开幕式开始，介绍与会领导、贵宾、媒体

9：36—9：40　中国酿酒工业协会理事长致开幕词

9：41—9：45　海外代表祝词

9：46—9：47　政府领导宣布"2007中国国际酒业及技术博览会开幕"

9：48—9：50　开幕剪彩

9：51—9：55　展会正式开始，引导出席开幕式的领导、贵宾、媒体等步入展馆

9：55　开幕式结束，观众入场，展览正式开始

五、安排会议发言

会议发言人的安排一般是由有关领导决定，但会务人员可能被委托提出安排意见，供领导审定。有的会议尽管事先已经安排好发言人，但由于种种原因，需要临时更换发言人，这也需要会务人员及时掌握情况，迅速做好更换发言人的工作。

安排会议发言，要注意以下几个方面的问题：

（一）注意国家、地区或部门的平衡

一些大型的国际会议，安排发言人应考虑参会国家所属的区域。在国际会议上，既要安排来自发达欧美国家的代表发言，又要重视来自亚洲发展中国家的代表，同时还要安排不发达的国家或地区的代表发言，体现全球经济一体化协调发展的精神。在全国性会议上，安排发言人要照顾地区间的平衡，倾听不同地区的声音。即使是单位内部会议的发言，除部门针对性较强的会议外，也应照顾各个部门发言人的平衡，以便全面掌握情况。

（二）注意高层领导与基层领导（或普通会议代表）的平衡

高层领导的发言，可能站位高、内容全面、理论性较强；而基层领导或做具体工作的参会人员的发言，可能内容具体、材料丰富生动。将两种发言人的发言适当穿插安排，可使会

议发言有起有落，避免单调。

（三）注意主题平衡

每个发言人的主题要符合会议主题，但要避免重复。除非为达到某种效果，最好不要安排内容相同的会议发言。这就要求会务人员提前熟悉发言人的发言稿，提示发言人应在同一主题的统领下反映不同的风格，避免单调乏味。

六、组织分组讨论

在大中型会议中，许多议题往往是先放到小组中讨论，形成初步意见，然后经大会通过。因此，组织分组讨论是会议中的一项重要工作。一般来说，对参会人员进行分组有两种方法：一是按地区分组，二是按专业分组。不管以哪种方法分组都要事先确定召集人和记录员。为了及时了解各小组的讨论情况，可派会务人员分别下到各组了解讨论动态、进展情况等，并及时反映到会务组。

七、做好会议记录

会议记录是记录会议原始情况和具体内容的文字材料，是会后研究工作、总结经验或编写会议纪要的重要依据，它具有原始性和客观性。每场会议都需要记录，并要妥善保管以备查考。在一些法定会议中，会议记录经发言人和会议领导人签字后，才具有法律效力。

（一）会议记录的要求

会务人员在进行会议记录时，要遵循以下要求：

1. 如实记录

会议记录应如实记录会议议题、报告、决议、重要发言等，尤其是关键问题或有分歧的意见。会议记录如用速记的方法记录，会后应及时整理成规范的文字材料以备查考。

2. 归纳总结

会议记录应及时归纳总结，做到有条有理、重点突出。记录是一项需要培养和锻炼的能力，会务人员只有善于归纳和总结，才能更好地记录会议信息。

3. 内容完整

会议记录的内容要做到完整，应包括标题、议题、参会人、发言人、会议结论等内容。如果是重要会议，记录完毕后记录人员和主持人要签字。重要的会议记录应使用专用记事笔和记录纸，必要时应配有两名记录员。

（二）会议记录的基本结构

会议记录一般由标题、基本情况、主体和记录者签名四部分组成。

标题。会议记录的标题比较简单，结构是：会议名称＋记录，如，"××公司××××年×月×日第×次部门经理例会记录"。

基本情况。基本情况即会议记录的开头部分，要分项完整记录会议的有关情况，包括时间、地点、主持者、出席者、缺席者、列席者、记录者七要素。

主体部分。主体部分是会议记录的核心内容，包括议题和发言记录。议题的记录要求会务人员在开会之前了解，以便会前记录。发言记录要求详细，其方式可用文字记录和配备录音设备记录两种，记录的内容主要包括主持人的引导语、领导的报告、参会人员的发言、会议结语以及现场情况（比如，争吵、鼓掌等）等。

记录者签名。会议记录完成后，应有记录者的签名。

📡 范文 3-2

高新区管委会市场秩序整顿会议记录

会议时间：20××年4月8日上午9时

会议地点：管委会会议室

主持人：李××（管委会主任）

出席者：杨××（管委会副主任）、周××（管委会副主任，管城建）、李××（市建委副主任）、肖××（市工商局副局长）、陈××（市建委城建科科长）及建委、工商局有关科室宣传人员、街道居委会负责人。

列席者：管委会全体干部

记录：邹××（管委会办公室秘书）

讨论议题：

1.如何整顿城市市场秩序。

2.如何制止违章建筑、维护市容市貌。

会议内容：

杨主任报告城市现状：我区过去在开发区党委领导下，各职能单位同心协力、齐抓共管，在创建文明卫生城市方面取得了一定成绩，相应地，城市市场秩序有一定进步，街道市容也较美观。可近几个月来，市场秩序倒退了，街道上小商贩逐渐多起来，水果摊、菜担、小百货满街乱摆……一些建筑施工单位沿街违章搭棚，乱堆放材料，搬运泥土撒落大街……这些情况严重破坏了市容市貌，使大街变得又乱又脏，社会各界反映很强烈。因此，今天请大家来研究：如何整顿市场秩序？如何治理违章建筑、违章作业、维护市容……

讨论发言（按发言顺序记录）：

肖××（市工商局副局长）：个体商贩不按规定到指定市场经营，管理不得力、处理不坚决，我们有责任。这件事我们坚决狠抓落实：重新宣传市场有关规定，坐商归店、小贩归市、农民卖蔬菜副食到专门的农贸市场……工商局全面出动，也希望街道居委会配合，具体行动方案我们再考虑。

罗××（工商局市管科科长）：市场是到了非整不可的地步了。我们的方针、办法都有了，过去实行过，都是行之有效的，现在的问题是要有人抓，敢于抓，落到实处。只要大家齐心协力，问题是能够解决的。

秦××（居委会主任）：整顿市场纪律，我们居委会也有责任。我们一定发动群众配合好，制止乱摆摊、乱叫卖的现象。

李××（市建委副主任）：去年上半年创建文明卫生城市时，市里出了个7号文件，其中规定施工单位不能乱摆战场。工棚、工场不得临街设置，更不准侵占人行道。沿街面施工要有安全防护措施……今年有的施工单位不顾7号文件，在人行道上搭工棚、堆器材。违章作业严重地影响了街道整齐、美观，也影响了行人安全。基建取出的泥土，拖斗车装得过多，外运时沿街散落，到处有泥沙，破坏了街道整洁。希望管委会召集施工单位开一次会，重申市府7号文件，要求他们限期改正，否则按文件规定惩处。态度要明确、坚决。

陈××（市建委城建科科长）：对犯规者一是教育，二是斗硬。"不教而杀谓之虐"，我们先宣传教育，如果施工单位仍我行我素不执行，那时按文件斗硬处理，他们也就无话可说。

周××（管委会副主任，管城建）：城市管理我们都有文件、有办法，现在是贵在执行，职能部门是主力军，着重抓，其他部门配合抓。居委会把居民，特别是"执勤老人"（退休职工）都发动起来，按7号文件办事，我们市区就会文明、清洁，面貌改观……

与会人员经过充分讨论、协商，一致决定：

1. 由工商局牵头，居委会和其他部门配合，第一周宣传、第二周行动，监督实施，做到坐商归店，摊贩归点，农贸归市，彻底改变市场紊乱状况。

2. 由管委会牵头，城建委等单位配合对全区建筑工地进行一次检查。然后召开一次施工单位会议，对违章建筑、违章工场限期改正。一个月内改变面貌。过时不改者，坚决照章处理。

11：50 散会。

主持人（签名）

记录人（签名）

八、内外联络工作

会议信息需要及时传递，因此，会议过程中需要会务人员保持内外联系，以便保证信息的畅通。具体而言，会务人员要掌握会议动态，随时向主持人汇报会议的进展情况、参会人员的建议要求等，同时及时将有关领导和主持人的意见传达下去，做到上通下顺。

九、安排闭幕式

举办会议要有始有终，因此，大型会议经常会安排闭幕式。一来可以总结会议；二来可以借机感谢相关人员或单位。与开幕式相比，闭幕式的程序相对简单，通常是由一位会议负责人代表会议组委员会对会议进行总结。有些会议会在闭幕式上宣布评奖结果，也有些会议会对赞助单位表示答谢并赠送纪念品。如果是系列会议，闭幕式的一项重要内容就是请下一届主办单位介绍下届会议的相关情况，并举行主办单位的交接仪式。也有些会议索性将闭幕式直接安排到闭幕宴会中举行。

十、会场服务

（一）摄影、摄像服务

会议不仅要留有文字性记录资料，而且要留有图片声像资料。这就需要会议主办方提供摄影、摄像服务。目前，稍具规模的企业、机关都拥有专业的摄影、摄像设备，这就要求会务人员要懂得一些摄影、摄像技术，甚至是成为专业的摄影、摄像人员。会议进行过程中，会务人员摄影、摄像的范围主要包括以下几方面。

1.拍摄空镜头

一般全景拍摄签到台、宴会厅、贵宾厅、会场的布置。特别的细节拍摄（会场装饰物），比如：会场背景板的特写、演讲台的特写、准备发奖用的奖杯特写等。

2.拍摄签到台

全景拍摄来宾的签到过程，特地拍摄礼仪小姐为重要领导佩戴胸花的细节。特别需要注意领导和贵宾到场时，主办方上前迎接、握手的场景以及领导、贵宾签字的特写。

3. 拍摄贵宾厅

中景拍摄领导或贵宾交谈的场面，包括寒暄和互赠名片，一般结合背景的陈设，交代会议场所。

4. 拍摄茶歇

茶歇主要就是拍摄宾客随意交谈的场面。

5. 拍摄领导和贵宾发言

无论是拍摄主持人还是领导讲话、参会代表发言，一般都用特写镜头，重点注意讲话人表情的抓拍。

6. 拍摄宴会

主要是拍摄领导和贵宾致辞、敬酒、演出和参会人员互动等镜头，拍摄时应注意画面的生动性。

7. 拍摄合影

合影的拍摄要求很高，对人的排列、光线、背景都有讲究。在拍摄合影的时候，拍摄过程要尽可能短，这就要求事先安排好前排就座的领导、贵宾的座次。拍摄时，摄影师一定要提示所有人集中注意力，连续拍摄几张供选择。

在举办重要会议时要聘请摄影师来拍摄，最好选择专业的、现场拍摄经验丰富的摄影师。

（二）计算机速录服务

计算机速录是使用计算机对语言、文字等中文信息实时速记并生成电子文本的速记方法。随着科技信息的快速发展，计算机速录在众多会议中成为一种潮流。与传统的记录方式相比，计算机速录具有速度快、效率高、强度低等特点。会议组织方选择速录员时应考虑以下几个方面：

（1）绝对保密会议机密信息。为了保险起见，会议组织方应与速录员签订保密协议。

（2）实时听录速度要达到 180 字 / 分钟以上，错误率要控制在 1% 以内。

（3）要熟悉该会议涉及的专业术语，对这方面的专业知识有所涉猎，能够顺畅记录专业性的内容。

（4）现场记录经验比较丰富。会议速录与整理录音不同，其速度快、会场噪声等因素势必会影响速录的质量。现场记录经验较丰富的速录员能够迅速处理这些问题，提高会议记录的质量，出色完成会议速录任务。

（三）外语翻译服务

随着国际化程度的提高，国际会议的召开越来越频繁，对外语翻译的要求也越来越高。这就要求会议组织方在选择外语翻译时一定不能马虎，要注重外语翻译服务的质量：第一，外语水平一定要高；第二，专业水平较高；第三，服务意识强。同时，会议组织方要让翻译人员事先熟悉会议的相关内容和要求，为会议的同声传译做好充分准备。

（四）视听设备及其他硬件服务

会议的视听设备既可以是低科技含量的支架或配套挂图，也可以是多投影屏幕这样的高科技装置。其最基本的设备包括音响系统、投影仪、灯光和摄像等。在选择 AV（AudioVideo）设备时一定要注意与会议室布局的配套使用问题，因为会议室或会议场所的布局与 AV 设备的使用效果有紧密的联系。如会议室的柱子会妨碍 AV 设备的安装、大型会议场所众多的枝形吊灯会妨碍屏幕的安装、多窗户的会议室会妨碍影像投射的效果等。

随着计算机多媒体技术和数字化技术的发展，多媒体会议系统应运而生。与 AV 相比，多媒体会议系统能够在大屏幕显示计算机的图文信息和录像资料、电视，以及需要讨论演示的书籍、图纸、胶片、实物（通过视频演示仪）和电话会议图像、发言人图像、会议场景等。所传播的信息来源不只局限于会场内，还包括网络、远程电视电话系统、通信系统等。多媒体会议系统可通过数字系统控制会议进程、通过表决系统收集代表反馈、通过同声传译系统翻译等。

会场上除了必备的视听配套设施外，还应准备打印机、复印机、传真机、电话（国际会议的会场外应配备国际长途电话装置）、网络插口或无线网络路由器等。

知识链接

《步步惊心：我亲历的会议服务故事》文章节选之二

《秘书工作》策划组

让会场布置"活"起来

去年，我负责某次讨论会的会场布置。布置好会场后，我请主任来检查。

初步检查后，主任问："座位是按什么原则安排的？"我信心满满地回答道："根据之前会议要求，按'先定中间，再定左右'的顺序，市级领导和讨论组组长排在主桌中间，其他代表按选区和职务一左一右依次排列。"

"这样不行，"主任说，"会场布置不能简单凭经验，要看会议内容和目的。就说座位排列，第一，这次讨论会和一般会议不同，与会人员都是党代表，身份是一样的，不存在职务的高低。第二，讨论会的主要目的是审查报告、畅谈思路、建言献策。想讨论得好，至少要确保主桌上各类代表分布均衡，涉及重点工作、重点行业的代表也要往中间靠。你再想想，重新调整下。"我这才意识到有些情况还真是没有认真考虑。再看会场，主桌上明显缺少农业、教育、卫生等行业代表，分布确实不合理，而且会场中仅主桌有话筒，未在主桌就座的代表发言很不方便。

回到办公室，我将座次重新排列。第一，主桌上优先安排身份重叠的代表，如既是女性又是教育卫生系统的代表，确保各领域代表在主桌有限的人数中尽量实现均衡分布。第二，涉及重点工作、重要行业的代表，如无法安排在主桌，尽量安排在后排靠中间位置。第三，准备四个无线话筒，分置在后排座位两端，保障未在主桌就座代表的发言。最后，我将会场实际安排情况制作成参会人员座位表，标明代表姓名，与代表基本信息表一同打印出来，放在与会市级领导座位前，以便领导对参会人员信息一目了然。

精心布置后，第二次的会场布置顺利通过了主任的检查。由此可见，会场布置绝非简单机械的重复性工作，做到因需而变、因事而变，方能让会场布置"活"起来，为会议的顺利进行打好基础，提供保障。

能否坐得下 尺子会"说话"

一次召开市政协会议，政协主席提出："以前咱们每次开政协全会，常委们都坐在台下，这次全会能不能想办法都上主席台？"

听到领导这么说，我头一下子大了。要知道，对这个会场我是再熟悉不过了。以往全会，之所以常委们没有上主席台，是因为主席台较小，一般安排四排，每排21人。市政协常委60多人，加上市四大班子领导和其他与会的厅级领导，一共125人，显然坐不下。

这可如何是好？不管怎样，既然领导提出了这样的想法和要求，我们就得努力想办法。我就提议有没有可能再加一排座位，每排也再增加几个座位。后勤组的同志听后马上说："如果有可能，早就增加了。"我说："别急，那咱们一起去会场，实地量一量再说。"于是，我们一起到主席台上，拉尺子一量，第一排前沿距主席台前沿近两米，最后一排座椅后沿距后墙有一米多，每排座位左右两端距侧幕也各有半米多宽。果然，会议桌整体前移一米，后边是可以增加一排的，每排会议桌再增加座位也有富余。这样，前后五排，每排25人，市政协常委与其他参会的厅级领导正好全部坐下。

这样一次经历让我明白，惯例也不一定科学，解决问题不能墨守成规，要有求证精神，正如毛泽东主席所说，你要知道梨子的滋味，你就得变革梨子，亲口吃一吃。

会场温度控制的"学问"

在一次大型会议召开当天，我提前一小时到达会场，早早把会场空调打开，调至25摄氏度，就去忙其他工作了。出人意料的是，会议开始后不久，会场温度忽然升高。台下的代表们热得纷纷拿起桌上的会议材料当扇子扇起风来。我非常纳闷：明明提前一个小时就开了空调，怎么还这么热？为了保持会场的舒适度，我赶紧降温，把空调温度调至18摄氏度。结果没多久，会场温度过低，一些代表开始打喷嚏。三个半小时的大会结束后，忽冷忽热的室温让不少代表颇有微词。我听到有代表打趣道："今天会场空调应该是犯了疟疾，咱们是'热时节热得在蒸笼里坐，冷时节冷得在冰凌上卧'，哈哈哈……"我感到很难为情。

会后，我向有经验的同事请教，方才明白会场温度控制还真是有大学问呢！会场越大，温度越难控制。因为人体热量和外界环境不断交互，会改变外界环境温度。会场无人时和代表入座后，会场温度自然会发生变化。因此夏天要提前把室温调得比正常温度更低一些，这样随着室内人数增多，室温会增高，从偏低变成相对适宜。

这件事给我好好上了一课，会务工作的学问真是一辈子也学不完，开空调这样看似简单的事，里面也有门道呢。

会场灯光检查少不得

某大型会议开始前几天，我们开碰头会，各自汇报会议的筹备情况。我汇报完到会议现场踩点的情况后，处里老同志提醒：灯光检查了吗？我心想：那个会场经常用，还有什么可检查的？不过作为会前筹备的必要流程，还是不能大意。于是，我叫上摄像师一起去会场。打开灯，摄像机开机，我坐到主席台上，试拍了一阵。

这一拍可真发现问题了，灯光效果非常不理想。主席台头顶上的灯光打在我的头顶上，拍摄的画面变成了"阴阳脸"。如果用摄像机自带的灯补光，光线直接打在脸上，不仅热得难受，连面前的文件材料都看不清了。

以前这个礼堂开过无数次会，从来没遇到过这个问题，这次是怎么了？我马上向礼堂工作人员了解情况，终于弄清了原因。原来前不久，礼堂主席台的灯改为了LED灯。我马上向领导汇报，协调后勤部门同志解决了这个问题。这件事给我留下了很深的印象，提醒我办会不能"想当然"，按照程序要检查的，一个都不能少。

疏漏了记者的席位

一次，我们处负责市质量监督大会的会务工作。筹备、服务这样的会议，对我们处来说是轻车熟路，但我们不敢掉以轻心，全处上下紧锣密鼓，按流程认真统筹安排。

一切都准备就绪，原以为能圆满完成任务，可会议当天居然在座位安排上出了问题——与以往不同的是，此次会议增加了"假冒伪劣产品展示"环节，这是会议的一大亮点，也是大家关注的焦点，因此来了许多媒体记者。但安排座位的工作人员还是按照以往的惯例，仅为媒体留出寥寥几个席位。结果，三四十名记者参会，媒体席位一下子显得捉襟见肘，我们把自己的座位让给记者还是不够，不少摄影记者只能一直站着，会议现场的气氛和效果都打了折扣。

会后，领导对我们提出了批评，与会记者也有抱怨。我们认真反思，深刻认识到，会务工作必须把各种情况考虑周全，决不能疏忽大意，否则真是"一丑遮百俊"，一个小小的疏漏就可能让之前的付出变得苍白无力。

差点出事的会标

办会多年，给我印象最深的是那次县里召开的人民代表大会，我负责会标的布置。

前一晚忙到深夜，会场一切都安排妥当，我去值班室睡了一觉。第二天一早到会场时，我吓了一跳：会标上"届"字下面"由"的边缘已经卷起，仔细查看后发现，原来是暖风惹的祸。这个会场比较大，天气又冷，需要提前几个小时开空调，有一个暖风出风口正好对着"届"字下方，把胶吹化了。为防止胶再次被吹化，我们赶紧把会标上所有字全部用大头针别住。

虽然会议顺利进行，但大家还是心有余悸。如果发现不及时，在会议进行时会标上的字掉落，电视台还现场直播，那后果真是不堪设想。为避免工作中出现类似失误，从此以后我们将用大头针固定会标的内容固化到会议组织流程中。

简洁明了的会标

初入职场赶上一次县委召开会议，我负责会标的制作。综合会议的主题和议程，我将会标定为："两学一做"学习教育动员部署会暨"讲政治守纪律做表率"专项主题活动动员会。核对后我自己还挺满意，就向科长做了汇报。科长看了之后说："小王，你数数这有多少字，咱们开会的地方挂得下吗？"科长一下子把我问住了。

后来，向同事请教才知道，开会的主席台比较窄，如果将这么多字放在会标上，字间距会非常小，不美观不说，还看不清楚。于是，我征求各方面的意见，并向科长请教，最终将会标定为："两学一做"学习教育动员会。我也从中学到，会标的制作一定要突出主题、简洁明了。

导引牌里的"玄机"

在会场周围，我们经常会摆放导引牌，为参会代表指引会场的位置。制作和摆放导引牌，要注意检查字体、箭头是否清晰，摆放的位置是否合适，一般这项工作由会场的有关部门来负责。但是不是有人负责就可以不管了呢？实践告诉我们并不是，导引牌事先一定要检查。

在一次办会工作中，我就发现了小导引牌里的"大问题"。这次会议在我市的礼堂召开，在办会的前一天，这个礼堂刚刚承办了一场大型文艺汇演。在制作导引牌时，礼堂方面准备不周，缺少大小合适的纸张，就拿文艺汇演主办方剩下的纸张充数。我在检查时发现，粗看也没什么问题，可凑近仔细一看，最底端居然印着一排文艺汇演赞助商的公司标识。虽然公司标识图案小，不注意根本看不出来，但机关的会议不同于商业演出，哪来的"赞助商"？这不是跟会议严肃的性质背道而驰吗？于是我立即找到符合规范的纸张，协调重新制作导引牌。

事后领导表扬我说，现在是自媒体时代，如果有人把这个导引牌拍照发到网上，就很可能带来负面影响。

（资料来源：文章节选自《步步惊心：我亲历的会议服务故事》，
《秘书工作》，2017年第9期）

实训

××市××学会将于20××年×月×日在某酒店的多媒体厅内举办成立大会；会期一天，届时将有市民政局、市文联的领导出席并讲话；该学会会长汇报学会申报过程并宣布大会成立；十几位来自全国各地的著名专家将参加成立大会并有代表发言；该学会的本市会员以及市内外百余名该专业爱好者将参加会议；另外还有市晚报、市电视台的记者到会采访。会前有一些学会及其主要会员的介绍资料、论文、大会具体议程安排表及餐券需要分发。

1. 3~4人为一小组，4个小组为一大组，每大组为该学会的成立大会拟订签到表，为成立仪式拟订程序表，并布置签到台；

2. 以小组为单位模拟会务人员组织签到及分发资料与餐券的场景，一个小组模拟会务人员时，其余三个小组扮演参会人员，然后轮换。

📶 自测题

1. 会议签到应注意哪些事项？

2. 会议文件的发放方式有哪些？

3. 开幕式程序如何安排？

4. 安排会议发言应注意哪些问题？

5. 如何做好会议记录？

任务三　会议食宿服务

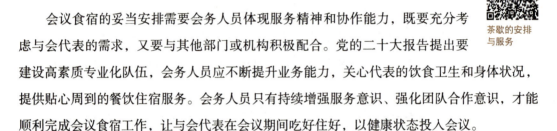

茶歇的安排
与服务

会议食宿的妥当安排需要会务人员体现服务精神和协作能力，既要充分考虑与会代表的需求，又要与其他部门或机构积极配合。党的二十大报告提出要建设高素质专业化队伍，会务人员应不断提升业务能力，关心代表的饮食卫生和身体状况，提供贴心周到的餐饮住宿服务。会务人员只有持续增强服务意识、强化团队合作意识，才能顺利完成会议食宿工作，让与会代表在会议期间吃好住好，以健康状态投入会议。

一、会议住宿服务

对于外地参会人员较多的会议来说，提供住宿服务是会议主办方的重要工作之一，这就要求会务人员做好以下工作。

（一）对备选会议住宿供应机构的考察

1. 依照一定标准，对本地的住宿供应机构进行筛选

会议主办方一定要根据会议的类型、参会者的层次、议题的重要性等，合理确定不同参会人员的住宿标准和接待规格，并以此为依据，在会议经费预算许可的范围内，综合考虑住宿供应机构的实际接待能力、品牌与口碑、周边环境、交通状况、安全条件等因素，对本地的住宿供应机构进行初步筛选，最后圈定几家符合基本条件的住宿供应机构，以备进一步考察。

2. 对备选住宿供应机构进行考察比较

对备选住宿供应机构考察的重点包括：

（1）在会议期间可供使用的房间总数。一般而言，安排参会人员集中住宿是最合适的。因此，在选择住宿供应机构时，第一要考察的重点就是住宿供应机构在会议期间可以提供的房间总数是否能满足会议要求。

（2）是否有不同的房型满足不同参会人员的需求。会议对房型要求最多的是双人标准间，但是如果有贵宾到会，或是会议期间有小型讨论、洽谈，则可能需要单间、套间。这就要求住宿供应机构要有不同的房型来满足会议的要求。

（3）客房的配置条件。国内所有的星级酒店，都有相应的配备标准和要求。会议组织方应根据住宿供应机构的档次，考察其是否具有相应的硬件配备。

（4）客房的服务质量。与硬件设备比，软件服务质量更重要。因此，办会机构应考察接待和服务质量，看其是否能通过细致的服务，让来宾有种"宾至如归"的感觉。

在具体考察各备选住宿供应机构时，不仅要考察客房等微观环境，还应对其为顾客提供的整体生活服务进行考察，如餐饮、娱乐、通信、洗衣等条件。

3. 确定会议定点住宿供应机构

通过认真考察和反复比较，最终确定会议的定点住宿供应机构，以进一步开展客房的预订工作。

（二）会议住宿房间的预订

一旦住宿供应机构确定，会议主办方就要为参会人员预订住宿房间。这就要求做好以下几方面的工作：

1. 与住宿供应机构签订预订合约

会议报到之前，无法确定准确的客房数量及类型。因此，会议主办方应通过以往会议住宿记录及对本次会议人数的预计来与住宿供应机构签订客房预订合约。合约中应明确预订的客房数量、类型、价格；入住率不够的情况处理与经济责任；参会人员预订的截止日期以及对参会人员预订的确认由会议主办方或是住宿供应机构作出等内容。

2. 寄送会议通知（邀请函）和住宿登记卡（申请表）

对于中小型会议，对参会人员的住宿安排比较简单，在会议通知上直接说明为其预订的住宿房间，等参会人员报到时再告知其具体情况。而对于一些参会人数众多的会议，会议主办方需要在会议通知（邀请函）中附寄住宿登记卡（申请表），根据登记表提供相应的住宿服务。会议住宿登记卡（申请表）应注明会议名称、日期和地点。会议住宿登记卡（申请表）可以直接向所预订的住宿机构索取，也可由会议主办方自己印制。关于住宿登记卡（申请表）的具体内容可参照表3-3。

表3-3　住宿登记卡（申请表）

中国国际埃森焊接与切割组委会委托北京路易通旅行社有限公司安排参展人员住宿，提供如下酒店供参展商选择，请填写回执表，订房截止日期为20××年5月5日，请在这之前传真至北京路易通旅行社有限公司。

酒店名称	星级	酒店地址	房型	展览会优惠价
北京皇家大饭店	5星	北三环东路甲6号	标准间	××××元含早餐
北京昆仑饭店	5星	朝阳区新源南路2号	标准间	××××元含早餐
北京亮马河大厦	4星	朝阳区东三环北路	标准间	×××元
北京中旅大厦	4星	朝阳区北三环东路6号	标准间	×××元
北京渔阳饭店	4星	朝阳区新源西里中街18号	标准间	×××元
北京重庆饭店	3星	朝阳区西坝河光熙北里15号	标准间	×××元含早餐
北京贵州大厦	3星	朝阳区樱花西街18号	标准间	×××元含早餐
北京实华饭店	3星	北三环东路西坝河东里14号	标准间	×××元含早餐
北京二十一世纪饭店	3星	朝阳区亮马桥路40号	标准间	×××元
北京远方饭店	3星	朝阳区光熙门北里22号	标准间	×××元含早餐
北京阳光青年酒店	2星	朝阳区西坝河西里23号	标准间	×××元
北京明宫宾馆	3星	朝阳区西坝河西里16号	标准间	×××元含早餐
北京艾尼森酒店	2星	朝阳区和平西街小黄庄1号	标准间	×××元
北京总装第二招待所	2星	朝阳区左家庄12号	标准间	×××元含早餐

如有需要，请联系：北京路易通旅行社有限公司

地址：北京市朝阳区祁家豁子甲8号马甸经典家园A1304室

联系人：×××

电话：010-×××××××　　　传真：010-××××××××

手机：1×××××××××　　　E-mail：×××××@××××.×××

（注：虚线以下表格请回传，可复印）

住宿		
饭店名称：＿＿＿＿＿＿＿＿＿		客人姓名：＿＿＿＿＿＿＿＿＿
到店日期：＿＿＿＿＿	离店日期：＿＿＿＿＿	房间数量：＿＿＿＿＿
付款方式：＿＿＿＿＿	客人手机：＿＿＿＿＿	公司电话：＿＿＿＿＿
公司名称：＿＿＿＿＿	传真：＿＿＿＿＿	联系人：＿＿＿＿＿
特殊要求：＿＿＿＿＿＿＿＿＿＿＿＿＿＿＿＿＿＿＿		
机/车票：		
客人姓名：＿＿＿＿＿＿＿＿＿		日期：＿＿＿＿＿
航班/车次：＿＿＿＿＿	数量：＿＿＿＿＿	联系电话：＿＿＿＿＿

3.收到住宿登记卡（申请表）及时回复确认

收到参会人员的住宿登记卡（申请表）后，会议主办方或住宿供应机构应及时为其预订房间并将住宿确认书寄（或发电邮、电话）给参会人员。

4. 会议特殊客房的预订

会议有时需要预订一些特殊客房，主要是为会议发言人、贵宾和会议主办方的工作人员准备的。

（1）预订重要领导、贵宾的特殊客房。确定参会的重要领导、贵宾、特邀记者等重要人员名单后，在为其安排特殊客房前，可先寄一份住宿登记卡（申请表），了解他们有什么特殊要求。收到登记卡（申请表）后，将详细信息告知住宿供应机构，让住宿供应机构为其提供贴近他们要求的服务。

（2）预订会议主办方的工作人员的房间。为方便会务工作，住宿供应机构应预备一定数量的房间供会务人员使用。

（三）参会人员入住期间的住宿服务

1. 参会人员的入住服务

参会人员入住服务的内容包括：

（1）早到参会人员的入住服务。有不同地区的参会人员参加的会议，早到现象非常普遍，这就要求会议主办方要处理好早到参会人员的入住服务。因为多数住宿供应机构的客房一般只能等到上一批客人退房后才能入住，这就需要会务住宿工作小组提前与住宿供应机构协商好，能够提前安排参会人员入住。

（2）集中到达的参会人员的入住服务。很多会议，参会人员是集中到达，这就要求会务住宿工作小组提前将参会人员集中到达的时间、人数等具体情况告知住宿供应机构，让住宿供应机构事先做好准备。同时，会务住宿工作小组成员应全部到位，协助住宿供应机构做好参会人员的接待、引导、入住登记的秩序维护，行李的代存与搬运等工作。

2. 会议期间的住宿服务

参会人员会议期间的住宿服务虽然主要是由住宿供应机构负责，但作为会议主办方，应对参会人员住宿的舒适、满意度情况进行及时调查了解，及时将参会人员的意见和建议反馈给住宿供应机构，并督促改进，把服务做得更好。

3. 会议结束的延迟退房服务

很多会议在最后一天也有很多议程，会议结束时间延长到中午12点以后，或者参会人员因航班或火车要到下午或晚上才能离开，而一般的住宿机构都要求在中午12点前退房，这就要求会议主办方与住宿供应机构事先协商好退房时间，争取延迟退房时间。

二、会议餐饮服务

会期半天以上的正规会议，除了展览会不统一安排餐饮（特邀嘉宾或者重要客户除外），其他会议通常需要统一安排餐饮。一般而言，参会人员对会议期间的餐饮服务非常重视，因此，办会机构应做好会议餐饮的服务工作，努力为参会人员提供健康、营养、美味的餐饮，使他们在会议期间的每一天都感到精力饱满、心情愉快。

（一）会议用餐地点、用餐方式的安排

1. 会议用餐地点的选择

会议用餐地点应尽量离会场近一些。为了便于管理，很多会议主办方选择既能提供各种会议室，又能为中大型会议提供会议餐饮的酒店或会议中心。在确定用餐地点之前，会务人员应仔细考察用餐地点的具体情况，主要包括：

（1）餐饮场所的大小。一般来讲，所选的餐饮场所最好能容纳所有参会人，如果餐厅因为空间不够而将参会人员分开在不同的房间用餐，会影响会议的融洽气氛。

（2）餐饮场所的环境。雅致舒适的餐厅环境能使参会人员感到身心放松，有利于其精力的恢复。同时，餐厅桌椅的布置应井然有序，整洁美观，体现出餐饮部门良好的管理与服务。

（3）厨房。厨房的消毒设施是否齐全、环境是否整洁、人员工作是否井然有序等也是重点考察的范围。

2. 对用餐时间、用餐方式的安排

会议期间，正式的进餐时间为早上、中午和晚上。会务人员应根据参会人员对三餐的不同要求，安排适宜的用餐方式。

（1）主要的会议用餐方式。

围餐式，即参会人员以餐桌为中心围坐就餐，由服务员按预订的菜谱上菜。餐桌的形状可以多样，如圆桌、方桌、长方桌等。如果与会人数较多，常需要预先安排桌位和座次。安排时，除了为贵宾专门设置桌席外，还应尽量将身份大体相同或同一专业的参会人员安排在一起。

自助式，即服务人员事先将各种菜肴、主食、酒水、饮料集中放在餐厅的一边或两边，由参会人员自己选取，自己寻找空位坐着进餐。

半自助式，这种用餐方式介于围餐式和自助式之间，一般设座位，由服务员按菜单上部分菜肴，而大部分食物则放在餐厅一边的餐桌上，让参会人员自由取食。

分餐式，即由服务员事先将食物、菜肴按人头分装在每个人的盘中，上菜时直接端给就餐者。西餐一般采取分餐式。

餐券购餐式，即会议接待人员事先将固定金额的餐券发给参会人员，参会人员到指定的餐厅中各个供餐口凭餐券购买。这种方式适宜于追求经济实惠，且就餐人数多、就餐时间不统一的会议。

（2）会议用餐方式的选择。会议用餐方式需要会议主办方根据早、中、晚餐的不同加以安排。

早餐：会议早餐一般是自助式。品种多样的小吃和主食，营养丰富的饮料、水果，由参会人员"各食所需"，既自由轻松，又方便快捷。

午餐：午餐应能让参会人员精神饱满地回到会场，精力充沛地继续下午的议程，因此，午餐安排为简单的分餐式工作餐或自助式、半自助式比较适宜。

正式晚餐：晚餐可选择围餐式。数人围成一桌，共进晚餐。

（二）每餐菜单的确定和酒水的安排

1. 确定每餐的菜单

谁也不会愿意几天重复同样的菜肴，因此，会议主办方应为参会人员精心选择每一餐的菜单。在确定菜单时，除了预算的因素，还应考虑以下方面：

（1）菜肴的道数与分量。如果采用围餐式用餐，则要重点考虑菜肴的道数和分量。确定菜肴的道数与分量要注意三点：一是坚持适中原则，适当的菜肴数量会使参会人员感到回味无穷，恰到好处；二是根据用餐人数确定；三是平衡菜肴的道数与分量，菜肴道数少则每道菜肴的分量要多一些，菜肴道数多则每道菜肴的分量可适当少些。

（2）花色品种多样化。准备的菜肴品种应多样化，要考虑荤素、咸甜、凉热、干稀等方面，烹饪方法注意多样化。在品种的搭配上，要注意中午的主菜不能太油腻，应尽量提供一些清淡的开胃菜、沙拉等。

（3）具有地方特色。提供具有地方特色的菜肴不仅能说明会议主办方的热情，也能给参会人员留下美好的印象，因此，会议主办方在确定菜单时，应安排一些具有地方特色的饮食，同时向就餐者说明地方菜的特色。

（4）具有时令特征。菜肴的选择应配合季节特征，采用当季材料做成的时令菜肴既能反映时令特色、给人新鲜的感觉，又能降低成本。同时，还应结合季节特征设计菜肴的口味，以迎合季节变化对人的视觉及味觉的影响。

（5）照顾参会人员的特殊用餐要求。参会人员来自五湖四海，国际性会议的参会人员则来自世界各地。要求会议主办方在确定菜单前，一定要了解参会人员的特殊要求，对参会人员的特殊要求登记并分类，在桌次安排时，将同一类型的参会人员安排在一起，为其专门设计菜单。

2. 会议餐饮的酒水安排

会议用餐地点提供的酒水价格一般偏高，会议主办方如果希望降低成本的话，应与用餐地点的餐饮部门商谈，要求自带酒水。不同参会人员对酒水的消费差别很大，如果餐饮费是从参会人员的会务费里列支，会议主办方在酒类的安排上就要考虑到公平。为了公平起见，会议主办方可以从会务费里列出定量的普通酒水费用，酒水消费超过定额由参会人员自己支付。会议餐饮统一安排酒水时应注意时间与场合，一般早餐和午餐不提供酒类，只提供饮料；晚上可为参会人员适当提供各种酒类。酒类的安排以有利于身体健康的啤酒、葡萄酒、中低度白酒为主。

（三）会议餐饮服务的其他注意事项

1. 提前一两天向会议供餐机构告知用餐人数

会议供餐机构需要提前有针对性地准备食物，配备服务人员，避免出现备餐不足或过多等情况。因此，在签订会议供餐协议时，要求会议主办方至少提前一两天告知每次就餐的人数，并予以签单担保，如果到时进餐的人数低于预订人数的3%~5%，餐厅有权要求会议主办方为这些没来的人付费。

2. 辨认进餐者身份

在参会人员众多，且参会人员在用餐问题上变数较多、差别较大的情况下，会议组织方可以通过发放餐券或餐卡的方式来辨认进餐者的身份。

3. 注意与会议供餐机构的随时沟通与协调

如果会议上午的议程没按计划进行，那么午餐会与预订的时间脱节（提前或推迟），这就要求会议主办方及时告知会议供餐机构的服务经理，以便其吩咐厨房按新的时间安排调整供餐工作。

4. 做好引导工作

如果集中用餐的参会人员较多，为了避免混乱，会务人员除了提前安排桌次和座次外，还需要做好引导工作，从而使用餐者迅速、有序地找到自己的座位，并且能不妨碍餐厅服务员的传菜、安排酒水等工作。

5. 考虑到不能按时用餐的参会人员

对于那些因会议的原因不能按时用餐的参会人员，会议主办方应给予特别的餐饮照顾。

（四）会间茶歇的安排与服务

茶歇在会议中非常流行，安排茶歇也是会务人员的工作范围。

1. 会间茶歇的安排

茶歇是为会间休息、调节气氛而设置的小型简易茶话会。对于中高档会议，茶歇已经成为标准配置。这就需要会务人员重视茶歇的安排。

（1）安排茶歇的适宜时间。茶歇一般一天只需安排两次，分别是在早餐和午餐、午餐和晚餐之间，其目的是让参会人员在会议中场休息时补充能量。

（2）茶歇的地点选择。茶歇地点的选择主要取决于参会人员的数量，如果参会人员较少，可以安排在会场外的空地；如果参会人员较多，需要安排几个地点作为茶歇的场所。

（3）茶歇的茶点安排：一般有中式和西式两种。中式茶歇的饮品主要包括矿泉水、白开水、绿茶、花茶、奶茶、果茶、罐装饮料、微量酒精饮料，点心主要包括各类糕点、饼干、袋装食品、时令水果、花式果盘等。西式茶歇又叫咖啡歇，饮品一般包括咖啡、矿泉水、低度酒精饮料、罐装饮料、红茶、果茶、牛奶、果汁等，点心包括各类甜品、西式点心、水果、花式果盘，有的也备有中式糕点。

2. 会间茶歇的服务

准备茶歇是一个非常细致的工作，要求会务人员在茶歇之前，将点心、饮品、摆饰迅速摆放好，将各种热饮所需的杯子、勺子、盛放配料的糖罐、牛奶罐等都安置在便于取用的地方。如果会议持续几天，每次茶点的安排要尽量体现新意，这就要求会务人员在不同时段更换不同的饮品、点心。茶歇地点常设置在会场附近一些不太显眼的空处，因此，对茶歇地点应有路标指示，并安排服务员引导参会人员至最近的茶歇处，使他们在有限的休息时间里尽量避免寻找茶歇地点的麻烦。

📶 知识链接

怎么只剩一个餐台？

王发建

多年前的一次市党代会，会议结束当日的晚餐，每每想起都让我后怕不已。那天下午，会议将在 5 点半左右闭幕，大部分县区代表团成员准备在晚餐后集中乘车离开。中午，我和几位同事对各代表团联络员上报的人员进行确认，让餐厅按 220 人左右准备自助餐。下午 4 点 20 分左右，我和同事们提前一个小时到酒店餐厅查看准备情况，一到餐厅才发现，餐厅里只剩下一个餐台，而且各种菜品餐量也明显少了。我着急地问餐厅经理是怎么回事，她说营销经理吩咐，晚餐按 70 人准备，并安排撤掉多余的餐台。我一下蒙了，数量少了三分之二，还有一个小时就要散会了，这么多代表同时来就餐怎么保障？

我赶紧打电话联系营销经理，她说在外面办事回不来，并解释是按照往常市人民代表大会或市政协会最后一餐估算的，把就餐人数从220人减到70人，也没有和我们商量。我说市党代会与市人民代表大会、市政协会不同，基层代表多，大部分代表就餐后才统一乘车返回县区。向酒店负责人说明此情况，她也说在外面回不来。

我想此时争论对错已没有意义，再逐级请示单位领导也来不及了，当下的关键是在最短时间内把晚餐准备好，让代表们能在开了一下午会后顺利吃上饭。我当即让餐厅经理增加一个餐台，并联系酒店的行政总厨，请他动员和协调一切力量，在一个小时之内完成好自助餐。晚餐不按照原定的菜单，有什么做什么，只要保证代表按时就餐就行。

行政总厨当即调动酒店所有后厨力量，紧急协调保障晚餐。一小时后，两个餐台准时开餐，代表们吃完饭离开了酒店，我那颗悬着的心才终于放下。回过头来再看这次事件，虽然涉险过关，突发情况得到有效化解，但有几点值得总结：一是急事快办不拖延。遇到紧急情况不能慌，也不能只忙着撇清责任，而要迅速冷静下来，思考怎么去解决问题。如果哪天有代表最后吃不上饭，事后无论追查谁的责任也无法弥补。二是选取突破口最为关键。当时头绪纷繁，在最短的时间内找到能解决处理问题的人是关键。我们无论找到酒店哪个领导，最终这件事都需要行政总厨来协调，因此说服他不讲条件全力以赴及时补救是关键。三是随机应变的重要性。如果坚持原定的菜单，可能在采购和备料的环节就会遇到问题，因此要把自主权交给行政总厨，这样便于准备和应对。四是沟通协调的重要性。这件事的由头主要是酒店营销经理按照以往承办市人民代表大会和市政协会的经验作出调整，但她没有想到市党代会与市人民代表大会、市政协会不同，代表结构和组成不一样，事先没有与我们沟通，造成了工作上的被动，在这一点上，也有我们沟通不深入、不到位的问题。

（资料来源：文章节选自《会务工作中的几件尴尬事》，
《秘书工作》，2021年第11期）

🔊 实训

你所在的高校将承办一次在半年后召开的大型学术研讨会，会期为3天，研讨的议题达十几项，与会的专家学者预计近千人。在会议的费用方面，除特邀前来发言的上级领导人和发表演讲的知名专家学者由学校支付全部费用外，其他参会人员需要缴纳 1 200 元的会务费，由学校统一为其安排住宿、餐饮、会议交通等后勤服务，并为其提供会议文件资料。

学校的办会工作指挥部将会议后勤的前期工作交给了你班的全体同学，要求你们对全市的住宿、餐饮进行一下摸底，并按照会议总体工作方案的要求，根据预计人数和预计的会议后勤服务预算（普通参会人员每人 1 000 元），确定合适的住宿提供机构并预订客房，确定餐饮提供机构及每天每顿的菜单。

将全班分为两个大组，一组负责住宿提供机构的考察、确定和客房的预订工作；一组负责餐饮提供机构的考察、确定和菜单确定工作。

工作完毕，请写出工作报告，草拟好准备与住宿、餐饮机构签订的合同。同时，全班召开会议后勤的前期工作交流会，以小组为单位，对会议筹备期间后勤工作的过程、经验和教训进行总结交流。

自测题

1. 考察备选住宿供应机构的重点是什么？
2. 与住宿供应机构签订预订合同是否有必要？为什么？
3. 如何做好参会人员的入住服务？
4. 如何选择会议用餐地点和用餐方式？
5. 会议餐饮服务应注意哪些问题？

任务四　会议后勤保障服务

会议期间的
联谊和休闲

会议游览的
服务与安排

会议后勤保障服务事关会议安全和效率，需要会务人员体现高度的责任心和团队合作精神。在做好交通接送、会场安保、医疗救护等工作中，各部门要密切配合，形成合力，确保参会人员的人身安全。面对突发事件，更需保持冷静判断，科学应对。党的二十大报告提出要建设高素质专业化队伍。会务人员必须增强忧患意识、提高应变能力，在后勤保障工作中务实作为、精益求精，以负责任的态度提供质量过硬的服务，确保会议顺利完成各项任务。

一、会议交通服务

会前会后的迎接和欢送、会议期间的日常用车、会议集体活动，都需要会议主办方提供交通服务。交通服务的主要内容包括筹备、调配、停放车辆。

（一）会议用车制度及人员管理

1. 会议用车的制度化

为了会议用车科学合理，会议主办方必须事先制订关于会议用车的制度，预防职责不清、安全隐患、滥用车辆等问题的发生。会议用车的制度内容主要包括：会议用车制度、车辆检查与维护制度、车辆征调与租用办法、车辆调度办法、会议车辆停放办法、会议停车指挥办法、意外情况的应急办法、会议交通服务人员（会议交通总负责人、调度员、停车指挥员、司机、随车人员等）的职责规定等。

2. 会议用车工作安排

会议交通服务的工作安排比较复杂，要求会议主办方事先将交通服务具体工作一一列出，力求做到周密细致。会议用车工作主要包括以下五个方面：

（1）合理计划、及时筹齐会议用车。

（2）根据整个会议的日常和临时需要，合理调度和使用车辆。

（3）预订好停车场地，做好不同车辆的停车规划。

（4）印发会议车辆通行证，指挥停车。

（5）车辆的日常保养与维修。

3. 会议用车的人员管理

（1）安排优秀的司机。会议期间，司机与参会人员接触较多，司机的驾驶水平和服务态度是会议交通服务质量的重要体现。因此，会议主办方在选择司机时除了考虑司机的专业水平，还要考虑司机的综合素质。

（2）必要时配备随车人员。会前接待、会后欢送、临时集体性的会议外出活动（如参观、考察、游览、购物等）过程中的交通服务，单靠司机一个人是照顾不周的，这就需要配备随车的接送人员、服务人员、陪同人员等。这些人员，除了完成其接送、服务、陪同工作，在车辆行驶、停放等方面，也应配合司机，做到安全、细致，让参会人员舒适、满意。

（3）对司机和随车人员的培训。为了使会议交通服务工作更加精细、周到，会议主办方需要对司机和随车人员进行适当的培训。培训的主要内容有：

①接待和欢送参会人员的礼仪与注意事项。

②各项保证交通安全的制度规定和具体方法。

③应对各种突发事件的方法。

④工作人员如何相互协调配合。

（二）会议用车的组织

1. 对会议用车类型、数量的确定

会议用车的类型、数量应根据参会人员的人数、级别等来确定，同时会议车辆的准备要严格遵循一定的原则。根据国家的规定，大轿车的配备按参会人员平均40人一辆计算，小轿车根据会议的规格和实际需要从严掌握，做到既保证会议用车，又要符合节俭原则。车辆的配备，应明确其类型、状况、容量等具体情况。用车之前，应对所配车辆进行严格检查，确保其正常、安全。

2. 会议租车

如会议主办方车辆不够，需向别的单位借或租车辆和司机。租车时应注意：

（1）预订车辆最好提前一到两天，预订周末的车辆需要提前两到三天。

（2）用车天数应定为最少天数，如不够用，应提前在还车时间之前打电话续租。

（3）前去租赁公司提车时，需带全所有证件，大部分证件都要原件。

（4）签署车辆租用合同前应仔细浏览合同的内容后再签字。

（5）在发车、还车、验车时应仔细查看，确认无误后再签署单据。

（6）万一发生事故，应尽快通知相关部门，一定要有交警的事故判定书，这是保险理赔所必需的证明。保险一定要在第一时间通知，最迟不能超过一天。

3. 对会议用车的合理配置

会议用车要做到合理配置，对每类车的用途、接载对象都要明确，用车能固定的尽可能予以固定。如确定某一小组乘坐几号大车，哪几个人合用一辆小轿车等，这样既可以防止差错，也方便参会人员。

（三）会议车辆的停放

1. 停车场的准备和筹划

大中型会议，应准备足够的停车场地。根据会议的性质和规模安排停车，应尽量为参会人员争取贵宾或员工免费停车证。在考察停车场地时，应注意以下问题：

（1）该停车场安全程度如何？停车场什么时间开门及关门？

（2）停车场能容纳多少辆车？能否为参会人员专门划出停车区域？

（3）有贵宾专用的停车区域吗？能容纳多少辆车？

（4）停车的费用多少？停车费能预付吗？如果不是预付停车，那能否为会议停车争取到优惠？

（5）该停车场附近，有没有影响交通流量的因素？在会议的同一时间，有没有其他会

议或活动在举行？它们什么时候开始和结束？

（6）在参会人员大量抵达和离开的时候，停车场能有多少人员值班？

（7）轮椅能在停车场所有地方自由出入吗？如果不能，有哪些地方可以自由出入？

（8）如果有媒体参加，他们的车及设备应放在哪里？

（9）办会机构的员工在哪里停车？

2.会议车辆停放的指挥管理

（1）指挥车辆停放的原则。如果会议参会人数较多，或开会场所的停车场比较拥挤，那么会议组织方要安排专门的交通人员来指挥交通，以避免出现争先恐后、乱成一团的现象。如果与会领导者的级别较高，或嘉宾中有受大众追捧的明星类人物，还应请公安部门予以协助维持交通秩序。一般而言，指挥车辆停放应坚持五先五后的原则，即先外宾，后内宾；先小车，后大车；先重点，后一般；先车队，后单车；先来停近，后来停远。

（2）根据不同情况指挥车辆停放。指挥停车，要因时因地制宜，根据不同情况，采取不同办法。指挥停车通常有三种情况：

①会场门前停车场地宽阔。这时可指挥车辆先进入停车场地停车，然后再让参会人员下车。

②停车场地狭窄，参会人员又需要在会场门前下车。应指挥车辆先在会场门前停车下客，待参会人员下车后，立即指挥车辆到指定地点停放。

③活动场所门前不便停车，而又需迎接首长、外宾的车。应先在活动场所附近为首长、外宾的车准备临时停车地，待首长、外宾下车后，再指挥车辆到指定停车场停放。

（3）车辆停放排列的方法。根据停车场情况，车辆停放排列主要有以下五种方法：

①首尾相衔接，纵列依次停放。这适用于车辆停放集中的大车队以及领导、贵宾活动的小车队等。可以利用道路停车，能够保证车辆在散场时依次离开。

②齐头平列，单横排停放。适用于小型轿车集中来、分散走，或分散来、分散走的各种晚会、展览会等。有条件的场地应首先考虑采用这种方法，因为其不仅便于随时调车、保证与会人员分散退场，停车也安全、迅速，便于集结和疏散。

③斜排停放，即车头向着去的方向斜排停放。适用于停车场地狭长，又紧靠建筑物的场合，或在道路两侧停放时采用。

④方阵停放，即车辆横直数排成行停放。适用于集中来、集中去的大型会议。在车辆多、场地小或场地短而宽的情况下，常采用这种停放方法。

⑤主要领导和贵宾的车辆单排，与一般车辆的停放地分开。

停车方法的安排应尽量争取缩短停放时间，争取一次性停好、集结快、疏散方便。

二、会议的安全保卫

会议的安全保卫工作规格和内容要根据会议的性质、规模、内容、参加人员的级别等来确定。国际性会议、党和国家的重要会议、大型会议（如省一级的代表大会，市、县有相当规模的群众大会），或内容十分重要、需要绝对保密的中小型会议，都应设立专门的会议安全保卫工作组。会议的安全保卫工作主要包括以下内容：

（一）制订会议安全保卫工作方案

会议的安全保卫工作一般在会议组委会的统一领导下进行，负责会议安全保卫工作的部门，在会议的筹备阶段，应根据会议要求制订出安全保卫工作方案。会议安全保卫工作方案，应将安全保卫的组织机构、职责任务、具体工作等一一明确，尤其应有预防发生突发事件的应急预案，以保证在关键时候，能迅速反应与采取措施。会议期间，为了进行有效管理，会议的任何有关场所（包括会场、会议住宿地、会议停车场、会议休息室等），都应凭证进出。会议安全保卫工作方案还包括为不同参会人员设计出不同情况下的通行证。当然，如果有现代网络通信设备支撑，也可以用一张电子卡四处通行。那就应预先设计相应的电脑程序，并在参会人员到达前将其个人资料输入完毕并制作好电子卡，以便及时发给与会者。

（二）维持会议场所秩序

会议召开期间，安全保卫部门一方面应密切注意会场外围环境的社会治安，维护好会场外围的社会治安秩序；另一方面要严格检查与会人员的出入证件，防止与会议无关的人员混入。如果与会人员众多，就容易在进、出场时发生拥挤甚至混乱现象。安全保卫部门应协助会议现场引导人员，在会场各进出口把好关，做好疏导工作，保证参会人员快速、顺利地进出场，避免出现意外情况。

（三）保护参会人员人身安全

保护参会人员的人身安全是会议安全保卫工作的重中之重。会议召开前，安全保卫部门要对会场内外、周围环境进行详细的勘察、调查，排除恐怖袭击、爆炸、火灾等安全隐患。如有必要，可主动与当地公安部门联系，以取得公安部门的积极支持与配合。会议期间，安全保卫部门应做好防范工作，如提前勘察行车路线和考察游览地点等，并和交通运输部门取得联系，做好沿途和所到之处的安全保卫工作。安全保卫工作的难点是保卫到会的领导人和贵宾的安全。要做好这项工作，其基本原则是内紧外松，高度警惕，做好各方面的应急准备，确保到会重要人物的安全，同时最好不干扰、不妨碍他们的工作和活动。

（四）保护参会人员的财产安全

参会人员若在会议当地遇到盗窃事件，就会留下极不愉快的印象。因此，会议期间，安全保卫部门应重点防范盗窃事件，对参会人员提供代管代存服务，将参会人员带来的机密文件、大宗款项等保存于专门设置的储藏处。同时，会议主办方也应以书面形式告知参会人员尽量避免到人多复杂的地方去。有些参会人员对当地的闹市、夜市很感兴趣，如果非要去，则应提醒他们不要带贵重物品，如大额现金、珠宝、护照等；如果有条件的话，还可以派几名安保人员身着便衣陪同。

（五）其他方面的安全注意事项

安全保卫部门还需做好的安全工作包括饮食安全、文体娱乐安全和各种用具、设备的使用安全以及会议信息安全等。饮食安全应注意的重点是防止食物中毒事件的发生；娱乐安全应注意防止意外事故的发生，如拥挤伤人、到危险地段游玩发生险情等；各种用具、设备的使用安全注意的重点是防止因使用不当伤人，如使用电器设备不当发生火灾或发生其他伤人甚至伤亡事故；会议信息安全应注意防止外部人员混入会场，窃取会议机密，同时也注意防止内部人员利用录音设备或从会议使用的电脑等通信设备中窃取会议机密。

三、会议的医疗卫生服务

会议的医疗卫生服务，直接关系到参会人员的身体健康。因此，建立会议医疗卫生保障制度十分必要。会议医疗卫生保障制度主要包括疾病医疗、食品卫生、饮水卫生、会场卫生、住宿卫生、个人卫生和环境卫生制度等。各种大中型会议都必须配备必要的专职或兼职医生，或就近指定就诊医院；对流行性疾病，必须免疫预防；对年老体弱者、急重病人，必须给予特殊照顾。

供给参会人员的所有食品，都要符合国家食品卫生法的规定。必要时，会务人员应当采取抽样检查或者全部检查的办法，严格进行化验，不得麻痹大意，以免发生食品中毒事件。如果会议主办方没有食品卫生检疫能力，就要委托食品检疫机构或科研单位协助完成，不得以人力或技术有限为由推卸责任，对众多参会人员的生命健康不负责任。饮用水必须保证安全卫生，泡茶的水要煮沸。为了防止不法分子投毒，应严格控制闲散人员接触会议专供饮食。

四、会场的清洁整理工作

（一）保持会议场所的干净整洁

会场是众多人的聚集场所，难免会产生许多杂物甚至垃圾，这要求办会机构安排专门的清洁工作小组，负责会议场所的随时清洁与整理工作，以保持会场内外的干净与整洁。会议召开前，会议主办方应对会议清洁工作人员进行必要的培训，使其清洁和整理工作训练有素，同时又不打扰、影响客人。为了保证清洁工作细致周到，会议主办方还应对会议的清洁工作随时检查、督促。

（二）每次会后的场地整理与重新布置

有些会议需要持续几天，且每场分会的参加人员不同、会议形式不同，这就要求会议清洁工作人员不仅要在每场会议结束后及时做好各总、分会场的清洁工作，还应将因开会而弄乱了的会场进行整理。如果下一场会议对桌椅、会议设备的要求不同，还要对会场进行重新布置。布置完毕，还应请会场布置主管检查验收，一切无误后，关闭会议室，下一场会议开始时再打开。在对会场进行清洁整理时，如果发现有参会人员遗落的物品、会议文件等，应妥善保存，并及时上交会议现场的主管人员，由其安排归还参会人员、会议组织者等。

五、会中突发事件的处理

从现场签到到闭幕宴会，整个会议过程人员都非常集中，一旦出现自然灾害（如地震、龙卷风）、火灾、恐怖袭击、公共卫生突发事件（如食物中毒、流行性传染病）等，后果不堪设想。会议主办方应充分考虑可能发生的意外情况，进行会议安全策划，做好应对各种突发事件的人力、物力等方面的准备。

（一）会议安全策划

1. 成立会议应急管理小组

会议主办方首先应成立会议应急管理小组，专门负责会议期间各种安全隐患的预防预测和紧急处理。会议应急管理小组应在会议筹备之初成立，其成员的名单、各自的分工、联系方式等应该在会议通知及会场布告栏内显示，要保证在危机状况发生时，每一位参会人员都能迅速找到相应的责任人。

（1）会议应急管理小组的组织构成。

①会务组最高负责人。由会务组最高负责人统筹应急管理工作的意义在于，一旦危机状况发生，他可以调动所有会务人员和会务物资，协调各相关单位和部门（如会议中心或酒店）集中处理紧急状况，并及时上报会议主办方的决策层或者更上一级的领导（如果会务组最高负责人本身就是会议主办方的最高领导的话）。

②会务组负责具体工作的各组组长。负责具体工作的各组组长，能够有效保证会议各方面安全隐患的具体排查和应急处理有序进行。如后勤组组长要负责检查食品的安全卫生，以免发生食物中毒和由于食品不卫生引起参会人员情绪激化的事件发生；安保组组长联合会议中心或酒店保安负责检查会场及参会人员住地的消防设施、防盗设施等，排查安全隐患，采取急救措施；交通组组长负责检查车况、调查路况；会场服务组组长负责处理会议现场的突发事件，如参会人员突发心脏病，或多媒体系统突然出现故障……

③会议中心/酒店的相关负责人。现在很多会议并非在本单位的办公地点举办，而是在会议中心、酒店举办。因此，会议应急管理小组要吸纳会议中心或酒店的相关负责人加入：一是他们熟悉会场环境、相关设施以及服务人员；二是他们有权力及时调动酒店资源；三是会议中心或酒店本身都有相应的应急预案，处理类似事件的经验比较丰富。

④其他相关人员。一些大型会议，尤其是一些国际会议，涉及的参会人员众多，有时还会涉及很多重要人物，而会议主办机构和承办会议的会议中心或酒店没有足够的能力保证大会的安保等问题，这就需要会议主办方寻求政府相关部门的帮助和支持。例如，由警方协助完成交通疏导、会场外秩序维护等方面的工作，由卫生检疫部门协助完成食品卫生检疫工作，等等。因此，涉及的警方和卫生检疫部门的负责人也应纳入会议应急管理小组中来。

（2）会议应急管理小组的职责。

①负责组织编制会议突发事件总体应急预案和审核各职能小组的专项应急预案。

②负责协调和督促检查各职能小组的应急管理工作。

③及时掌握会议的突发事件及其动态，办理会务组各职能小组上报的紧急重要事项，保证各职能小组的联络畅通。

④协调指挥会议突发事件的预防预警、人员培训、应急演练、应急处置、调查评估、应急保障和救援等工作。

⑤积极与新闻媒体沟通，开通信息渠道，做到不隐瞒、不漏报，但在实事求是的基础上也要注意做好舆论报道的正确引导工作，利用新闻发言人制度，统一口径。

2. 制订会议突发事件应急预案

危机，无处不在。有没有危机意识，能不能有效应对危机，是检验一个社会组织办会能力的重要标志。例如，首届中国国际循环经济成果交易博览会在青岛国际会展中心隆重开幕。青岛国际会展中心本着"事事有策划，件件有落实"的工作理念，未雨绸缪，于布展一周前制订了会展应急工作预案，全面考虑可能出现的问题及应对措施。重点针对循博会规模大、人流多的特点，制订了《中国国际循环经济成果交易博览会消防预案》《中国国际循环经济成果交易博览会安全保卫疏散预案》《中国国际循环经济成果交易博览会供餐应急预案》和《中国国际循环经济成果交易博览会恶劣天气应急预案》等。尽管展会开幕当天遭遇恶劣风雨天气，云岭路上一根电线被8级大风刮断，造成会展中心餐厅突然断电，展会制餐工作被迫中断，但是会展中心及时启动《青岛国际会展中心供电应急预案》，还是保证了大会近万人的午餐供应。可见，会议突发事件的应急预案是不可或缺的。

（二）各种会议突发事件的应对策略

无论会议主办方作了多么精心的策划和准备，意外事件还是有可能发生。如果已尽了最大的努力进行准备，但还是出现了很棘手的情形，那么记住要先解决问题，再追查原因。举例来说，假设你为客人们的茶歇准备了30加仑咖啡，酒店服务人员却只送来了3加仑，那么，你最急需做的是立刻从厨房把余下的27加仑咖啡拿来，而不是在这紧要关头追问"到底是谁的过失"。当事情解决后，局面已在掌控之中时，再回过头来正确判断过失是如何发生的，并及时总结经验以杜绝再次出现此类事件。下面，就结合会中可能发生的危机和紧急事件，谈一谈如何预防和应对。

1. 自然灾害

尽管如今人类改造世界的能力已空前强大，但在自然灾害面前，人类的力量仍显微弱。飓风、水灾、雪灾、地震等都是典型的自然灾害。面对自然灾害，我们唯一能做的就是学习应对各种自然灾害的自救知识，坚持定期的紧急疏散演习，制订恢复计划以及考虑如何弥补损失。此外，会议主办方还可以"转嫁"危机，降低风险，那就是投保。自然灾害来临时，保险就是救生员。会议主办方不要只是关注一般的商业保险，也可以考虑自然灾害险。

2. 恐怖袭击

自从"9·11"事件以后，许多酒店和公共机构已经制订了相应的对策来处理此类事件。这些对策并非针对会议组织机构或举办会议的酒店、会展中心，而是因为它们有可能成为恐怖组织袭击的目标。由于情况难以预测，所以安全和风险管理的要求也随之提高。

会议主办方应制订一些应急行动计划，并对员工进行有针对性的培训，以便当紧急情况发生时，他们可以和参会人员并肩作战。还可以和酒店员工及执法部门合作，按他们的指令行事。

3. 突发公共卫生事件

突发公共卫生事件，是指突然发生，造成或者可能造成社会公众健康严重损害的重大传染病疫情、群体性不明原因疾病、重大食物和职业中毒以及其他严重影响公众健康的事件。近年来，"非典"、禽流感、"H1N1"流感等传染病疫情接连不断，"苏丹红""三聚氰胺""瘦肉精"等食品安全事件也搅得我们的饭桌不得安宁。如今，公共卫生事件已成为世界范围内广泛关注的问题。我国也于2003年5月颁发了《突发公共卫生事件应急条例》，2006年1月颁布了《国家突发公共卫生事件总体应急预案》，各市都纷纷建立了疾控中心。2020年新冠疫情暴发之后，我国出台了《新型冠状病毒肺炎防控方案》《关于科学防治精准施策分区分级做好新冠肺炎疫情防控工作的指导意见》等一系列政策性文件，有效地控制了疫情蔓延，同时也对各类会议的疫情防控提出了要求。

组织人员密集的大型会议，会议主办方一定要考虑到公共卫生问题。对于食品安全，要严格把关，保证食品新鲜、卫生，严防破坏分子投毒。对于重大传染病疫情，要注意以下两点：首先，疫情高发地区不宜举办大型集会。其次，在疫情高发期，举行涉及区域较广的大型会议应先对工作人员进行体检；准备并安装体温检测等相关设备，在参会人员注册报到、进入会场时实施检测，一旦发现异常情况，立即对该参会人员以及与其接触较多的参会人员、工作人员实施隔离，同时通知当地的疾控中心，由他们统一安排后续事宜。经过医疗专业人员鉴定，如果确认是虚惊一场，则会议继续，但仍然要严密监测；如果确认是某种疫情则应立即休会，严格按照疾控中心和相关部门的部署行事。

4. 示威抗议

如果会议主办方得到消息：当地的某个团体反对会议的主要演讲人或会议主题，并计划在会议召开期间于酒店门前举行抗议活动，该怎么办呢？毫无疑问，要尽快通知酒店或者会议中心。与酒店管理者，包括安全部门领导，详细讨论并一同制订出一份详尽的针对方案。不要因酒店的习惯性承诺—"我们会悄悄把一切处理好"而放松警惕。

通报当地警方，要求警察到达现场，在酒店内外分别穿制服及便衣巡查。会议室内现场一定要有安全保障。不但要提醒会务人员，也要提醒酒店内相关部门人员注意安全。建议演讲者通过一个能绕开公共区的入口进入会场。通知其他参会人员，告诉他们不用慌张。

在召开会议当天，把会务人员安排在会场的各个入口，以便检查各位来宾的相关证件。必要的话，安排演讲者从"后门"离开会场和酒店，并事先安排好等候他的车辆。

5. 火灾

火灾来势迅猛，如果没有适当的灭火器械和充足的水源，火势会蔓延得很快，会场内所有的生命都将受到严重的威胁。消防设施齐全、消防通道畅通是应对火灾的有效保障。

首先，会议主办方一定要认真检查客房、会场、餐厅等所有会议涉及的室内场所，消防工具是否齐全，消防通道是否通畅，是否有易燃易爆物品，尤其是容易发热的灯具周围是否有可燃物，所有公共场所禁止吸烟并在多处醒目位置设立警示标志……仔细排查火灾隐患，切实做好防范工作。其次，应在消防部门的指导下，对会议安保工作人员进行消防训练，有条件的话最好进行一两次实地演习。再次，在酒店的客房、会场、餐厅等人员比较集中的地方，选择醒目位置，张贴火灾逃离须知。在火灾中，恐慌常常是导致伤亡的原因。烟雾蔓延，人们辨不清方向就会不知所措、乱成一团，极易发生踩踏，扩大事故的伤亡。因此，会议主办方最好把这些注意事项作为附加材料发放到参会人员手中，这会在一定程度上减少不必要的损失。

6. 其他紧急事件

会议召开期间，我们还可能遇到其他紧急事件，如订好的客房或会议室临时发生变化，到会人员超出预料人数或严重不足，餐位不够或是就餐时间延后等。对这些可预料的突发事件，我们要做好预防，和开会酒店谈好条件，一是尽量避免此类事件的发生，二是做好应对准备。

还有一种常见的情况——参会人员突发急病，如心脏病等，会议主办方要反应迅速，立刻拨打 120，并以最快的速度找到酒店内部的护理人员。如果病人在救护人员到达现场之前就停止了呼吸，那么应该立刻询问现场人员，看看是否有专业的医护工作者，让他们来施行心肺复苏术（CPR）。应急管理人员如果受过这方面的专门训练，也可以亲自来做。每次会议，我们都要有这方面的预防措施，在应急预案里设置医疗保障环节，依据参会人数，按照一定的比例配备医护人员和急救箱、氧气瓶、担架等设备；还要对会务人员进行相关培训，如心肺复苏术的培训；将医护调度负责人的联系方式发给每一个现场会务人员。

总之，要预料并预防一切可能的突发事件，以保障会议的顺利进行。

📶 实训

20××年9月28日上午，河北省企业融资研讨会正在曹妃甸渤海国际会议中心举行。上海证券交易所的专家正利用多媒体为企业老总们讲解在上交所上市的程序和审核流程。专家正讲到兴头上，企业家们也正听得津津有味时，突然断电，会议室漆黑一片。上海专家非常恼怒，企业家们也都纷纷站起发问："怎么啦？" 10 分钟过后，会议室来电，讲解重新开始。

下午，会议继续进行。深圳证券交易所专家讲解企业上市情况及中小企业在深交所上市的政策、程序及审核流程。课程即将结束时，坐在后排的一位老企业家突然脸色苍白，慢慢滑倒在地。

第二天，会议继续召开，即将中午时，与会者突然感到地往上拱，接着天花板上的灯都晃动起来。与会者马上意识到：地震了！于是非常紧张，站起来，想往外跑。会务人员赶紧过来稳住大家的情绪，并宣布暂时休会，把与会者紧急疏散到小广场上。

1. 成立会议应急管理小组，由班长任最高负责人，其他人分成后勤组、安保组、会场服务组等，每组任命一位组长，责任到人。班长和各组长首先讨论制订出会议应急预案并分清各组的职责。

2. 全班找一个有前后门的教室模拟会场情况。

第一组处理第一个场景：首先上场用一些轻松幽默的话语调整好讲课专家的情绪，然后稳住与会者的情绪，同时派人启动应急预案，解决"电"的问题。

第二组处理第二个场景：在不影响会议进程的情况下处理好病人的情况。

第三组处理第三个场景：先安慰大家，消除大家的紧张情绪，如解释：唐山是一个地震多发城市，每年都有一些小的地震，没有大碍；然后，从会场的几个门分别疏散大家出会场。

📶 自测题

1. 会议用车应制订哪些方面的制度？

2. 会议用车工作内容有哪些？

3. 会议安全保卫工作包括哪些内容？

4. 会议应急管理小组的职责有哪些？

5. 会议突发事件应急预案能起到什么作用？

6. 不同的突发事件应该相应采取什么策略？

项目四
会议善后工作

知识目标

1. 了解会议善后工作内容。

2. 熟悉并掌握引导退场规范及方法。

3. 掌握会议记录整理的内容和方法。

4. 掌握会议评估的内容和方法。

能力目标

1. 能熟练地引导与会人员退场。

2. 能完成会议纪要、消息和会议简报的写作。

3. 能将会议文件收集齐全，完成会议文件的归档工作。

4. 能对会议进行评估，并写出总结报告。

素质目标

1. 提高会议工作的保密意识。

2. 增强善始善终的责任意识。

3. 培养严谨细致的工作习惯。

【案例导入】

　　A 集团股份公司20××年安全生产工作会议于20××年4月在上海金福门酒店第二会议室举行。根据会议安排，代表们26日报到，27日开会，28日离会。参会者共计120人。会务组赵秘书负责会议的善后工作。28日晚，他和会务组的同事们一起，收拾了会场，返还了租用酒店的设备，并结清了相关费用。

考虑到会务人员从会务准备到会务服务都很辛苦，和酒店结完账后，他就请会务人员到外面的西餐厅吃西餐，以表示对大家的慰劳。回到酒店已经晚上9:30。之后，他通知各位代表到酒店的412房间取回预订的车票、机票。此时，第二天早晨返程的代表在焦急地等待取票；有的代表是第一次来上海，就去外滩或其他地方玩去了；有的代表则借机去看望亲戚朋友。等到午夜12点，赵秘书的车票、机票还没有发放完毕，一直等到代表们第二天早晨找上门来。代表们领了票，有的还在不断地抱怨。

第二天下午，送走了代表们之后，赵秘书匆匆返回北京总部，开始整理会议文件，却发现清退回来的会议文件数目不对，少了两份。是哪位经理未将文件交回来呢？他回忆不起来了。没办法，他只好给参会人员一一打电话询问。之后，他又整理会议记录，写出会议纪要，经领导审阅后，发放到全国各地的分公司。

这次会议是否成功？哪些方面还有漏洞？赵秘书打算喘口气后，再进行会议总结，写出会议评估材料。

思考：

1. 会议善后工作包括哪些内容？
2. 赵秘书做到了哪些？哪些工作没有做好？
3. 整理好会议记录的前提是什么？
4. 怎样才能写好会议纪要？会议纪要什么时候发给代表们合适？
5. 会议评估包括哪些内容？怎样才能做好会议评估工作？

任务一　参会人员送别

在会议组织中，送别参会人员不仅是对参会人员的关怀和尊重，更体现了会务人员的服务精神。通过热情周到的送别服务，可以增强会议的凝聚力和影响力，提高参会人员的满意度，同时，也是贯彻党的二十大精神、建设高素质专业化队伍的具体体现。在新时代背景下，会务人员应坚持创新和发展的理念，注重提升送别服务的质量和水平，保持善始善终的工作作风。

一、引导与会者安全退场

（一）引导与会者退场

大中型会议都需要会务人员引导参会人员有秩序地退场。首先，会务人员应打开会议厅（会议室）的所有出口，避免离场时出现拥挤现象。其次，会务人员应该先引导主席台上或第一排的领导们离开会场。如果会场有多条退场通道，参会领导和其他人员可以各行其道，同时退场。

有些大型会议，如大型学术报告会，大型群众集会等，由于会场大、人数多，有时还会有妇女、儿童、老人参加，散会时很容易造成拥挤和混乱，甚至发生伤亡事故。因此，会务人员一定要增强责任意识，加强对离场人员的引导工作，避免发生安全事故。某些领导人因身体状况等原因，有时无法先行离会，这时，会议主持人或会务人员就要打破陈规，安排其他参会人员先行离开。灵活机动地引导参会人员离场，是会议主持人或会务人员的组织艺术和应变能力的体现。

（二）引导车辆驶离

大型会议，车辆较多，散会时，会务人员就要引导各类车辆安全离开会议停车场。为使会议车辆离场工作简便易行，在会前会务人员应做好车辆泊位安排，尤其是对使用车辆或参会人员自带车辆较多的会议（在当地开会多出现此种情况），更应该做好车辆安排工作，提前划分好停车区。如将停车区划分为大型车辆、领导专车、参会人员自带车辆三个区域，车辆分区停放；将领导车辆专区放在容易出车的方位。离场时，让领导专车先行离开，其他车辆再按顺序离开。

📡 案例 4-1

20××年5月12日，中国人寿保险公司××分公司为答谢客户并宣传、推广新产品，在××新华大酒店召开了新老客户暨新产品发布高峰论坛。会议安排非常丰富：理财专家讲座；鉴宝节目；新老客户发言；总经理对新产品进行推介；客户签约仪式；客户抽奖；总经理为获奖者颁奖并合影留念。因此，被邀请的120名新老客户都来了，加上会务人员、新闻记者及保险公司的领导有近150人参加会议。酒店停车场及附近公路旁都停满了车辆。会议召开前，会议引导工作非常到位：酒店大门口、每层电梯口及会议室门前都有会议服务者引领，并以接力方式把参会者引导到自己的座位上。客户们都非常满意。会议完毕后，是答谢宴会。但在答谢宴会上，再没看到保险公司领导和服务人员的影子，只有酒店的服务人员告诉参会者："自己找座位，10人一桌，凉菜已摆好，坐满10人就上热菜。"吃完饭，大家纷纷下楼。新华大酒店是一座圆形建筑，且有一半在整修。第一次来酒店的人，连楼梯都找不好。其中有几个人转下去后却走到了酒店的后面。好不容易走回停车场，却见一片混乱：车场一个进口，一个出口，可现在，大家都乱出乱进，没有顺序，导致车都堵在口上，想出的出不去，想进的也进不来。多亏来开会的客户中有一位交警，下车帮忙疏通，指挥大家按顺序进出，这才化解了堵车危机。

中国人寿保险公司××分公司在会议服务中，哪些方面做得好？哪些方面做得不够？他们应该怎样做才能避免堵车危机？

二、离会服务工作

从参会人员报到至离开，会议主办方要做好一条龙服务，哪一个环节不周到，都会影响大会的质量，影响参会人员对会议主办方的印象。有些会议主办方只注重会前准备和会中服务，而忽略了离会服务工作，造成虎头蛇尾现象，给参会人员留下不好的印象，也影响自身形象。因此，会务人员必须注重离会服务工作，有外地人员参加的大中型会议，做好大会的离会工作尤为重要。

离会服务工作的内容

1. 及时和参会人员清理结算账目。
2. 提醒参会人员归还借用的文件、物品；不要遗忘自己的物品。
3. 为参会人员预订并提前发放飞机票、车船票。
4. 了解自带车辆参会人员的返回日程、路线及车辆油耗等情况。
5. 安排送行车辆，将外地参会人员送至机场、车站或港口。
6. 请示领导后，为参会人员解决相关问题。
7. 安排好暂留参会人员的住宿及膳食等工作。

（一）和参会人员清理结算账目

会议费用的承担大致有三种情况：一是会议所有费用都由会议主办方承担；二是会议主办方承担会务费，其他费用由参会人员自理；三是所有费用都由参会人员承担，会议主办方只负责会务组织和服务。究竟如何承担，会议通知上一般都写得很清楚。会议一结束，会议主办方就要安排参会人员结算会务费用，同时向缴费者提供相关发票，以供参会人员回单位后报销。

（二）发放回程票，安排人员送站

参会人员回程票的预订一般要在参会人员报到时就请他们登记回程日期和回程车、船、飞机的车次和航班。根据参会人员的登记情况，会务人员要及早和售票处或旅行社联系订票事宜，以保证参会人员按时返程。发放回程票的时间应该根据参会人员所订返程票的时间而定，一般是会议一结束马上就发放，也可以提前通知参会人员到会务组去领取车（船、机）票，也可以到会场发放车（船、机）票。

送站，是会务人员为参会人员所做的最后一件事情，也是展示会议主办方美好形象的重要一环，它决定参会人员对会议主办方的印象。因此，会务人员必须做好这最后一项工作。要做好送客工作，会务组应该根据参会人员的身份、职务、年龄和身体状况以及车辆的承载能力安排合适的人员和车辆送站，如果有身份与地位较高的贵宾，则要由会议主办方的领导亲自送站。

（三）了解自带车辆参会人员的返回日程、路线及车辆油耗等情况

为保障参会人员顺利返程，对自带车辆的参会人员，会务人员要提前了解他们的返程日期、路线及车辆的油耗等情况，以帮助他们确定返程路线，选择合适的加油站给车加油，处理各种特殊情况。会务人员要有危机预防意识，提醒驾车参会人员注意安全驾驶，并估计参会人员返程所需时间，待他们返回原单位后，就要进行电话回访，询问一下是否安全到家。万一出现特殊情况，还要请示领导，帮助解决。

（四）安排暂留参会人员的住宿及膳食等工作

个别参会人员，由于工作或个人的需要，开完会还需暂时停留几日。会务人员要帮助他们安排住宿和膳食方面的相关事务；如果参会人员有特殊要求，会务人员应该在领导批准的情况下尽力帮助解决，以免使这些参会人员产生"会散茶凉"的感觉。

📶 案例 4-2

某出版社主办的高校大学英语教学及教材出版研讨会在杭州国际假日酒店举行。会议规定，所有会议经费、车费、住宿费都由出版社承担，会议不安排旅游项目。参会人员于 7 月 15 日全天报到，18 日上午离会。每位参会人员可以带一名家属，但家属费用按会议统一标准自行解决。

由于是在旅游地召开会议，出版社把订票任务交给了当地旅行社。旅行社通知参会人员 17 日下午到总台取返程票。到下午 7 点前，参会人员都拿到了返程票。

费用结算时间定在 17 日晚上 8 点开始，地点在酒店 17 层的会议室，会务组所在地。晚上 8 点整，会务组外的楼道里排起了长队，会务人员对参会人员的身份证、教师证及车票一一核实审查，审查合格后予以报销。报销的方法是按单程硬卧车票的两倍报销，如果乘坐飞机或软卧，多余部分自行负担。有的参会人员的证件票据审查工作很快完毕，有的却要等上很长时间。因为在这些报销人员的

票据中，有部分是教师家属的票据，会务人员要把票据姓名、人数和最初各高校填报的回执单上的姓名及身份证号码一一核对。一直到晚上10:30，核对工作仍在进行。参会人员开了一天会已经很累了，又在这儿排了两个多小时队，所以怨气冲天。性子急的参会人员甚至和会务人员吵了起来，闹得不欢而散。

由于是假期，又有一些家属跟随，许多参会人员都准备在杭州玩两天，可结账时却发现，原本在会议上150元一宿的房间变成了260元一宿。这又一次让参会人员深感郁闷。

某出版社哪些方面的服务不到位？他们怎样做才能避免参会人员结账排长队现象？怎样才能避免参会人员的所有抱怨？

三、会场清理与费用结算

（一）会场清理

会场清理的内容和程序

1. 将租用或借用的设备、器材还给租用或借用单位；不能及时还的，应将其归库，并派专人保管。
2. 撤走会场的临时性布置，包括会标、彩旗、绿植等。
3. 清点会议用品、用具，能再次使用的要归库管理。
4. 将会场中搬动过的桌椅恢复原样，并将地面、门窗清扫或擦洗干净。
5. 撤走会场外的会议标志，如通知牌、方向标等。
6. 清理回收会议文件。
7. 通知配电人员切断会场不再使用的电源；通知服务人员关闭会场。

---

1. 清理会场用具

会场用具的清理有两种情况：如果是在本单位的会议室开会，会务人员只将会标、桌牌等只针对本次会议的相关标志撤走，把会议室恢复原状即可。如果是租赁会议室和设备，清理工作就复杂了许多。首先，需要先还清借用、租用的设备，如因特殊原因不能及时还，应将其归库，并派专人保管。其次，撤走会场的临时性布置，包括会标、彩旗、绿植等。再次，清点会议用品、用具，能再次使用的要归库管理；一次性用具进行销毁。然后，将会场中搬动过的桌椅恢复原样，并将地面、门窗清扫或擦洗干净。最后，撤走会场外的会议标志，如通知牌、方向标等；通知配电人员切断会场不再使用的电源，并通知服务人员关闭会场。

2. 清理会议文件

在会议准备阶段，要将一些会议文件放置在参会人员的会桌上，这些文件中，有些是让参会人员带走的，还有一些讨论稿、机密文稿等是要清退的。会务人员要及时清理收回相关文件，需要保存的保存好，需要销毁的，按销毁制度进行销毁。

（二）费用结算

这里的费用结算包括两项内容：一是会务人员和宾馆酒店结算会议开支费用；二是会务组和单位财务部门的结算。

1. 住宿费、会场租赁费等费用的结算

大中型会议，一般需要租赁会场和设备。会议结束后，会务人员应及时与会场出租方结清会议的各项费用，主要包括会议室租借费、设备使用费以及开会期间的其他相关费用，如表4-1所示。如果是由会议主办方承担全部费用的会议，会务人员要及时和酒店结清住宿费，开具好发票，以便回单位进行财务结算。需要注意的是，住宿费不包括使用房间的长途电话、客房小酒吧、在酒店签单等费用。会议主办方所收取费用一般也不包括这些额外费用。因此，为了避免麻烦，会务人员可以事先要求酒店宾馆撤掉这些服务项目或与参会人员交代清楚。

表4-1 会议经费的付款方法和付款时间参考表

项目	费用确认	付款时间	付款方法
会场租金	事先商定	会后	支票或现金
设备租金	事先商定	会后	支票或现金
培训费	事先商定	活动后	现金支付
资料和用品费用	事先申请	当场结算或会后结算	现金支付
食宿费	事先商定	会后	支票或现金
会中交通费	事先申请	当场结算或会后结算	支票或现金
其他	事先确认	活动后	按账单支票或现金支付

2. 和单位财务部门的决算

会议召开前，会务人员已经制订了会议经费预算。预算经领导审批后，会务人员就可以到财务部门预支会议经费。会议结束后，会务人员与财务人员应按照会议经费预算计划，进行会议开支的财务决算。前面会议预算部分已经讲过，一切会议都应该遵循勤俭节约原则，在保证会议正常进行的前提下，精打细算，千方百计减少不必要的开支。因此，如果决算中超出了经费预算指标，要说明充分理由才能报销。否则，财务将不予报销。经费决算表经领导审核签字后，报财务部门结算。

📶 知识链接

北京冬奥会闭幕：折柳送别，生生不息

当孩子们用雪花灯笼点亮世界，当十二生肖冰车滑动雕刻出一个巨大的中国结，当开幕式的那朵雪花穿上了流光溢彩的中国新衣，当依依杨柳汇聚成春天的颜色……北京冬奥会闭幕式上国风再现，用中国人独特的情感表达向世界传递出"天下一家"的美好愿景。

心似双丝网，中有千千结。特别的是，那朵雪花"穿"上的中国结与以往不同。北京冬奥会闭幕式导演沙晓岚说，"中国结的设计汲取了中国的多个元素，有景泰蓝、青花瓷、丝绸、红丝带，还有雪凇和雾凇。""通过中国结把大家连在一起，更加能够体现这种人类命运共同体的理念。"

结，凝结着人与人之间最原始的关怀。绳线的一缠一绕，都是编结者内心无言的诉说，中国结巧妙地将自然的灵性和人文精神结合在一起。在社会发展日新月异的今天，中国结依然可以散发独特的温暖的光芒，唤醒人们对于质朴、自然情愫的追求和渴望。

可以说，冬奥会上的中国结是中国传统文化的一次创新，是具有象征意义、凝聚力、感染力和传播力的民族文化符号。这样的符号传承和创新，也是继承和发展传统文化、发挥其影响力和辐射力、增强文化自信的积极实践。它也告诉世人，这是一个"丝丝相连、环环相扣"的美好世界，是一个"你中有我、我中有你"的命运共同体。

开幕迎客松，闭幕折别柳。闭幕式上，最令人动容的一幕是折柳寄情环节，导演用"一首曲、一群人，一捧柳枝、一束光、一片绿荫、一起向未来"的六个"一"唯美表达了庄严的仪式。正如北京冬奥会开闭幕式总导演张艺谋所说，"我们没有太多的悲伤，更多的是一种深沉的纪念和一种绿色的希望重新升起。"

这种纪念在"昔我往矣，杨柳依依"的感怀里，这种希望在"惟尺断而能植兮，信永贞而可羡"的情谊中。柳者，留也；丝者，思也。由最初写意式的模糊简要描写到穷形尽相式的工笔细描，一捧细细的柳丝代表了送行者依依不舍之情，成为中华民族集体认同的诗歌原型意象，也负载了中国人内心的诸多美好情感。杨柳和中华民族温柔敦厚的民族性格是一致的。事实上，古人不仅有"折柳赠别"之风，还有"折柳寄远"之俗。钱锺书先生曾分析折柳的职能有两途：一为送别，

一为寄远。而诗中用于赠远、寄远的折柳恐怕也多半只具象征意义，并不一定有实质性动作，但这却是中国人富于诗意性情的重要体现。

尤其是当《送别》的旋律响起，文明的河流再一次在奥运舞台上奇妙地交汇。《送别》是中国音乐家、教育家李叔同于 1915 年填词的歌曲，曲调取自约翰·庞德·奥特威作曲的美国歌曲《梦见家和母亲》。这样的音乐是中国的，也是世界的，是"问君此去几时还"的中国思念，也是"Home, Dear home, childhood happy home"的世界梦想。

"含烟惹雾每依依，万绪千条拂落晖。为报行人休尽折，半留相送半迎归。"虽然，这一届"真正无与伦比的冬奥会"已经徐徐落幕，中国丰厚的文化意蕴却远远没有展示结束，它等待着每一个向往它的人去发现、去享受、去沉醉。

（特约评论员　赵清源）

（资料来源：新京报，2022 年 2 月 21 日）

实训

模拟一次由某企业承办，所有费用都由参会人员担负，承办方只负责会务组织和服务的中型会议。会议由市领导参加，会上设主席台，会场采用大小正方形的形式。会议室有两个门口。主持人宣布会议结束的同时，宣布了离席的顺序：主席台领导先从会议室右侧门出场，会务人员引导其他参会人员从左侧门出场。会后有些特殊情况需要安排：第一，会议在旅游区举行，但会议没安排旅游，会上有 20 人准备多住两天，游览当地风光；第二，多数参会人员是乘坐飞机或火车来开会的，有 12 人是自驾车来的。

1. 全班分成若干小组，其中一组人员扮演会议主持人和服务人员，其他扮演参会人员。

2. 模拟散会时的情景。

3. 为参会人员发放预订的车船机票。

4. 为参会人员开具会费正式发票。

5. 为 20 位晚走的参会人员安排住宿和餐饮（这项活动应该在会前调查，然后和酒店协商进行）。

6. 为自驾车的参会人员做好返程安排，预估返回路途中可能出现的问题。

注：5、6 小题，如果条件有限，也可以写出处理方法。

自测题

1. 会务人员应如何引导参会人员退场？

2. 如何避免参会人员离会时车场堵车？

3. 离会服务工作包括哪些内容？

4. 会场清理包括哪些内容？

5. 会务人员如何进行费用结算？

任务二 会议文件的收集、整理与归档

会议文件的收集、整理和归档是做好会后工作的重要一环。文件涉及会议内容和参会人员信息，需谨慎对待。会务人员要增强保密意识，严格按照规范要求整理文件，确保档案完整规范。党的二十大报告提出要建设高素质专业化队伍，会务人员必须牢记服务人民初心，增强责任感，以精益求精的态度对待每一项工作，确保文件和档案的安全合规。在数字化转型的今天，会务人员还需要不断学习新技能，利用信息化手段提高会务管理效率，以专业敬业的精神完成会后文档工作。

一、会议文件的收集

（一）会议文件收集的要求

（1）确定好会议文件的收集范围。

（2）保密文件要按会议文件资料清退目录和发文登记簿逐人、逐件、逐项检查核对，以杜绝保密文件清退的死角。

（3）收集工作要及时，确保文件资料在参会人员离开之前全部收齐。

（4）收集过程中注意保密。

（5）文件收集要履行严格的登记手续，认真检查文件资料的缺件、缺页等缺损情况，以便及时采取措施进行弥补。

（二）会议文件收集范围

（1）会前准备并分发的文件，包括指导性文件、审议表决性文件、宣传交流性文件、参考说明性文件、会务管理性文件。

（2）会议期间产生的文件，包括决定、决议、议案、提案、会议记录、会议简报、重要照片、录音录像等。

（3）会后产生的文件，包括会议纪要、传达提纲、会议新闻报道、论文集等。

（三）会议文件的收集渠道

（1）向全体参会人员收集文件。

（2）向会议领导人、召集人和发言人收集文件。

（3）向会议的有关工作人员收集文件，如会议的记录人、文书的起草人等。

二、会议文件的整理

（一）整理会议记录

1. 文字记录的整理

一些资深会议工作人员具有丰富的经验，他们所做的会议记录多不需要整理，可以直接送审、存档。但经验不足的会议工作人员的会议记录只按原话照搬，或有漏记、错记现象，就需要会后进行修改和补充；作为文件下发，或作为新闻报道用的领导人的报告、讲话，重要的参会人员的报告、讲话也需要进行整理。

整理会议记录应注意以下问题：

（1）会议记录人应是会议记录整理人。会议记录是原始型材料，整理后的会议记录也要保持其原始性。会议记录人参与了会议的全过程，熟悉会议的原始面貌。

（2）会议记录整理人要熟悉有关方针政策，具有相应的思想理论水平和较强的理解、分析能力。整理会议记录过程中，要对原始记录内容进行鉴别和取舍，如何取舍，如何在对口语进行转换过程中仍保持讲话人的语言风格，如何保持讲话者的讲话意图，这就涉及会议记录整理人的政策理论水平及理解分析能力。

（3）补正过之或不足之处。口语表达有很明显的随意性，对某种观点的表达难免有过之或不足之处，如果是领导的即兴讲话，这种情况就更加明显。整理会议记录，要善于把口语转化为书面语，但又要保持讲话的原意，这就要求会议记录整理人在充分理解原意的基础上，补充其讲话的不足之处。

（4）修正用词和语法错误，保持记录条理清晰，语言表达准确通顺。会议讲话多为口语，口语表达难免出现用词不当或语法不规范之处，做记录时，由于时间的限制，没能及时纠正；整理记录时，就要把这些不当之处修正过来，以保持记录的文字通顺。

2. 会议录音的整理

整理会议录音工作，就是会议录音整理人根据所录语言的中心思想，删除不必要的语言，补充和修正不足、不恰当以及没有录进去的内容，使整理稿成为中心明确、条理清晰、文字通顺、内容连贯的书面材料。

整理会议录音，既要借鉴整理会议文字记录的方法技巧，也要结合录音的特点。

（1）删除。在整理过程中，会议录音整理人要删除讲话人不必要的、重复的语言，例如与中心内容无关的口头语、笑声，与讲话内容无关的开场白、结束语，讲话发言人的自我否定、自相矛盾的内容和语句，因插话而引起的题外话，为消除歧义、误解而加以解释、说明的内容。此外，会议录音整理人还要根据讲话稿的用途，删除不宜公开的材料，对明显的错误说法，给予删除或代为纠正；删除讲话人过多的举例，只留下最能说明问题的一个。

（2）补充。一是补足讲话内容中所缺的句子成分，以保持意思表达的完整性。口语表达中，经常会出现省略、不完整或指代不明的现象，这些语言现象如果出现在书面语中就会影响表达效果。因此，整理会议录音时，会议录音整理人就要根据语言环境作出恰当的补充；有时因录音设备电量不足造成录音不完整，还应根据前后语义，进行补充，以保持文句连贯、内容完整。二是加标点符号。会议录音整理人要根据讲话人的讲话原意，给每句话加上恰当的标点符号。三是加标题。讲话人在讲话时，有时说出题目，有时不说。当录音中没有讲话稿的题目时，会议录音整理人要拟一个合适的标题加上。简便的方法是提示讲话人和会议名称，如"×××在×××会议上的讲话"。

（3）更正。主要指语法或写作技巧上的更正。如果讲话人的语言表达有不规范、不严谨、不确切，引文不准、层次混乱、上下衔接不好的，会议录音整理人就要对会议录音进行修改更正。

需要强调的是，整理录音时，删改、打标点、分段，都要忠实于讲话人的原意。否则，整理出来的材料，就不是原来的讲话稿了。

整理录音时，会议录音整理人特别要注意辨别清楚讲话人的身份，切忌张冠李戴。

（4）送审。会议录音整理好后，会议录音整理人要将整理稿送讲话人、发言人审阅。讨论性的发言，还要送领导、主持人审阅。这样，一方面，讲话人、发言人、会议领导、主持人可以对自己的讲话再行斟酌；另一方面，也可避免因会议录音整理人的水平有限而造成整理错误。送审是对讲话者的尊重，也是一种工作程序，会议录音整理人必须按规定程序办。不送审的整理稿，传播出去，对讲话人是不负责任的。这一点，会议录音整理人必须清楚。

（5）整理录音的技术问题。第一，切忌按错键。整理录音时，如果按下录音键，内容就会被抹去，那将无法补救。保险的办法是，在整理录音前，先复制一盘磁带保存好，以保证整理工作的万无一失。第二，使用暂停功能。为了避免过多的按键，会议录音整理人可使用录音机的暂停功能，放一句录音，记录一句内容。如果用的是变速录音机，可慢速放音。第三，注意保密。重要会议的保密录音，不要在家中或有无关人在场的大办公室整理，以免泄密。

（二）印发会议纪要

日常工作会议之后，会务工作人员应该印发会议纪要和已决定办理事项的通知，以便相关部门参照执行，同时也方便日后查找。

1.会议纪要的概念和类型

会议纪要，是记载、传达会议情况和议定事项的总结性公文。它是根据会议中产生的会议记录等会议材料提炼综合而成。但会议纪要又不同于会议记录。会议记录是会议情况的原始记载，它忠实地记录会议的议题、发言与进程；而会议纪要是对会议的综合与概括，它不仅具有记载功能，更重要的是反映会议的基本风貌和精神，向有关机关传达会议情况和议定事项。

根据国务院发布的《国家行政机关公文处理办法》对会议纪要的规定，会议纪要可以分为情况会议纪要和议定事项会议纪要两种。情况会议纪要，是记载、传达会议情况的纪要。它往往是供参会人员或相关单位了解会议的议程、议题、讨论精神时使用。其意义在于传递信息、通报情况，以利于各方面的联系和沟通。而议定事项会议纪要，是记载、传达议定事项的纪要。其意义在于指导人们贯彻执行会议精神，具有"决定"的性质。像协调性会议纪要、工作会议纪要、联席会议纪要、决策性会议纪要等都属此类。有些议定事项会议纪要需提交大会讨论通过才能发布。

2.会议纪要的格式和写法

会议纪要的格式和写法，本书不再详述。需要强调的是，写作时一定要注意会议纪要格式与一般行政公文格式在发文机关标识、发文字号处理等方面的区别。会议纪要的结构（含正文的叙述方式和特定用语）见表4-2。

表4-2

标题		
成文日期		
正文　　　　概述式	条款式	发言式
会议概况		
会议事项　会议听取了 　　　　　会议讨论了 　　　　　会议认为 　　　　　会议指出 　　　　　会议通过了 　　　　　会议决定	一、×××× 会议讨论了 二、×××× 会议认为 三、×××× 会议决定	会议听取了 会议讨论了 ××同志指出 ××同志强调 ××同志强调指出 会议同意
结尾　　　会议呼吁 　　　　　会议号召	会议希望 会议号召	会议恳切呼吁 会议希望

3. 印发会议纪要的工作程序

```
印发会议纪要的工作程序
1. 整理、完善会议记录
2. 起草、编写会议纪要
3. 确定印发范围
4. 接收者确认
5. 领导签字
6. 打印成文、印制分发
7. 归档保存
```

会议纪要的印发范围是根据会议的性质和纪要的内容来确定的。一般来讲，绝密级会议纪要只印发参会领导；一般级别的会议纪要可印发参会人员，并视情况加发会议内容所涉及的部门。有些保密性较强，不许部门知道纪要全部内容，只需他们知道有关会议决定事项的，可以印发会议决定事项通知，即决办通知。它的作用是贯彻会议精神，使会议的决定事项得到及时贯彻执行。

确定了印发范围之后，会议工作人员要把纪要发送到相应的接收者手中，并落实接收者签字确认。之后，将接收者签字确认的会议纪要加以校对，经由领导签字后，统一印刷，盖章后发给会议决策执行者。

范文 4-1

××建设公司改制分流工作会议纪要

20××年4月11日，在公司办公楼二楼，召开了第一次改制小组工作会议。会议就公司改制分流工作进行了布置。

会议首先传达了3月24日上级改制分流工作会议精神。会议明确指出，20××年公司改制分流工作正式启动，上级改制分流工作组已进入公司现场办公。改制阶段性工作计划初步安排如下：3月31日为清查基准日；6月15日进入编制初步方案阶段；7月15日进入方案实施阶段；9月30日前全部完成注册工作。会议强调，各单位要把握这一历史性机遇，正确认识，统一思想，全力配合，加大工作力度。

会议对有关事项作了如下说明和安排：

（1）改制分流前期工作主要是对资产的彻底清查。会议指出，改制是全员全方位的工作，资产清查更是改制工作中至关重要的一环，在很大程度上决定着企业的利益和改制的进程。公司改制工作相应的对口工作人员已确定，各单位要积极配合建设公司改制小组成员，配合公司对口工作人员，全力以赴，深入细化，不留死角，彻底清查。

（2）会议要求各单位不能随意处理物资，对原有数据不能涂改，要按建设公司的统一表格、既定时点进行资产填报工作，突出快、实、细，保证清查工作顺利进行。

（3）会议强调，要按照建设公司要求，取消项目的合同签署权和对分包队伍的工程结算权，厂队财务账户一律封闭，相关公章全部收回，凡涉及合同签订、工程结算和资金使用的工作全部回收到公司有关部门处理。公司所有账户都要与资产财务部的账户吻合，并要求对大额资金使用、对外结算、对外付款、对外合同签订等重大事项须报建设公司改制分流领导小组批准方可实施。

（4）会议反复强调，资产清查是项严肃细致、复杂、量大的工作，各单位要让所有显性的、隐性的和遗留的问题全部在清查基准日前"浮出水面"，要实事求是，不得出现任何瞒报、漏报、虚报。特别是有关政策覆盖不了的问题，公司将进行专题研究，及时向建设公司寻求解决途径。

（5）会议强调，各厂队、项目部要认真彻底清理对内、对外结算工作（特别是包括内蒙古、惠州和安庆等项目在内的已完工程结算工作抓紧办理），确保无遗漏、无死角。结算工作本着"分包工程款不准突破甲方结算工程款"的原则，把握好结算尺度。各项目抓紧工程分包发票开具、补办工作。清查基准日过后，如发现未上报结算工程，谁出现谁负责，公司一律不予承担。会议责成经营计划部负责此项工作。

（6）会议指出，物资清查增添了临设、工具棚和电缆等，各单位要将所有的账内、账外物资，办公用品，后勤用具等全部上报。

（7）会议要求，细致做好债权盘点工作。

（8）会议责成施工生产部将公司水电使用情况建立台账，立即回收水电费。会议要求有关单位上报房屋租赁合同，未签订合同的立即补签。对到期不交纳水电费用的用户和不签订房屋租赁合同的人员，不再进行房屋租赁。

（9）会议要求，以20××年核准的数据为标准完成20××年度采暖补贴、补助填报工作。

（10）会议指出，商店和原冷饮厂交接遗留问题，马上将有关资料报资产财务部研究解决办法。

（11）会议要求，各单位在做好改制工作的同时，认真做好施工生产。下个月将有几个新开项目，各单位要积极跟踪，做好前期准备工作，确保工程安全质量。

（12）会议强调，3月31日以后，各单位要精打细算，严格控制施工成本，不允许出现任何亏损（包括潜亏）。

（13）会议要求，堤南各厂队迅速清除所辖区域的杂草，做好春季防火工作。

改制工作关系着公司的良性发展，会议要求：一是公司广大员工要高度认识、统一思想，把改制工作积极推进。二是各级党组织要认真贯彻建设公司思想政治工作会议精神，充分发挥党组织作用，做好职工思想政治工作，把握职工思想动态，正确引导，促进改制，不误生产。三是落实纪检监察工作。各项改制数据要经得住纪检、审计的审查。要严格把关，防止国有资产流失。四是为保证改制工作的顺利进行，改制小组成员及对口人员的电话要保证开机状态。各级管理人员要坚守岗位，随叫随到，随时提供各种数据。各级领导班子成员及改制相关人员外出，必须告知公司办公室。五是改制工作时间紧，任务量大，各单位、各部门要形成上下联动、党政联动的势态，确保真实、准确、全面地完成改制各阶段工作。

（三）发布会议消息、印发会议简报

1. 发布会议消息

发布会议消息是快速及时传播会议信息的重要途径。通过会议宣传，可以扩大会议主办方的影响力，提高会议主办方的知名度和美誉度。

大型会议信息的发布一般分阶段进行，会议召开初期，发布会议开幕及参加人员的消息；会议过程中，发布领导讲话内容及会议决定事项消息；会后发布大会闭幕的消息。而一般小型会议，只在会后发布消息，报告会议的召开过程及主要内容。一些重要会议都要邀请媒体记者到场，此时，会议的消息是由媒体记者来发布的；而当记者不到场或到场不及时，有些新闻媒体要求会议主办方提供会议消息。当然，不论媒体是否到场，会务人员都要在单位内部网络上发布会议消息，并把重要会议消息提供给相关媒体进行报道。

会议消息的写法和其他消息一样，多采用"倒金字塔"式。标题一般采用单标题式，直接告诉读者："××会议胜利召开"或"××会议胜利闭幕"或"××单位召开××会议"。有时也采用正副标题形式，正标题标明会议主题，副标题用"××单位召开（举办）××会议"的形式。会议消息的导语部分要报道何时、何地、何人召开什么会议，会议取得了什么成绩（效果）。主体部分紧承导语展开，报道会议主要内容及盛况。主体部分的写作应注意中心明确，内容具体；结构严谨，详略得当。结尾部分或强调会议取得成绩；或水到渠成发出号召；或对会议成绩进行评述。总之，结尾部分要圆满地收束全文，而且要简短精炼。

××清洁能源公司召开20××年度总结会暨20××年工作会议

2月3日，××清洁能源公司在济南召开20××年度总结会暨20××年工作会议，会议由公司董事长、总经理赵磊主持，公司全体员工参加了会议。

会议传达了××能源集团党委书记、董事长兼总经理郑清涛在20××年度工作会议上的重要讲话精神。全面总结了清洁能源公司20××年各项工作，研究部署了20××年工作任务。会议还指出，20××年公司面对疫情带来的不利影响，在水发能源集团的正确领导下，全体员工砥砺奋进，统筹抓好疫情防控和生产经营工作，稳步推进各项重点目标任务，经营指标逆境提升，综合实力迈上了新台阶。

最后，会议强调：20××年是"十四五"开局之年，也是清洁能源公司发展的重要阶段。一是积极探索党建工作新模式，有效结合既有项目精心打造特色党建品牌，促进党建与业务工作深度融合；二是将投资工作转向自主开发、联合开发及股权投资并重等发展模式，加快市场开发团队建设，细化开发管理机制，以划分开发区域为侧重点，加大项目开发力度；三是持续提升科技创新管理水平，20××年将加大科技费用投入力度，进一步增进与高新技术企业的对接，推动公司科技创新水平实现质的提升；四是各部门及各权属公司要严格落实岗位责任制，切实做好春节期间疫情防控、安全生产等工作，最大限度减少人员聚集、流动，加强各生产单位值班值勤工作。

2. 印发会议简报

为报道会议情况，交流会议信息，大中型会议都要编发会议简报。因此，会议简报的编写、印发就成了会议工作人员的一项重要任务。会议简报和其他类型的简报一样，也由报头、报核、报尾三部分组成，其写作模式如下：

××市交通局公路管理处

会议简报

20××年第 15 期

公路管理处办公室   20××年 9 月 12 日

××市召开农村公路养护管理工作民主恳谈会

9月12日，为促进全市农村公路养护与管理工作又好又快发展，更广泛地听取社会各界对农村公路养护与管理工作的意见和建议，××市交通局组织召开了全市农村公路养护与管理工作民主恳谈会。市交通局领导、各县（区）交通局分管领导、市公管处主要负责人和职能部门负责人、各县（区）公路管理段主要负责人、县（区）农村公路沿线乡镇和村代表、部分市人大代表、政协委员参加了会议。市交通局周副局长主持会议。

恳谈会气氛活跃，农村公路沿线部分乡镇和村代表，部分人大代表和政协委员纷纷就《××市农村公路管理养护体制改革实施意见》和《××市农村公路养护与管理办法（征求意见稿）》发表看法，提出了宝贵的建设性建议。围绕各代表提出的问题和难题，市、各县区交通系统有关领导一一给予认真全面的解答，并就如何建立和健全××市农村公路管理养护长效机制进行了探讨和交流。

在认真听取与会代表的发言后，市交通局夏局长就农村公路管理养护工作作了重要讲话：

一是要求我们深刻认识加强农村公路管理养护工作的重要意义，进一步增强责任感和使命感。

二是介绍了全市农村公路管理养护工作进展情况。通过深入基层，多次开展各种形式的调研活动，逐步建章立制，出台了《××市农村公路管理养护体制改革实施意见》，即将出台《××市农村公路养护与管理办法》等制度。另外，还开展了农村公路管理养护工作的问卷调查。

三是分析了当前农村公路管理养护工作存在的主要问题和困难，主要是农村公路养护管理服务水平低，管理养护体制不统一，管理养护资金缺口大、筹资难，管理养护机构不健全、人员不到位等。

四是要进一步加大工作力度，建立健全农村公路管理养护长效机制。针对存在的问题和困难，要求做到：一要继续深化农村公路养护管理体制改革；二要努力争取更多的财政支持；三要及早落实好机构和人员；四要加强农村公路管理养护工作的宣传力度。

此次恳谈会的召开，特别是与会代表的宝贵意见和建议，将进一步有助于《××市农村公路养护与管理办法》的修改和完善，从而为建立和健全××市农村公路管理养护长效机制，开创农村公路养护管理的新局面，作出积极的贡献。

报送：交通局办公室

发至：各公路管理处

共印 25 份

说明：

①会议简报的报头占第一页上三分之一居中位置，字体要醒目。简报名称除以上范例中"单位名称 + 会议简报"字样之外，还可以写成"单位名称 + 会议名称 + 简报"的形式或是"会议名称 + 简报"的形式。简报名称之下是期号，另有分隔线之上左侧的编发部门和右侧的编发日期。此外，有时还有密级等级等标注，这些标注标在左上角或右上角。

②会议简报报核部分的写法和会议消息相近，由标题、主体和结尾组成。传达会议精神的会议简报有时要在标题之上或标题之下加按语，提出贯彻会议精神的有关要求。

③会议简报报尾居最末页下三分之一位置，标明发送范围和印刷份数。

三、会议文件汇编

有些会议结束后，需要将会议文件汇集成册。会议文件汇编分两种情况：一种是将传达、贯彻会议精神用的正式的主要文件汇编；一种是将会议所有的文件，包括会议作息时间表、分组名单、会议须知，以及会议的各种文件、各种材料都收集起来，分门别类或按时间顺序装订成册。

四、会议文件的归档整理

（一）确定归档范围

会议文件的归档范围包括以下内容：

（1）会议的正式文件，如决议、决定、指示、领导讲话、开幕词、闭幕词等；

（2）会议的参考文件；

（3）会议上的各种发言稿；

（4）会议正式文件的历次修改稿；

（5）会议上领导同志的讲话记录稿、修改稿；

（6）会议的各种简报；

（7）会议纪要；

（8）选举材料；

（9）各种证件；

（10）记事表；

（11）其他有关材料。

（二）归档文件整理

这里的会议归档文件整理指将单份文件整理装入"案盒"的过程。《归档文件整理规则》规定，"归档文件整理，即将归档文件以件为单位进行组件、分类、排列、编号、编目等（纸质归档文件还包括修整、装订、编页、装盒、排架；电子文件还包括格式转换、无数据收集、归档数据包组织、存储等），使之有序化的过程"。归档文件的整理单位是"件"。归档文件一般以每份文件为一件，正文、附件为一件，文件正本与定稿为一件，原件与复印件为一件，转发文与被转发文为一件，报表、名册、图册等一册（本）为一件。

（三）按"件"装订

归档文件一般以件为单位装订。装订时注意归档文件排序，正本在前，定稿在后；正文在前，附件在后；原件在前，复制件在后；转发文在前，被转发文在后；来文与复文作为一件时，复文在前，来文在后。

（四）归档

1. 原则

会议文件的归档原则是"一会一案"，即一次会议形成的有价值的材料装进一个档案盒中。如果会议材料过多，也可以分装两个案盒或多个案盒，但案盒号要相连。如果会议文件装订成册，也可以一册（一件）一盒。

2. 分类方法

归档文件一般采用年度—机构（问题）—保管期限、年度—保管期限—机构（问题）等方法进行三级分类，同一全宗应保持分类方法的稳定。

3. 排列顺序

每次会议的文件按时间或按重要程度排列。

4. 编号

归档文件应依分类方案和排列顺序逐件编号，在文件首页上端的空白处加盖归档章并填写相关内容。归档章设置全宗号、年度、保管期限、件号等必备项，并可设置机构（问题）等选择项。下面是归档章式样：

（全宗号）	（年度）	（室编件号）
（机构或问题）	（保管期限）	（馆编件号）

5. 编目——编写归档文件目录

归档文件应逐件编目。来文与复文作为一件时，只对复文进行编目。归档文件目录设置序号、责任者、文号、题名、日期、页数、备注等项目，见表4-3。

表4-3

序号	责任者	文号	题名	日期	页数	备注

归档文件目录应装订成册并编制封面。归档文件目录封面可以视需要设置全宗名称、年度、保管期限、机构（问题）等项目（如下图）。其中全宗名称即立档单位名称，填写时应使用全称或规范化简称。

```
                    归档文件目录


        全宗名称_____


        年    度_____


        保管期限_____


        机构（问题）_____
```

6. 装盒

将归档文件按顺序装入档案盒，并填写档案盒封面、盒脊及备考表项目。填写方法见下图：

档案盒及封面式样：

全宗号	
年度	
保管期限	
机构（问题）	
起止	室
件号	馆
盒号	

全宗号	
年度	
保管期限	
机构（问题）	
起止	室
件号	馆
盒号	

封面写有全宗名称	档案盒底边式样	档案盒盒脊式样
310 mm × 220 mm（长 × 宽）	220 mm × 20（30，40）mm	310 mm × 20（30，40）mm

备考表式样：

备考表

盒内文件说明：（盒内文件缺损、修改、补充、移出、销毁等情况）

整理人：

检查人：

年　月　日

知识链接

会议记录如何编制归档文件目录

一般单位的会议记录是一个或几个本子。《归档文件整理规则》规定，一册或一本为一件，这就是说，会议记录只编制一条归档文件目录，如"党组会议记录""局长办公会记录"等。在以前的立卷工作中，为了很快检索到每一次会议，我们要求按照每一次会议的主要议题，每次会议编制一条卷内目录，保证了档案的查准率。现在归档文件整理中，只有归档文件目录一种检索工具，如何解决一件内多内容的问题，这就是推行《归档文件整理规则》后出现的新情况。为了保证查准率，我们把立卷工作中的卷内文件目录借用到这里，在每本会议记录的前面加上每次会议的主要议题并标注所在页码。《归档文件整理规则》中是不要求编制页码的，但为了检索的需要，我们要求会议记录本编制页码。应用计算机辅助管理的单位，其件内目录应作为二级目录录入，以便准确查询。同样，以一册或一本为一件的其他材料，如果里面内容不是单一的，应与会议记录作同样的处理。

怎样理解"按事由结合时间、重要程度等排列"

《归档文件整理规则》中对文件的排列顺序的规定是：在分类方法的最低一级类目内，按事由结合时间、重要程度等排列，即遵循"事由"原则。在对文件进行整理排列时，对事由的理解显得尤为重要。事由是指一件具体的事，一个具体的问题，或一段紧急的工作过程，等等。如申请一项拨款，任命一名干部，而不是申请拨款或任命干部。传统的立卷方法中，在大问题下还分小问题，以便把相同或相近的问题组合在一起，完成立卷工作。在按件整理的过程中，只对文件进行大的分类，即分了年度和保管期限，材料多的再按大的问题分类，不再对文件按小问题进行分类，而是按事由原则，把同一件事或同一工作过程中形成的联系紧密的文件排列在一起，这也是按件整理比立卷难度低的原因。人为分类的步骤少了，按客观因素分类的程度高了。

对归档文件进行排列，是为了利用和检索的需要，由于管理条件的不同，排列方法也有所不同。在计算机检索条件下，归档文件在事由间和事由内如何排列，对检索效率没多大影响。因此，在坚持事由原则的前提下，可以有较大的灵活性。一般按事由间或事由内文件形成的时间顺序排列，基本能反映事情办理的前后过程，也利于随办随归。按重要程度排列，相对来说，人为因素多些，前后顺序会因整理人的不同而不同。对于手工检索而言，可以按重要程度排列，把重要的、经常使用的文件排在前面，检索的速度会快些。对于最低一级类目内文件较多时，按照事由结合时间、重要程度排列，手工检索仍然很麻烦，所以，在事由原则下，可以适当把内容相近的事由相对集中，以便利于手工检索。

（资料来源：文章摘自江苏省档案局业务指导处在"业务信箱"栏目的答复，

《档案与建设》，2003 年第 2 期）

实训

唐山市高新技术成果暨科技合作洽谈会于 2021 年 9 月 28 日，在曹妃甸渤海国际会议中心多功能厅举行。本次洽谈会邀请了科技部、省科技厅领导出席。邀请了中国科学院过程工程研究所、理化技术研究所、微生物研究所、煤炭化学研究所、自动化研究所、工程热物理研究所、清华大学、浙江大学、燕山大学、河北工业大学、河北理工大学、唐山学院等国内 25 家高校、科研单位、科技公司代表参会。动员组织唐山市一百多家企事业单位到会寻求项目，洽谈经济技术合作。会议的主要议程有：①唐山市高新技术成果暨科技合作洽谈会开幕式；②院校专家发布高新技术项目和科技合作项目；③唐山市企事业单位与参会的高校、科研单位、科技公司开展技术咨询和对接洽谈；④举行高新技术成果及科技合作项目签约仪式。会议由唐山市科技局负责承办，他们提前做好了一切准备，会议非常成功。唐山市各企事业单位有 7 个项目洽谈成功，并在会上举行了签约仪式。

考虑到技术项目文件的保密性，会议主席在宣布了会议议程之后，就宣布了会议注意事项，其中之一就是要求参会者在会后将手中的文件资料送交大会秘书处。会议结束后，大会秘书处又派人分别到会场的各个区域，收回会议文件，当场完成会议文件的清退工作。

第二天，回到原单位，秘书们开始会议文件的整理工作。他们将会上清退文件以及会前的会议方案、会议通知等收集到一起，分件按重要程度和时间排列好，编写好会议文件目录，放在第一页；填写好备考表，放在其他文件的最后面。然后，填写好文件盒封面及盒脊、盒底，将其保存在相应的档案柜中。

以上案例中形成了下列文件，请对文件进行整理、装订，并按要求归档。请填写好档案盒封面、盒脊及备考表等项目。

1. 关于召开唐山市高新技术成果暨科技合作洽谈会的通知

2. 会议议程和日程

3. 大会开幕式议程表

4. 市长在开幕式上的讲话

5. 科技部领导的讲话稿

6. 河北省科技厅领导的讲话稿

7. 中国科学院专家代表讲话稿

8. 唐山市企业代表讲话稿

9. 洽谈会会议记录

10. 洽谈会会议纪要

11. 新闻媒体关于洽谈会的各种报道

12. 院校专家发布的高新技术项目和科技合作项目名称表

13. 会上照片和录像资料

📶 自测题

1. 如何认识会议文件的清退工作？

2. 如何收集和整理会议文件？

3. 如何理解归档原则？归档方法有哪些？

任务三　会议精神的传达与落实

　　会议精神的传达与落实是确保会议目标得以实现的关键环节。会务人员要提高责任意识，明确传达会议精神是自己应尽的职责，不能有任何误读、遗漏或错报；要紧密结合会议内容，准确把握会议精神实质，做到内容准确；同时要注重传达效果，采取多种方式使会议精神为参会人员所理解、吸收。党的二十大报告提出要建设专业化高素质队伍，会务人员必须强化服务意识、提升业务能力，以高度的责任感把会议精神传达落实到位，使会议成果得到全面融合运用。

一、会议精神的传达

（一）传达要求

　　会议精神，特别是会议决定事项的传达一定要遵循准确、及时、到位的原则。准确，即原原本本地传达会议精神，既不断章取义，也不随意取舍；及时，即会议开完后，参会人员要将会议精神按时传达到相关人员，既不拖延，更不能隐瞒；到位，即根据会议精神的传达范围进行传达。对于保密性的会议事项，参会人员要严格遵循保密规定。

（二）传达方式

传达的方式有口头传达、书面传达、录音录像传达等。口头传达包括个别传达、会议传达或电话传达；书面传达包括会议纪要、会议简报、会议决定和决议、会议决定催办通知单等。一般来说，口头传达最为快捷，书面传达最为可靠，录音录像传达需要确保其来源的真实可靠。

（三）传达注意事项

传达会议精神，必须确定内容、程度、范围和层次。

1.内容与程度

传达会议精神的内容与程度，应视会议的性质、任务与要求而定。如果是代表大会，一般应将会议精神、决议、情况等作较为详细的传达；领导干部会议则应将决定传达给下一级的组织或全体组织成员；工作会议则只需将任务、措施等传达给有关的执行人员等。有些重大会议往往在会议结束前，制订宣传或传达提纲，统一传达口径。

2.范围与层次

传达会议精神，要明确会议传达对象的范围大小和层次高低。如范围是部分成员还是全体成员；层次是中层干部、基层干部还是全体群众。有些会议内容还需分级分层传达，每个级别、层次传达的内容、程度都不一样。一般来说，在会议中召集机构的有关领导人就已经对会议精神的传达提出了要求，明确了传达的范围与层次。参会人员回去后，按此要求传达即可。

二、会议精神的落实

（一）对会议决定事项进行催办

催办是指会议工作人员对有关单位或部门落实会议议决事项办理情况的检查和催促。会后催办对做好会议精神的传达贯彻，落实会议的各项决定具有重要意义。主要催办形式有以下三种：

1.发文催办

发文催办是向执行单位发送催办函或催办单。催办文件上需要写明：要求贯彻执行的决定、决议的内容和条文，写明办理要求、办理时限，并要求将办理结果及时书面报告。发文催办必须登记在案。一次催办不成，可以两次、三次，务求有结果。不同企业催办单的样式，见表4-4、表4-5。

表4-4　会议决定事项催办通知单（一）

催办通知单编号		催办人		
催办内容		催办时间		年　月　日　时
				年　月　日　时
				年　月　日　时
				年　月　日　时
受催单位		联系人	联系电话	
办理情况		备注		

表4-5　会议决定事项催办通知单（二）

主持人		出席者	
记录人		缺席者	
议题		缺席理由	
决议事项	承办人	完成期限	追踪查核

2. 电话催办

电话催办比发文催办更为快捷、方便，适用于本地区、本系统、本单位的一般工作部署。

电话催办除快速、方便外，还有两个优点：一是可以直接找到执行的当事人；二是可以双向沟通。

3. 派人催办

重要、紧急的决定、决议下达之后，领导机关往往派会议工作人员去催办。派人催办比电话催办更直接，是一种面对面的催办方式，还可以观察现场，了解基层实况，发现问题或困难可以及时帮助研究、解决，或向上级领导及时汇报、请求处理。缺点是花费的时间、精力和费用较大。

（二）会议决办事项落实情况反馈

会议决办事项落实情况反馈指将会议精神传达给执行者后，会议工作人员通过各种途径将执行者的意见及执行情况收集起来，反映给领导者的过程。它既是实现会议决策目标的主要环节，又是对会议决策的检验、制约和完善的主要环节，同时，通过信息反馈，领导者可以及时了解下情，以便正确行使指挥职能。

1. 建立决办事项落实情况反馈汇报制度

为使各项重大决办事项和重要工作部署落到实处，提高工作效率，各单位各部门应该建立决办事项落实情况反馈汇报制度。制度的内容一般包括：责任单位和责任人、落实要求、情况反馈要求及责任追究。责任单位要按时填报情况反馈表，上级督办部门随时汇总反馈情况。

2. 建立会议决办事项落实情况通报制度

对于决办事项的落实情况，上级单位秘书部门或督察部门要随时进行通报。特别是对于逾期未落实的有关责任单位第一责任人或顶着不办、推诿扯皮、敷衍应付影响工作开展的责任单位和责任人，要通报批评，并限期落实。

3. 会议精神落实情况反馈的要求

一要迅速及时，二要真实准确，三要保持反馈渠道的畅通无阻。以便于上级领导及时、准确地了解会议决议的执行情况，为以后决策的执行和完善打好基础。

4. 会议精神落实情况反馈的内容

执行者对会议精神的反映（正面和负面）、执行过程中遇到的困难、执行新决议造成的影响等。反馈的重点应该是妨碍会议决策落实的各种信息（负面信息）。决策的目的是贯彻实施，并通过实施而产生良好的社会效益和经济效益。负面信息如不及时反馈，问题就得不到及时解决，将会导致不良的社会效果。

（三）会议决办事项的具体实施

会议精神按程度和范围传达到位之后，执行者的任务就是对会议决策的具体实施。为使会议决策执行到位，一般采取下列具体实施措施：

1.明确责任分工

会议决议传达到位之后，就要进行执行任务的具体分工。为使任务按期完成，组织者必须分解任务目标，责任到人，并且要作出完成计划和具体工作安排，要求每个人定期完成。

2.搞好沟通合作

会议决策的实施是一项复杂的系统工程，需要各部门、各系统的沟通与合作。因此，各部门必须搞好沟通，团结配合，步调一致，以保证任务的顺利完成。为使各部门有序配合，执行组织者可以任命专人作为总协调，负责各部门的沟通工作。

3.实施监控管理

执行者可以根据任务分解情况及完成计划，制订出任务完成进度表；组织者则对进度表或其他反馈渠道进行监控管理，以保障任务按时按质完成。

4.施行效益考核

在整个实施过程完成后，组织者对执行者进行效益考核。考核可采取多种方式，一般采取领导考核、自我评定与群众评议相结合的方法，见表4-6。

表4-6　会议决定事项实施管理表

决定事项		年　月　日	同意	
单位	执行负责人	实施目标、实施日期等		评价
各部门每个月的实施检查表				
月	实施目标	评价	月	实施目标	评价
1			7		
2			8		
3			9		
4			10		
5			11		
6			12		

注：参见滕宝红《会务主管日常管理工作技能与范本》（人民邮电出版社）208页。

20××年4月20日，某船舶公司召开总经理办公会。会议由总经理主持，公司领导，总经办、党群办及相关处室负责人参加。会上主要研究了以下问题：

一、关于公司经济合同管理办法

会议讨论了总经办提交的公司经济合同管理办法，认为实施船舶修理、物料配件和办公用品采购对外经济合同管理，有利于加强和规范企业管理。会议原则通过，会议要求，总经办根据会议决定进一步修改完善，发文执行。

二、关于职工因私借款规定

会议认为，职工因私借款是传统计划经济产物，不能作为文件规定。但是，从关心员工考虑，在职工遇到突发性困难时，公司可以酌情借10 000元以内的应急款。计财处要制订内部操作程序，严格把关。人力资源处配合，借款者本人要作出还款计划。

三、关于公司资金管理办法

会议认为计财处提交的公司资金管理办法有利于加强公司资金管理，提高资金使用效率，保障安全生产需要。会议原则通过，计财处修改完善后发文执行。

四、关于职工工资由银行代发事宜

会议听取了计财处提交的关于职工岗位工资和船员伙食费由银行代发的汇报。会议认为银行代发工资是社会发展的必然趋势，既方便船舶和船员领取，又有利于规避存放大额现金的风险。但需要2个月左右的宣传过渡期，让职工充分了解接受。会议要求计财处认真做好实施前的准备工作，人力资源处配合，计划下半年实施。

五、关于公司机关效益工资发放问题

会议听取了人力资源处关于公司机关岗位工资发放标准的建议。会议决定机关员工中，对已经下文明确的干部执行新的岗位工资标准，没有下文明确的干部暂维持不变。待三个月考核明确岗位后，一律按新岗位标准发放。

会议最后强调，公司机关要加强与运行船舶的沟通，建立公司领导每周上岗接船制度，完善机关管理员工随船工作制度，增强工作的针对性和有效性。

分组练习，分别扮演总经办主任、秘书、职员，计财处处长、职员，人力资源处处长、职员。

1.总经办主任用口头形式将会议精神传达到本处，并吩咐秘书用书面形式把会议精神传达到全公司各处室。

2.计财处处长将会上涉及你处的内容口头传达到你处室，并提出要求，抓紧落实。

3.人力资源处处长将会上涉及你处的会议精神传达到本处，并提出要求，配合计财处抓好落实。

4.总经办主任或秘书对会议精神执行不力的计财处和人力资源处进行催办。自行设计催办单并采取多种形式进行催办。

📶 自测题

1.如何才能把会议精神准确传达下去？

2.会议决定事项催办的方式有哪些？

3.会议精神落实情况反馈的内容应包括哪些方面？应符合哪些要求？

4.会议待办事项的具体实施过程中应采取哪些措施？

任务四　会议评估与总结

会议评估与总结直接关乎会务能力的提升。会务人员要坚持问题导向，对会议过程中存在的问题和不足进行全面检查和反思，并积极思考改进措施。党的二十大报告提出要建设学习型党组织，会务人员也要增强学习意识，在总结中不断改进工作方法，在评估中及时调整存在的缺陷，锤炼更专业的会务素养。会务人员只有不断学习和自我反思，才能提供更优质的会议服务，以实际行动迎接党的二十大开启的新征程。

一、会务工作评估

一次会议议程的结束并不意味着会议组织管理工作的结束，会议的评估总结也是会务管理的重要环节，它关系到会议组织方的会议管理水平是否不断提高的大问题。没有一个会议的组织是完美的，只有不断总结，才能不断提高。

（一）会议评估的意义

1.检查会议目标的实现情况

会议组织方在作会议计划时都会制订会议目标，这些目标是否实现了？实现得如何？通过评估就可以确定。

2.确定参会人员的满意程度

参会人员对会议的内容等各方面的工作是否满意以及满意的程度如何是会议成功与否的

主要指标，它关系到以后同系列会议能否继续举办的问题。通过会议评估，可以对参会人员的满意程度进行调查，做出量化表格，从而了解参会人员的满意程度。

3.明确会议的成功与不足之处

成功的会议有一定的参考指标。通过会议评估，了解这些指标是否实现，如果实现，那么这次会议就是成功的，否则，就是失败的。明确会议的成功和不足之处，总结会议的经验与教训，可以提高会议组织方对会议的管理水平。

4.为写会议的总结报告准备材料

如果是帮助客户组织会议，那么，在会议结束后会议组织方必须写一个会议总结报告交给客户。如果是自己组织会议，在会议结束后也需要一个会议总结报告来总结会议的得失。如果是国际会议，会议组织方必须按我国主管部门的规定，按一定的格式要求提交国际会议的总结报告。会议评估的结果是会议总结报告的重要内容，会议评估也为写好会议总结报告打下了基础。

（二）会议评估的参与人员

所有参加会议的人——会议代表、陪同人员、参展商都应该是会议评估的参与者，而且他们应该是会议评估的主角。

1.参会人员

（1）会议代表。会议代表（包括会议演讲者）参加了会议的主要过程，从会议的宣传促销、报到注册、住宿餐饮，到会议的演讲讨论、参观访问……他们都亲身经历过，因此，他们对会议工作的好坏最有发言权，他们最应该参加对会议的评估。

（2）陪同人员。陪同人员参加了会议的一些宴会等社交活动，参加了会议组织的参观、访问、旅游等社会活动，这些活动也是会议产品的有机组成部分，他们对这些活动组织工作的好坏有直接的感受，应该请他们对这些活动作出评估。

2.参展商（如果会议附设展览的话）

参展商参加了会议的附设展览，经历了会议附设展览从招展宣传、招展、报名、展品进场、展览开始到结束、撤展的全过程，他们最有资格对会议组织方对这一系列工作的组织安排和服务的好坏作出评价，因此，他们最应该参加对会议附设展览的评估。

（三）会议评估的内容

会议评估是对会议从筹备到会议总结全过程的评估。会议的任何一个环节，都关乎会议的成功与否。以下我们分三个阶段探讨会议效果的评估因素。

1. 会前效果评估

对会前筹备情况的评估，应考虑以下因素：

（1）会议目标是否明确；

（2）会议议题的数量是否得当（太多或太少）；

（3）会议议程是否合理、完备；

（4）每一项议题的时间分配是否准确、合理；

（5）参会人选、参会人数是否得当；

（6）会议时间、地点是否得当；

（7）会场指引标志是否明确；

（8）开会的通知时间是否得当；

（9）开会通知的内容是否周详；

（10）会议场地选择是否得当；

（11）会议设备是否完备；

（12）参会人员是否做了充分准备；

（13）参会人员的会前情绪如何；

（14）会议的住宿、餐饮是否安排妥当。

2. 会中效果评估

对会议进行中各环节的评估，应主要考虑以下因素：

（1）会议接待工作如何；

（2）会议是否准时开始；

（3）参会人员是否准时到会；

（4）是否有会议秘书在作记录；

（5）会场自然环境如何，是否存在外界干扰；

（6）会场人文环境如何，参会人员之间是否有交头接耳现象；

（7）主持人是否紧扣议题进行主持（是否离题）；

（8）会议是否由少数人垄断；

（9）参会人员发言及讨论是否紧扣议题（是否离题）；

（10）参会人员是否能表明真正的感受或意见；

（11）参会人员之间是否有争论不休的现象；

（12）参会人员是否与会议主席有争论，情况如何；

（13）视听设备是否正常（是否发生故障）；

（14）参会人员是否热心于会议；

（15）会场气氛是否热烈；

（16）会议决策是否正确（是否符合实际，是否有偏颇之处）；

（17）会议议程是否按预定时间完成（会议是否按预定时间结束）；

（18）主持人是否总结会议的成果；

（19）会议的欢迎宴会、欢送宴会是否得当；

（20）参观、访问、游览活动安排的合适性、安全性如何；

（21）其他因素。

3. 会后效果评估

会议议程结束后，还有一系列工作要做，做得如何，也需要评估。会后效果评估主要考虑以下因素：

（1）会议记录是否整理好；

（2）是否印发会议纪要和会议简报；

（3）会议决议是否落实；

（4）是否对参会人员的满意程度进行调查；

（5）对会议的成败得失是否进行总结；

（6）已完成任务的会议委员会或会议工作小组是否解散；

（7）其他因素。

（四）会议评估的方法

1. 调查问卷

调查问卷是最常用的会议评估的有效方法。评估组织者把要评估的各方面的问题列举出来，每个问题后面给出几个评价性的术语，评估者只要从中选择一个或几个打"√"，最后再写几句意见或评论就可以了。它对于会议评估者来说简单易行，只需花很少时间就能完成，因而广受欢迎。

调查问卷可以通过以下几种方式进行：

（1）现场手工填写，即把调查问卷用纸印刷出来，在适当的时候发给评估者，请其现场手工填写。

（2）现场计算机填写，即把设计好的调查问卷放置在计算机中，请评估者现场在计算机上填写，所有评估者填写完毕后，计算机即可统计出调查问卷中量化的部分。

（3）会后计算机填写，即会议结束后，把调查问卷发到评估者的电子信箱里，请评估者在规定的日期内填写后发 E-mail 回复给评估组织者，评估组织者收集后再进行处理。

若时间允许，调查要尽量放在会议现场进行。若无法在会议现场进行调查，或部分项目或部分参会人员无法参与现场调查，可以安排会后再进行。

2.面谈

会议结束时邀请部分调查对象集中或分别面谈，征求他们对会议的意见和评价。这种方法只能对会议进行定性评估。

3.电话调查

会议结束后，打电话给调查对象，征求他们对会议的意见，并请他们对会议作出评估。这种方法也只能对会议进行定性评估。

4.现场观察

在会议现场或在各个活动场所派人观察会议和各个活动的进行情况，并观察与会者和活动参加者的反应，从而作出对会议的评估。

5.述职报告

会议结束后，要求每个会务人员对自己在会议整个过程中所做的工作作出述职报告。这种方法可以从一个侧面了解会议的情况，对会议进行评估。

以上方法结合使用，会使会议评估更全面、更具科学性。

（五）会议评估时机

对一个事件评估的最佳时机应该是在该事件刚刚结束的时候。对于小型的会议来说，还比较好办，会议工作全部结束时进行会议评估就是了。但对于大型的会议来说，就不能这么做了。大型会议不仅有大会，还有多个分组会议，有会议附设展览和各种参观、访问、游览等活动，可能有些参会人员参加完大会和某个分会或活动后就走了，如果在会议全部结束后再进行会议评估，很多参会人员就无法参加了。因此，大型会议的评估可以分阶段、分活动进行，在会议进行到一定阶段，大会结束或某个分会、活动结束后立即对刚刚过去的事件进行评估。这样，大型会议的评估结果就比较全面了。

（六）会议评估表的设计

会议评估表要根据评估的目的和评估内容设计，如系列表4-7所示。由于会议评估的成本较高，因此，一般的工作会议都不进行评估，只是简单就承办情况作一个大致总结，如果有大的失误或不足，能够总结出来，供以后改进就行。对于会议服务公司来说，如果委托方需要评估结果就做；如果不需要，那么这一项也就免了。但作为经常要承办专业会议的会务人员，则要求学会各种评估表格的设计方法。

一般来讲，评估的目的就是总结会议组织方面的经验教训，以便以后改进。在设计表格时，只需考虑评估内容就可以。表格设计可以分两部分进行，一部分是会议整体评估表，一部分是会务人员个人（环节）评估表。前者如会议情况反馈表、会议效果分析表等，后者如主持人的行为表现评估表、工作人员的表现评估表等。表中内容要根据调查目的、调查对象、会议特征等进行设计。

表 4-7

(1) 会议情况反馈表

	你认为本次会议的亮点是什么？
姓名： 性别： 工作单位： 职务： 电话： 电子邮箱： 公司类型： 单位性质：	你对本次会议的评价： □很好　□较好　□一般　□较差　□很差 你认为本次会议的节奏： □很好　□较好　□一般　□较差　□很差 你认为需要改进的地方： 你的整体满意度：

(2) 会议效果分析表

（一）目标

1. 此次会议的目标是什么？

2. 会议目标是否达成？

3. 哪些目标没有完全达成？说明确切理由。

（二）时间

1. 会议目标是否在最短时间内达成？

2. 倘若目标并非在最短时间内达成，说明确切理由。

（三）参会人员

1. 列举出每位参会人员的姓名并评估会议结束后他们的满意度。

2. 分析参会人员"不满意"或"极不满意"的原因。

（四）假如再组织同样的会议，哪些事项将继续保持？哪些事项将有新的举措？

(3) 会议管理评估表

一、整体安排

会议计划	□很好	□较好	□一般	□较差	□很差
设施配备	□很好	□较好	□一般	□较差	□很差
会议费用	□很合理	□较好	□一般	□不合理	□很不合理
预订安排	□很好	□较好	□一般	□较差	□很差

二、会议地点

交通	□很好	□较好	□一般	□较差	□很差
会议室布置	□很好	□较好	□一般	□较差	□很差
住宿条件	□很好	□较好	□一般	□较差	□很差
休闲实施	□很好	□较好	□一般	□较差	□很差
商务中心条件	□很好	□较好	□一般	□较差	□很差

三、会议内容

内容是否实现目标: 是 否　　 原因: ＿＿＿＿＿＿＿＿＿＿＿＿＿＿＿＿

演讲内容与计划主题的符合度: □完全符合　 □部分符合　 □完全不符

研讨会的价值: ＿＿＿＿＿＿＿＿＿＿＿＿＿＿＿＿＿＿＿＿＿。

四、建议改进措施: ＿＿＿＿＿＿＿＿＿＿＿＿＿＿＿＿＿＿。

（4）主持人的行为表现评估表

行为	次数	引言或例句
组织、安排会议		
确定、检查目标		
遵守时间		
澄清事实		
检查了解程度和意见是否一致		
引入正题还是离题太远		
使人们对决策有责任感		
过早结束, 结果未明		
会议速度的控制		
处理冲突的能力		
检查进程或作出总结		
结束会议		

注: 以上四个表格均源自东北财经大学出版社胡伟等主编的《会议管理》,有改动。

二、会务工作总结

对会议评估的过程也是对会议进行总结的过程,评估工作完毕之后,会议组织方要根据评估情况,写出会议总结报告,总结出会议的成败得失。

会议总结的目的是分析会议组织过程中的经验和教训,对一些工作出色的组织和个人进行表彰,总结的结果可以为今后的会务工作提供参考依据。会议总结主要考虑以下方面:

（1）会议的召开是否有必要,所提出的各项议案是否解决;

（2）会议的准备工作是否充分，设备物品是否齐全，配套设施是否周到；

（3）会议议程是否科学合理；

（4）会议组织工作是否完善，有无明显疏漏或失误；

（5）会议人数是否控制严格，有无超出预期规模；

（6）会议主持人的水平能力是否符合要求，是否达到预期效果；

（7）会议代表对会议的满意程度如何；

（8）会议决议是否得到有效贯彻实施。

会议总结要以科学的绩效考评标准为指导，制订具体的量化指标，起到总结经验、激励下属、提高会务工作水平的作用。

现提供会务总结范本如下：

📶 范文 4-4

会务总结范本

1. 会议简介

会议简介包括会议名称、召开地点、主办单位、参加人员、会议议题、议程安排、召开的背景、会议预期效果等。（个人总结着重写本人负责的会务内容）

2. 本次会务工作要点

（1）会务组成人员名单；

（2）会务工作安排；

（3）本次会务主要抓的几项工作；

（4）本次会务关键要素（要针对本次会议的特点进行分析和安排）；

（5）本次会务与其他会务工作的不同之处；

（6）本人负责部分工作总结。

3. 会务满意度调查情况

会务满意度调查情况即"会务组织满意度"调查反馈情况，对各要素得分进行统计，评价最好与最差的问题集中点等。

4. 问题分析

参考会务满意度调查结果分析整个会议过程，归纳出本次会议存在的问题，以及从此次会议中得到的教训、相关改进意见等。

5. 经验总结

（1）本次会务工作的成功之处；

（2）可以推广或可供他人借鉴的地方。

除此之外，还要对会议筹备期间的组织、营销宣传、论文征集、资金筹措、资金管理等各项工作进行总结；对会议现场注册、现场接待、现场协调、会议专业活动情况、会议附设展览活动（如果有的话）、会议社会活动情况、会议餐饮活动情况等工作进行总结；对会议结束后的收尾工作、会议评估工作、财务结算工作等进行总结。

📶 实训

根据所给的会议案例，完成相应的实训任务。

唐山市除唐钢股份、开滦股份等多家上市企业外，另有31家企业准备上市。具备哪些条件才具有上市资格？中国内地、中国香港、美国各家金融机构对上市公司有什么要求？上市要符合哪些政策？为解决这些问题，唐山市政府于20××年9月27日召开了企业上市融资研讨会，邀请各相关专家对唐山市上市企业及拟上市企业负责人进行培训。会期两天，第一天为培训会，第二天组织专家参观指导。

研讨会于20××年9月27日上午9时在渤海国际会议中心二楼多功能厅举行。会议参加人员120人。其中，嘉宾20人，包括省金融办和省证监局有关领导；上海证券交易所、深圳证券交易所、会计师事务所、律师事务所、券商、中植企业集团、第一东方投资公司、中科招商投资基金管理公司、中银国际控股公司、摩立摩根资本与投资集团公司等国内外知名财务咨询机构的专家；市直有关部门24人，包括市政府两位秘书长及市国资委、市财政局、市发展和改革委、市工促局、市审计局、市工商局、市城乡规划局、市国土资源局、市房管局、市安全生产监督局、市环保局、市建设局、市科技局、市公安局、市国税局、市地税局、市人事局、市劳动局、市统计局、市商务局、市银监分局、市人行主管负责同志；上市公司主管负责人，上市后备企业主要负责人和财务总监70人；另有若干新闻媒体记者。会议由市政府秘书长邢京林同志主持，副市长辛志纯在会上致辞。上午，河北省金融办领导做了10分钟的讲话，接着，省证监局领导介绍了全国、全省企业上市的有关情况（40分钟），之后，唐山市券商专家介绍了企业上市条件、可行性评估及准备工作情况（90分钟）。11：40，上午休会，在一楼大厅用餐。13：30会议继续举行。上海证券交易所专家就企业在上交所上市的政策、程序及审核流程做了40分钟的发言；深圳证券交易所专家就中小企业上市情况、中小企业在深交所上市的政策、程序及审核流程，创业板政策、规则及审核流程，也做了40分钟发言；唐山市会计师事务所、律师事务所专家分别就企业上市的财务会计和税务问题、企业上市的相关法律事务各做了 30 分钟发言；第一东方集团专家就国内企业在香港和迪拜上市的有关政策和程序做了 20 分钟的发言；摩立摩根资本与投资集团公司专家就企业在美国上市的有关政策和程序做了 20 分钟发言；中融国际信托公司专家就企业股份制改造等问题做了 20 分钟发言。之后，唐山市拟上市企业负责人与专家现场交流 40 分钟。会议于 17：30 结束。18：00，唐山市政府举行招待晚宴。宴会上，副市长致辞，表达对各位专家的感谢。

第二天早晨 8：00，专家组由各位领导陪同乘车来到曹妃甸工业区，在曹妃甸工业区发展规划展示中心听取了曹妃甸开发建设情况介绍；9：00—9：20 考察首钢京唐钢铁公司，首钢京唐钢铁公司领导在钢铁厂指挥中心迎候并介绍情况，然后参观了 5 500 m^3 高炉施工现场；9：35—9：45 考察中石化 30 万吨级原油码头，原油码头项目负责同志介绍了相关情况；9：50—10：00 考察 25 万吨级矿石码头，曹妃甸实业开发有限公司负责同志介绍了相关情况；10：20，专家组赴冀东南堡油田参观考察，南堡油田领导陪同并介绍相关情况。南堡油田招待午宴后，专家组返回渤海国际会议中心休息。一路之上，大会宣传处的同志跟随照相；并随会议进程，在网上发布了会议消息，写了会议简报发至市政府各部门及相关企业。

下午，秘书处分别把为专家们预订好的机票、车票送到专家们手中，并定好了送站时间和方式。

为了开好这次会议，唐山市政府会议处联合政府金融办公室于 9 月 22 日成立了会议筹备委员会，委员会由秘书处、接待处、宣传处组成，秘书长和副秘书长负责总协调。23—26 日，筹委会完成了会议的准备工作，首先进行会议经费预算，包括接待费、专家讲课费等多项会议费用共计 40 万元。然后进行了其他准备工作，包括汇总应邀来唐嘉宾名单；汇总唐山市参会人员名单；沟通确定唐山市参会领导；确认沟通省金融办、证监局领导讲话，参会专家发言；为唐山市参会人员发放证件（车证、出席证）；准备会议用领导、来宾席签和单位签；确定主席台领导名单；写作、核实主持词；会场布置，包括主席台布置和会场区布置。主席台布置包括背屏、准备笔记本电脑，与渤海国际会议中心结合调试多媒体设备和音响（主席台备五支话筒，台下备两支移动话筒，备支架）。桌上摆放席签、会议议程、茶杯、矿泉水、湿巾等会议用品。主席台下设六排会议桌，每排分三组，中间摆四张会议桌，东西两侧各摆三张会议桌。第一排为省市领导及嘉宾，其他与会人员在台下其他位置按席签就座，桌上摆放席签、小瓶矿泉水、茶杯、湿巾、A4 纸、中性笔、会议议程。准备工作非常完善，为会议的顺利进行奠定了基础。

大会结束的第二天，政府秘书长要求大会秘书处把大会总结交上来供他审阅。

这时，秘书处才想起来没有进行会议组织情况调查。怎么写总结？他们赶紧给相关企业和新闻部门的参会人员打电话，调查参会人员对会议的反映；之后，加上自己的观察印象，写出了总结报告。

报告交上后，秘书处开始整理会议文件。他们按顺序把文件排列好，填写好目录和备考表，把文件装入案盒，填写好案盒封面和盒脊、盒底。把案盒放在了文件柜中，以备事后查找利用。

1. 撰写

（1）结合上述情境，拟订会议方案。

（2）根据会议议题，拟订会议议程表。

（3）根据会议活动内容，拟订会议日程表。

（4）根据会议情况，列出会议责任人及分工表。

（5）根据会议的规模和活动内容，拟订会议经费预算表。

（6）拟制并发送会议通知。

（7）为唐山市政府秘书长邢京林同志写大会主持词。

（8）为副市长写晚宴致辞。

（9）根据会议内容，写一则会议消息。

（10）根据会议内容，写一份会议简报。

2. 设计

（1）根据材料中给定条件，画出会场布置图（有条件的学校，可以在大会议室或阶梯教室实地布置会场）。

（2）设计出车证、出席证、领导席签、嘉宾席签和单位签。

（3）为大会设计会议效果反馈调查表，分会前准备调查、会议服务调查和会后服务调查三步设计。

3. 归档

将上述文件归档，并为案盒中的文件排序，同时设计、填写归档文件目录。

自测题

1. 为什么要进行会议评估？

2. 会前、会中、会后的效果评估分别包括哪些内容？

3. 会议评估方法有哪些？

4. 如何选择合适的时机对会议进行评估？

5. 会议总结报告包括哪些内容？

项目五
会议礼仪

知识目标

1. 了解常见会议礼仪规范。

2. 了解会务人员的礼仪规范。

3. 熟悉会议接待人员的形象设计技巧。

4. 掌握会议礼仪文书的写作规范。

能力目标

1. 掌握不同会议礼仪的操作规范。

2. 能够对会议接待人员的形象进行设计。

3. 掌握常用会议礼仪文书的格式和写作方法。

素质目标

1. 培养会议礼仪的规范意识。

2. 增强会议服务的形象意识。

3. 提升会议服务的文化素养。

【案例导入】

　　小赵和公司老总应邀参加一个研讨会，该次研讨会邀请了很多商界知名人士及新闻界人士参加。会议报到处人山人海，小赵为了在老总面前好好表现，灵机一动，插到队伍前面办理了报到手续。

　　第二天，小赵早上睡过了头，等他赶到会场时，会议已经进行了30多分钟。他急急忙忙推开会议室的门，"吱"的一声脆响，他一下子成了会场上的焦点。刚坐下不到 5 分钟，肃静的会场上又响起了摇滚乐，是谁在播放音乐？原来是小赵的手机响了！这下子，小赵可成了全会场的明星……

没过多久，小赵就被调到其他岗位了。

思考：

会议中有哪些礼仪规范？作为一个秘书应该怎么注重自己的会议礼仪，如何提醒领导和同事注意会议礼仪？

- -

任务一　会议基本礼仪规范

会议主持人
礼仪

会务人员的礼仪素养对会议成功与否起着重要作用。细致、周到的礼仪服务既让参会人员倍感温馨，同时也可以促进会议的顺利进行。党的二十大报告提出要坚持以人民为中心的发展思想，会务人员要时刻牢记服务人民的根本宗旨，在各种礼仪服务中体现人文关怀。无论是迎宾、接待还是主持，会务人员都要立足参会人员需求，充分体现服务精神。会议礼仪需要会务人员不断学习，提高业务素养，增强责任感，以温暖周到的服务为每场会议营造和谐氛围。会议礼仪一般包括会议的迎宾、接待、签到、引导、颁奖、剪彩、主持等各种礼仪服务。根据在会议中扮演的角色不同，将会议礼仪分为会议主持人礼仪、会议发言人礼仪和参会人员礼仪三个方面。

一、会务人员礼仪规范

（一）会议主持人礼仪

常规会议的主持是一门学问、一门艺术，会议主持人能否把好的礼仪形象展现给参会人员，对会议能否圆满成功有着重要影响。常规会议主持人的礼仪主要体现在以下几个方面：

1. 做好会前准备

开会前要明确会议目的，熟悉议题、程序和开会的方式方法；了解会议的时间、地点；收集相关意见，准备有关资料。

2. 带头遵守纪律

一要准时到会，不能迟到。二是发言不能信口开河，离题胡扯，要集中时间和精力解决主要问题。三要发扬民主，不搞一言堂。让参会人员自由发表个人意见，主要结论应当场确认，做到会而有议，议而有决，决而必行。

3. 保持主持姿态

主持人主持会议时，从走向主持位置到落座等环节都应符合身份，其仪态姿势都应自然、大方。如走姿，要视会议内容掌握步伐的频率和幅度。主持庄严隆重的会议，步频要适中，步幅要显得从容；主持热烈、欢快类型的会议，步频要快，步幅略大；主持纪念、悼念类会议，步频要放慢，步幅要小；一般性会议，步频适中、步幅自然；紧急会议、重要会议，可以适当加快步频。

4. 把握主持语言

主持人应特别注意语言的礼仪规范：其一，所有言谈都要服从会议的内容和气氛要求；其二，语言要平实，语气要温婉。

5. 引导会议内容

主持人遇到冷场要善于启发，可选择思想敏锐、外向型的同志率先发言；遇到离题情况，可根据具体情况，接过议论中的某一句话，或插上一句话做转接，巧妙柔和地使议论顺势回到议题上来；遇到发生争执时，如果因事实不清，可让参会人员补充事实，如事实仍不清，可暂停该问题的争执。主持人要善于观察参会人员的性格、气质、素质和特点，并根据各类人员特点，区别对待，因势利导，牢牢掌握会议进程。

6. 把握会议时间

主持人应该严格控制每一次会议时间，限制每位发言者的发言时间。有人主张在会议室挂一只时钟，像球类比赛那样随时显示出还剩多少时间，或者在会场安排专人进行提示，保障会议时间紧凑，井然有序。

7. 程序化会议进程

在工作性会议中，主持人就像交响乐团的指挥，随时控制、掌握会议进程。一般应做好以下几项工作：其一，事先准备好一份会议议程表，并按照议程进行；其二，提醒参会人员注意本次会议的目的，并使会议始终不离宗旨；其三，规定会议的开始时间，并对结束时间作出限制，做到准时开始，按时结束；其四，维持会场秩序，并遵守会议规则。

8. 注重个人形象

无论何种会议，主持人都要注意个人形象，一般应该注意以下三方面的问题：一是衣着整洁，大方庄重，精神饱满，切忌不修边幅，邋里邋遢。二是走上主席台应步伐稳健有力，行走速度因会议的性质而定。三是入席后，如果是站立主持，应双腿并拢，腰背挺直；持稿时，右手持稿的底中部，左手五指并拢自然下垂。坐姿主持时，应身体挺直，双臂前伸，两手轻按于桌沿，在主持过程中，切忌出现搔头、揉眼、抖腿等不雅动作。

（二）会议发言人礼仪

会议发言人礼仪主要体现在以下几个方面：

1.把握发言时间

发言要遵守秩序，若话筒距离自己的座位较远，则应以不快不慢的步子走向话筒，不要刚一落座就急着发言。在发言之前，可面带微笑，环顾会场四周，如会场里响起掌声，可以适时鼓掌答礼，等掌声静落后，再开始发言。

2.控制语音语速

发言音量以使会场中所有人都能听清为宜。发言或报告一般应使用普通话，不能大量运用方言土语。发言或报告中还应注意观察参会人员的反应，以便根据具体情况对内容作相应调整。比如，会场里交头接耳不断，就要考虑适当转移话题，或将发言、报告内容适当压缩，使时间尽量缩短。

3.区分发言场合

会议发言有正式发言和自由发言两种。正式发言者，应衣冠整齐，走上主席台时步态自然，刚劲有力，体现一种成竹在胸、自信自强的风度与气质。发言时应口齿清晰，讲究逻辑，简明扼要，注意交流。自由发言则较随意，但要注意：发言应讲究顺序和秩序，不能争抢发言；发言应简短，观点应明确；与他人有分歧，应以理服人，态度平和，听从主持人的指挥，不能只顾自己。

（三）参会人员礼仪

参会人员礼仪主要表现在以下几个方面：

1.把握参会时间

参加会议的人员一定要守时。一般参会人员要在规定的会议时间之前提前五六分钟进入会场，主席台就座的参会人员要在会议开始前准时入席，不要迟到。不要提前离开会场，如有特殊情况，要和会议组织方打招呼。

2.注重个人形象

参会人员衣着应以正式上班服装为主，穿着不可过于随便。如果是户外会议，应事先询问主办单位是否可着休闲服。开会时，切忌出现闲聊、玩手机、看书报、摆弄小玩意儿、抽烟、吃零食、打瞌睡或随意进出会场等不文明行为，携带手机等通信设备进入会场的，在会议开始时应予以关闭或调至振动。无论在主席台上还是在台下就座，坐姿都要端正，不要抖腿。

3. 处理会中环节

一是认真倾听报告或他人发言，择要做好记录，对深入体会和准确传达会议精神有很大帮助。二是充分准备发言。发言时严格把握好发言时间，严密组织发言内容，力求做到中心突出，材料翔实。如参加小型座谈会、研讨会，发言要简练，观点要明确。三是别人发言时不要打岔，如有问题可举手，经过会议主持人认可后再发言。

4. 会后礼貌退场

会议结束后，首先是主席台就座的领导、嘉宾先离场，然后是其他参会人员按顺序依次离开会场。在离开会场时，注意不要拥挤或横冲直撞，也不要大声喧哗，同时不要对会议品头论足。

二、常见会议礼仪规范

任何会议的参会人员都必须遵守会议礼仪。本节着重介绍社交场合最常用的三种会议礼仪：工作会议礼仪、洽谈会礼仪、茶话会礼仪。

（一）工作会议礼仪

工作会议礼仪的对象主要是本单位、本行业或本系统的人员。这里主要介绍会议纪律和端正会风两方面内容。

1. 工作会议纪律要求

如果有工作装，应该穿着工作装。到会时间，应比规定的开会时间早到 5 分钟左右；开会期间，要有认真听讲的姿态。开会也算是在工作，认真听讲的姿态不仅表现你的工作态度，也是对会上发言者的尊重。会议中出现的趴、倚、靠、打哈欠、胡乱涂画、低头睡觉、接打电话、来回走动以及和邻座交头接耳的行为，都是非常不礼貌的。当有人发言结束时，应该鼓掌以示对其讲话的肯定和支持。

2. 工作会议礼仪规范

这里主要介绍会前、会中、会后需要关注的一些会务细节。会前，会务人员在做准备工作时应注意：When—会议开始时间、持续时间，Where—会议地点，Who—会议出席人，What—会议议题，Others—是否需要接送、准备会议设备及资料、准备公司纪念品。会中，会务人员需要注意会议主持和会议座次的安排。会后，会务人员应注意会议的总结和决议要由专人负责并落实到文字上；安排赠送公司纪念品，参观公司或厂房，必要的话，还要安排合影留念。

（二）洽谈会礼仪

洽谈会是重要的商务活动，一个成功的洽谈会，既要讲谋略，更要讲礼仪。根据举行的地点不同，可将它分为客座洽谈、主座洽谈、客主座轮流洽谈和第三地点洽谈。四种洽谈会地点的确定，应通过各方协商而定。倘若我方担任东道主，出面安排洽谈，一定要在各方面打好礼仪这张"王牌"。在洽谈会的台前幕后，恰如其分地运用礼仪，迎送、款待、照顾对方，都可以赢得信赖，获得理解与尊重。在这个意义上，完全可以说在洽谈会上主随客便，主应客求，与以"礼"服务实际上是一回事。

1. 洽谈会的礼仪性准备

洽谈会是单位和单位之间的交往，应表现敬业、职业、干练和效率的形象。因此，安排或准备洽谈会时应当注重自己的仪表，预备好洽谈的场所、布置好洽谈的座次，并且以此来显示对洽谈的郑重其事和对洽谈对象的尊重。在仪表上，由于洽谈会关系大局，所以在这种场合应该穿着正统、简约、高雅、规范的最正式的礼仪服装。男士应穿深色三件套西装和白衬衫、打素色或条纹式领带、配深色袜子和黑色系皮带皮鞋；女士应穿深色西装套裙和白衬衫，配肉色长筒或连裤式丝袜和黑色高跟、半高跟皮鞋。

2. 洽谈会的座次安排

举行正式洽谈会时，座次问题必须予以重视，只有小规模洽谈会或预备性洽谈会才可以不讲究。在洽谈会上，如果我方身为东道主，不仅应当布置好洽谈厅的环境，预备好相关的用品，还应当特别重视礼仪性很强的座次问题。举行双边洽谈时，应使用长桌子或椭圆形桌子，宾主应分坐于桌子两侧；在进行洽谈时，各方的主谈人员应在自己的一方居中而坐，其余人员则应遵循右高左低的原则，依照职位的高低自近而远地分别在主谈人员的两侧边坐。举行多边洽谈时，为了避免失礼，按照国际惯例，一般均以圆桌为洽谈桌来举行"圆桌会议"，这样一来，尊卑的界限就被淡化了。

3. 洽谈会的三原则

在洽谈的过程中，双方人员的态度、心理、方式、手法等，都会影响洽谈效果。商务礼仪规定，商界人士在参加洽谈会时，首先要更新意识，树立正确的指导思想，并且以此来指导自己的洽谈表现，这就是所谓洽谈原则。谈判原则的核心，依旧是一如既往地要求洽谈者在庄严肃穆、剑拔弩张的洽谈会上，以礼待人，尊重别人，理解别人。具体来说，包括以下三大原则：一是礼敬对手。"你敬我一尺，我敬你一丈"，礼敬对手，就要求洽谈者在洽谈会的整个过程中，排除一切干扰，始终如一地对自己的洽谈对手讲究礼貌，时时、处处、事事表现出对对方不失真诚的敬意。二是依法办事。洽谈者所进行的一切活动，都必须依照国家的法律进行，才能确保既得利益。利益是商务洽谈各方关注的核心，对任何一方来说，大家讲究的都是"趋利避害"。在不得已的情况下，则会"两利相权取其大，两害相权取其轻"。三是平等协商、互利互惠。洽谈是有关各方在合理、合法的情况下，进行讨价还价。由此可见，洽谈实际上是观点各异的各方经过种种努力，达成某种程度上的共识或一致的过程。

（三）茶话会礼仪

与洽谈会、发布会、赞助会、展览会等其他类型的商务性会议相比，茶话会是社交色彩最为浓重而商务色彩最为淡薄的一种会议类型，因此，有人将其称为"商界务虚会"。所谓茶话会，在商界主要是指意在联络老朋友、结交新朋友的具有对外联络和进行招待性质的社交性集会。因其以参加者不拘形式的自由发言为主，并且备有茶点，故此称为茶话会，简称为茶会。表面看来茶话会主要是以茶待客、以茶会友，实际上，它重点不在"茶"，而在"话"，即意在借此机会与社会各界沟通信息、交流观点，听取批评、增进联络，为本单位实现"内求团结、外求发展"这一公关目标，创造良好的外部环境。茶话会礼仪，在商务礼仪中特指有关商界单位召开茶话会时所应遵守的礼仪规范，主要涉及会议的主题、来宾的确定、时空的选择、座次的安排、茶点的准备、会议的议程、现场的发言等几方面。具体内容如下：

1. 茶话会的主题

茶话会的主题特指茶话会的中心议题。商界所召开的茶话会其主题一般可分为三类：一是以联谊为主题。这是平日最常见的茶话会，主题是为了联络主办单位同应邀参会的社会各界人士的友谊。二是以娱乐为主题。以娱乐为主题的茶话会主要是指在茶话会上安排了一些文娱节目或文娱活动，并且以此作为茶话会的主要内容，其主题是为了活跃现场的局面，增加热烈而喜庆的气氛，调动参会人员的积极性。三是以专题为主题。所谓以专题为主题的茶话会，是指在某一特定时刻为了某些专门的问题而召开的茶话会。它的主要内容是主办单位就某一专门问题收集反映意见，听取某些专业人士的见解，或者是同某些与本单位存在特定关系的人士进行对话。

2. 茶话会的时空选择

要成功举办一次茶话会，其时间、空间的选择都是主办单位必须认真对待的事情。其时间问题，又可以分成举行的时机、举行的时间、时间的长度三个具体问题。举行的时机是举行茶话会的头等问题，唯有时机选择得当，茶话会才会产生应有的效果。一般而言，辞旧迎新之时、周年庆典之际、重大决策前后、遭遇危险挫折之时等，都是商界酌情举行茶话会的良机。根据国际惯例，举行茶话会的最佳时间是下午4点左右。在具体操作时，主要应以参会人员尤其是主要参会人员的方便与否以及当地人的生活习惯为准。茶话会举行时间长度可由主持人灵活掌握，一般而言将其控制在 1 至 2 个小时，其效果会更好一些。

茶话会的空间问题是指茶话会举办的地点和场所。按照惯例，适合举办茶话会的场所有：主办单位的会议厅、宾馆的多功能厅、主办单位负责人的私家客厅等。茶话会的场所选择需要兼顾与会人数、支出费用、周边环境等问题。

3. 茶点的准备

茶话会是重"说"不重"吃"的，没必要在吃的方面下过多功夫。在茶话会上，为参会人员提供的茶点，应当被定位为配角。准备茶点时应注意：考虑参会人员的不同口味，精心准备茶叶、茶具。除供应茶水外，还可以为参会人员略备点心、水果或是地方风味小吃。还需注意的是，准备的点心、水果和地方风味小吃品种要合适、数量要充足，同时记得要配上擦手巾。

4. 座次的安排

同其他正式的工作会、报告会、纪念会等会议相比，茶话会的座次安排具有自身的鲜明特点。总体而言，其座次安排必须与茶话会的主题相适应；具体而言，其座次的安排应根据约定俗成的惯例。目前，茶话会的座次安排主要采用环绕式、散座式、圆桌式和主席式。为了使参会人员畅所欲言以及便于大家交流，茶话会的座次安排不宜过于明显。

5. 茶话会的议程

相对而言，茶话会的议程在各类正式的商务性会议中算是最简单的。正常情况下，商界所举办的茶话会其议程大体只有以下四项：主持人宣布会议开始、主办单位的主要负责人讲话、参会人员发言以及主持人略作总结。

6. 茶话会的发言

参会人员的现场发言对茶话会举足轻重，茶话会上无人发言，或发言人严重离题都会导致茶话会的最终失败。根据会务礼仪的规范，茶话会现场发言要想获得成功，关键在于主持人的正确引导和发言人的发言得体。茶话会对主持人的要求更高。主持人不但要主持会议，还要能在现场审时度势，因势利导地引导参会人员发言。参会人员的发言必须得体，在发言过程中不论所谈何事，都应注意自己的语气和措词。

📡 知识链接

常用接待服务用语

问候语："您好""早上好""先生您早""李经理好"等。

迎接语："欢迎光临""见到您真高兴""很荣幸能再次与您相遇""欢迎

您的到来""欢迎阁下莅临指导"等。

欢送语："再见""慢走""您走好""欢迎再次光临""一路平安""一路顺风"等。

致谢语："谢谢您""非常感谢""感激不尽""非常感谢您的关心与支持"等。

征询语："您需要我的帮助吗？""我能够帮您做什么吗？""您觉得我这样处理，您满意吗？""您需要这件还是那件？""请问，我可以为您撤换碟片吗？""对不起，请您重复一遍，行吗？""对不起，我可以占用您一点时间吗？"等。

请托语："请您稍候""很对不起，让您久等了""劳驾您了""对不起，打扰您一下""麻烦您帮我一个忙""借光，让我先过去一下"等。

应答语："对""好的""是""一定照办""没关系，这是我应该做的""您不必客气""请多多指教""没关系""不要紧""好的，一定为您办到"等。

赞赏语："很对""非常好""非常正确""您的意见非常宝贵""您对这个非常在行""这个意见对我们非常重要""您真棒，我要向您学习""真了得"等。

道歉语："对不起""非常抱歉""不好意思，请多包涵""十分抱歉，是我们的失误耽搁了您""对不起，耽搁您的时间了"等。

推托语："十分遗憾，我帮不了您""我们公司有规定……不能为您办理，请多包涵""您知道……所以请理解和支持我们的工作""很遗憾，不能满足您的要求"等。

祝贺语："节日快乐""新年快乐""新年好""祝您身体健康，万事如意""祝您旅途愉快"等。

十字文明礼貌基本用语："请""您好""谢谢""对不起""再见"。

🔊 实训

小赵负责组织一个研讨会，报到当天，看到参会人员来了很多，并且很多人都拥挤在报到台前面。他们有的拿着会议通知大声对报到接待人员喊道："该我了，我已经等很久了。""喂，这里啊，我也等了很久了。"小赵及时组织接待人员疏导，用礼貌的语言恳请参会人员排队办理相关手续。

会议开始了。会议中间，报告主讲人的幻灯片突然打不开，会场里参会人员开始议论纷纷。这时，坐在边上的技术人员配合报告人更换播放软件，在耽误两分钟后，报告正常进行，小赵长吁了一口气。

下午的议程是分小组讨论，结果第一小组的主持人临时有急事提前退会了，小赵马上请示领导，并和第一小组的参会人员商量，临时推选了一位主持人，小组讨论继续进行。在会议的过程中，有人询问小赵返程车票征订事宜，有人反映住房条件太差，有人希望调整用餐时间和菜单……小赵在会议期间一直处于紧张和忙碌的状态。

实训一：

请大家讨论，面对会议中出现的状况，小赵的行为是否符合会议礼仪要求？

实训二：

将学生分成六人一组，一人扮演小赵，其他人轮流扮演参会人员，演示会议中处理突发事件的过程，领会会议礼仪规范。

📶 自测题

某学院组织一次人才招聘会，安排 20 余名学生负责会务接待工作。大家都提前到达会场进行准备。这时，有一位著名公司人力资源部李经理提前到达，学生表情木然地各自忙活，有一个学生还说了句："我们在做招聘前的准备，请走开点。"其中一个学生赵鹏，主动走到李经理面前打招呼："请问我能为您做点什么？如果您是来招聘的，我马上通知学院领导接待您，您先请坐。"这时，李经理拿出名片分发给大家，学生面面相觑，很随意地用一只手接过经理双手递过来的名片。李经理来到赵鹏面前时，赵鹏礼貌地站起来，身体微倾，双手握住名片，恭敬地说了一声："谢谢您。"李经理伸手拍了拍赵鹏的肩膀："你叫什么名字？"赵鹏如实回答，李经理微笑点头，回到自己的座位上。

半个月后，赵鹏接到了公司的接收函，有几位颇感不满的学生找到老师，说："赵鹏的学习成绩最多是中等，凭什么很快就被公司选中？"老师看了看这几张尚属稚嫩的脸，笑道："你们的成绩可能比赵鹏更好，但除学习之外，你们需要学的东西太多了—修养是第一课。"

仔细阅读案例，谈谈赵鹏在会议接待中与其他同学有哪些差异，联系会议礼仪的有关知识，对照赵鹏和其他同学的所作所为，领会礼仪在生活中的价值。

任务二　接待人员形象设计

形象策划大师安德鲁·阿加西说："形象意味着一切！"会议接待人员的形象直接影响会议形象。党的二十大报告提出要增强忧患意识、保持谦虚谨慎作风，这要求会议接待人员在仪表仪容上既要体现专业素养，也要保持朴实本真。会议接待人员不仅需要注重外在形象，还需要提升内在素质。会议接待人员要不断学习，增强服务意识，用心感受参会人员的需求，用诚恳微笑营造温馨氛围，用专业工作态度展现品行风范，以真诚待人、专业服务的作风，确保会议取得圆满成功。个人的整体形象主要通过个人的仪表、仪容、仪态来衡量。

一、会议接待人员形象设计的基本要求

会议接待人员的形象设计包括仪态、仪容和仪装的设计。仪态是指人的体态礼仪，人际交往中 80% 的信息是通过人的举止、动作等体态语言传递的，因此，仪态得体对于会议接待人员来说是相当重要的。仪容主要指人的外表、外貌，良好的仪容既能体现接待人员的自身素养，又能体现对交往对象的重视和尊重。干净整洁的仪容是从事会议接待人员必备的条件。仪装是一种无声的语言，它体现一个人的个性、身份、涵养、审美水平等多种信息。会议接待人员的着装直接影响参会人员对其个人及企业形象的评价。总的来说，会议接待人员必须注重自己的仪容、仪态和仪装，也就是注重个人形象的设计。

（一）仪容整洁

良好的自我形象从卫生整洁开始。讲究个人卫生，保持仪容整洁是对会议接待人员最基本的要求。一个人纵有动人的形体、美丽的容貌，如果肮脏邋遢、汗臭扑鼻，那也会令人黯然失色。因此，会议接待人员在日常生活中必须注意：头发适时梳洗，面部保持清洁，身体没有异味，手部保洁保养，修剪不雅体毛，妆容大方得体。

（二）仪态大方

仪态包括表情语、手势语和体态语三方面。表情语是通过人的面部各器官动作和脸色的变化所传达的一种语言。表情能快速、准确地传达人类丰富的情感，是人类心灵的一面镜子。表情语中最富有表现力的就是微笑语和目光语。因此，会议接待人员应充分利用这面"镜子"传递自己的真诚服务。手势语是非常富有表现力的语言。不同的手势，表达不同的含意。作为会议接待人员，切不可给人留下一种"指手画脚"的印象，手势尽量自然优雅，规范适度。体态语是人们日常工作、生活中通过身体站姿、坐姿、行姿、蹲姿及其变化所传递出来的一种人体语言。规范、得体、优雅的姿态能展示良好的职业形象，因此会议接待人员在工作中一定要注意仪态大方。

（三）着装得体

古今中外，着装体现一种社会文化，体现一个人的文化修养和审美情趣，它是一个人的身份、气质、内在素质的无言介绍信。美国形象大师乔恩·莫利经过 26 年对服装的研究，得到了一个关于服装最简单的结论："我们的着装影响着外界对待我们的态度。"可见，服装也是一门艺术，它所传达的情感与意蕴是语言无可取代的。在社交场合，得体的着装是一种礼貌，一定程度上直接影响着人际关系的和谐。因此，会议接待人员在着装打扮上，一定要得体大方。

二、会议接待人员形象设计技巧

会议接待人员的形象既展现了接待人员的礼仪水平，同时又是整个会议组织水平的准确标尺，在会议组织中处于十分重要的地位。如何进行个人形象设计，使其在会议接待中赢得良好的声誉？下面将从仪容、仪态和仪装三个方面介绍形象设计技巧。

（一）会议接待人员的仪容设计技巧

仪容即容貌，由发型、面容以及人体所有未被服饰遮掩的肌肤所构成，是个人仪表的基本要素。容貌的基础虽然是天生的，但天生丽质的人毕竟是少数，随着岁月的流逝，青春也难永驻，因此，要提倡科学的保养、积极的美容。

1.头发整洁，发型得体

头发是仪容极为重要的部分，头发干净整洁，发型大方得体是头发之美的基本要求。首先，头发要勤洗勤理，一般两天洗一次头，每月修剪 1~2 次。男士的头发要干净整洁，没有头屑，没有汗味，发型大方得体，不怪异。女士的头发要有自然光泽，发型高雅、协调，刘海不要遮住眼睛和脸。其次，发型对一个人的整体形象起着至关重要的作用，无论男女老少，都要根据自己的形体、气质、身份选择适当的发型。发型的样式很多，要根据"自然、大方、整洁、美观"的原则来选择。我们需要了解发型的流行趋势，但不能盲目追赶潮流，更重要的还是应该结合自己的年龄、性别、职业、性格、爱好和脸型特点来选择适合的发型。

2.面容洁净，妆容适宜

面容是最令人注目之处，所谓"丢脸"羞耻，"面子"要紧，都说明脸面对人的自尊心具有无与伦比的重要性。保持面容清洁是最基本、最简单、最普遍的要求。男士要养成每日剃须修面的好习惯。女士要注意做到日常护肤六部曲。早三步：洁肤→爽肤→护肤；晚三步：洁肤→爽肤→润肤。选用适宜的洗面奶洗脸，最好使用柔和、呈弱酸性的乳液状清洁品，有效去除面部的油脂和毛孔中的污垢。

公共场合，女性得体的妆容是展示女性美，体现职业女性敬业爱岗精神的重要方式。一般化妆遵循四个原则：第一，符合审美原则。无论男性还是女性都应符合大众审美的一般标准，做到不怪异，不另类。第二，符合自然原则。天生丽质的相貌固然令人赏心悦目，但我们往往会存在一些先天的缺陷。化妆能通过某些技巧和手段来弥补、遮掩或转移人的注意力，达到一种视觉错觉而产生的美。因此，做到有形与无形的自然和谐美才是化妆的最高境界。第三，符合协调原则。即"三W原则"（When——什么时间，Where——什么场合，What——做什么）。化妆应与时间、场合和目的相协调，否则会起到负面作用，影响个人或组织的形象。第四，相对保守原则。在商务活动中，无论是男性还是女性，仪容都要相对保守，做到淡雅、端庄、秀美，以不分散和转移参与者的注意力为最佳效果。

（二）会议接待人员的仪态设计技巧

仪态，即一个人的表情、行为、动作等，它反映一个人的性格、心理、感情、素养和气质，是人的"第二语言"。个人的礼仪修养是通过一举一动表现出来的。要塑造良好的会议接待形象，会议接待人员必须注意仪态，通过彬彬有礼、落落大方的仪态让参会人员有宾至如归的感觉。

1. 表情自然，目光坦诚

表情能快速、准确地传达人类丰富的情感，是人类心灵的一面镜子。因此，接待人员应该充分利用这面"镜子"传递自己的真诚服务，其中微笑和目光最富有表现力。

微笑是一种常规表情，但作为一种职业表情，会议接待人员的微笑要真诚、自然，否则会给人一种过于职业化而缺乏诚意的假笑感觉。其基本要求是：放松面部肌肉，使嘴角微微向上翘起，双唇微展呈弧形，微露牙齿（一般露6~8颗牙齿），不要露出牙龈，不牵动鼻子，不要发出声音。

目光可以无言而形象地传达出人们的内心世界。作为会议接待人员，在接待工作中，一定要学会利用这扇窗户来"察言观色"，学会用规范、得体的目光和眼神来传达信息、交流感情。在十分正式的会议场合，注视对方的范围是以两眼为底线，以额头发际线中点为最高点所构成的三角形区域，目光庄重；在比较轻松的会场，注视对方的位置是以两眼为上线，以下颌为最低点的倒三角形区域，这种目光亲切友善，利于营造一种轻松愉快的气氛。注视对方时间不宜过长，注视角度要相对稳定，与个人交谈时，大多用正视、对视或点视的目光；当与多数人交流时，最好用环视的目光照顾到在场的每位成员，让人感觉到你对他们的关注和重视。会议接待人员不但要善于观察别人的眼神，也要把握好自己的眼神。

2. 手势优雅, 规范适度

常见的手势有指示性手势、情绪性手势和象征性手势。指示性手势一般用来介绍、邀请, 或指示方向和地点、指点物体。正确的做法是: 四指自然并拢、伸直, 拇指分开, 掌心向上, 与地面成45度, 手臂与指尖成一条直线并适度伸出, 指向目标。谈到自己时, 可用右手轻按自己的左胸部, 显得沉稳可信。情绪性手势主要用来表达情绪、态度。如表示欢迎、感谢时鼓掌; 表示无奈时, 双手摊开等。象征性手势通常用来表示某种抽象的概念。这种手势往往约定俗成, 而且具有民族性和地域性特征。会议接待人员要善于灵活运用各种手势以展示自己的接待水平。

3. 姿势大方, 规范得体

作为会议接待人员, 体态要求姿势规范、得体、优雅。如果要使自己的站姿、坐姿、行姿、蹲姿及乘坐轿车的姿势有利于塑造一个良好的职业形象, 那就必须经过专业的学习和训练。

（1）挺拔的站姿。在会议接待场合, 挺拔而端庄的站姿, 能使人产生尊重和信赖感。会议接待站姿礼仪规范标准: 头正——两眼平视前方, 嘴微闭, 脖颈挺直, 表情自然, 稍带微笑; 肩——微微放松, 稍向后下沉; 臂垂——两肩平整, 两臂自然下垂, 中指对准裤缝; 躯挺——挺胸收腹, 臀部向内向上收紧; 腿并——两腿立直, 贴紧, 脚跟靠拢, 两脚成60度夹角。会议接待中最常见的站姿有两种: 一是叉手站姿, 即两手在腹前交叉, 右手搭在左手上直立。二是背垂手站姿, 即一手背在后面, 贴在臀部, 另一手自然下垂, 中指对准裤缝, 两脚既可以并拢也可以分开, 也可以成小丁字步。男士多用这种站姿, 显得大方、自然、洒脱。

（2）优雅的坐姿。会议接待人员在会议活动中都离不开坐这个动作, 稳重沉静、安详优雅的坐姿是其良好修养的重要表现。优雅的坐姿主要表现在: 入座时, 不要抢座, 要注意先后顺序, 动作要轻缓平稳, 不要风风火火, "大起大落"。女士穿裙装入座时, 要用手将裙摆稍稍拢一下, 再慢慢坐下。落座时, 向周围的人致意, 并以背部接近座椅, 上身挺直, 双肩放松, 两腿并拢, 双手自然放在膝盖或椅子、沙发的扶手上。离座时, 要事先用语言或动作向他人示意后再起身, 若是辞行应先离座, 若是送客应后起身, 动作要轻缓无声, 从左侧离开。

（3）潇洒的走姿。走姿是最引人注目的形体语言, 也是最能体现人的精神面貌的一种姿态。会议接待人员规范的走姿应当是头正, 肩平, 躯挺, 步位直, 步幅适当, 步速平稳, 给人稳重、干练又朝气蓬勃的潇洒之感。尤其是平时要特别注意有意识地锻炼自己的走姿, 以帮助自己形成一种良好的职业风貌。

（4）斯文的蹲姿。蹲姿是在地上取物时常用的一种姿态, 但人们常常不太在意它。

尤其是对女性会议接待人员来说，斯文的蹲姿能体现出一种良好的职业素养。规范的蹲姿是：上身尽量保持正直，两腿合力支撑身体，靠紧下蹲。蹲姿一般分为交叉式和高低式两种姿势，举止要自然、得体、大方。

4. 接待周到，言行有礼

（1）会议接待的介绍礼仪。介绍是人与人之间初步认识的桥梁，是会议接待工作中必不可少的礼节。会议接待的介绍礼仪需要注意：一是遵循介绍规则。一般是将地位低者介绍给地位高者、将年轻者介绍给年长者、将男性介绍给女性。二是注重介绍姿态。介绍时，介绍人应手掌朝上，分别示意被介绍者，切忌用一个手指示意。被介绍者，应站立并面向对方，显示出想了解和结识对方的诚意。三是讲究介绍语言。介绍时，语态要热情、吐字要清晰、语调要适中、称谓要适宜。在正式场合，宜用姓名职务（职称）或先生、女士之类的通称；在一般场合，还可加些幽默语，不宜用"小张""老杨"之类的简称。在作自我介绍时，应自然大方、简明扼要、实事求是。

（2）会议接待中使用名片的礼仪。名片是会议接待场合常用的简易工具，因此，必须正确了解名片的正确使用，充分发挥其价值。递名片时最好以站立的姿态，用双手的大拇指与食指分别夹住名片的上角，名片的文字要正对着对方递过去。接名片时也应站立，双手接过，接过后应仔细看一遍，并就名片上的内容作简要评价。看完名片后应将名片放好，可以放入名片盒中，也可放在包中，不要将名片放在腰以下的口袋中。同时，拿出自己的名片递给对方，如果没有名片或未带名片，应致歉、说明原因并作自我介绍。

（3）会议接待的握手礼仪。握手是世界上最常见的一种礼貌行为，也是会议接待中最常见的动作。握手时要注意：一是掌握握手方式。握手时，两人相距一步站立，上身稍前倾，伸出右手，拇指向上伸开，四指并拢，掌心向左，高低基本与对方腰部上方齐平，握住对方之手。可单握，也可双握。握手的同时，还可说些客套语，如"您好""认识您很高兴"等。二是遵循握手次序。握手应遵循尊者优先和主人优先原则，次序是：上级、长辈、女士，即先上后下，先长后幼，先女后男。作为主人，应该主动先握手，以表示对客人的欢迎之情。此外，握手时还应注意目光交流，适当寒暄，切忌与对方握手时目光游移，左顾右盼，与第三人谈话。一般情况下，握手只能一对一，不能几个人交叉握手，不能戴手套与人握手，女士戴的礼服手套除外。

5. 用语礼貌，掌握分寸

在会议接待中，语言作为最基本的交流形式，在很大程度上决定接待行为的好坏。"好言一语三冬暖，恶语伤人六月寒"，都说明了特定语言的意义和作用。

（1）称谓合理。在会议接待中，称呼反映着一个人自身的教养，体现双方关系的程度、社会风尚和会议形象。会议接待的称呼可分为：职场性称呼、姓名性称呼和泛称性称呼。职场性称呼是指以参会人员的职务、职称等相称，如"孙院长""林教授""陈经理"之类的称呼，以示身份有别、尊敬有加。姓名性称呼有三种叫法：一是连名带姓称呼（单字名的另当别论），显得比较生硬，只在开会等少数场合使用。二是只呼其姓，并在姓前加上"老、小"等前缀，如"老张""小黄"，比较尊敬随和；姓加后缀，如"林公""王老"之类，则尊敬有加。三是只称其名，比较亲切，在亲友、同学、同事、邻里之间使用。泛称性称呼是指在会议接待中，对未知其姓名职务身份的参会人员所用的泛尊称，如"先生""女士"和"小姐"等。总之，称呼注意三因素：关系、场合和动听。人际关系随着场合变更而有所不同，称呼也要相应改变，称呼要让对方感到动听，觉得受到重视和尊重，一般以"就高不就低"为好。

（2）用语文雅。在会议接待中，用语文雅显得尤为重要。一是尽量用敬语。尊敬是会议礼仪的核心内涵，体现在语言上就要常用敬语。如用"您"代替"你"；"先生"代替"喂"等，虽然称呼的对象相同，但由于语言载体的形式不同，给人感受完全不同，效果也大相径庭。二是多用商量口吻，少用命令语气和语调。"请登记一下您的姓名和职务，好吗"与"叫你登记一下姓名和职务"口吻不同，效果截然不同。

（3）感情真挚。会议接待中的说话必须讲究情感。一是态度诚恳。同参会人员交谈时，语言应亲切热情，神情应专注。如果仅是嘴巴动听，表情冰冷，就会被认为是敷衍，甚至是讽刺。二是善于聆听。与人交谈中应该多给对方说话的机会，学会聆听；在聆听时，经常伴有一些交流的体态语，如点头等。这样可使对方觉得自己受到重视，千万不要表现出不感兴趣或去打断对方的话语。三是细微有别。语言是丰富多彩的，有时一字之差所表达的情感就大不相同。如"坐""请上坐"，"喝茶""请喝茶"，令人明显感受到所获礼遇等级的差别。

（三）会议接待人员的仪装设计技巧

会议接待人员的仪装设计是指其着装、服饰等方面的形象设计，它不但可以体现其文化修养，也可以反映其审美情趣和气质品位。选择与自己个性、身份、场合、年龄、周围环境都相适宜的服饰，才能达到真正美的境界，才能为自己、为企业塑造良好的公众形象。其仪装设计应该从以下几方面着手：

1.服饰搭配和谐

美的最高法则就是和谐。服饰应该与自己的职业、社会地位、文化修养相协调，也应该与自己的年龄、体型、肤色、发型、相貌特征相协调。作为会议接待人员，选择着装时首先要考虑的就是自己的社会角色和会议的层次与类型。

（1）款式、色彩及搭配的和谐美。服饰美首先表现为色彩美、款式美和质料美，只有三方面的合理搭配、和谐统一，才能真正产生美感。色彩美要注意与肤色的和谐，注意色彩的整体搭配。要坚持"三色原则"，即服饰的色彩在总体上保持在三种以内，色彩提倡简洁大方，而不是杂乱繁多。

（2）服饰与自身条件的和谐美。要了解自身的条件，如个头、身材、肤色、脸型等因素，要用服饰来达到扬长避短的目的，即用服饰来遮掩自己的缺陷，从而使自己更加漂亮、优雅。

2. 遵循国际法则

TPO 原则是国际上公认的穿衣法则。TPO 是英文 Time（时间）、Place（地点）、Object（目的）三个单词的缩写。

（1）T 就是指每一天的早、中、晚三个时间段，每年春夏秋冬的季节更替，以及人生的不同年龄阶段，对应的着装也不同。时间原则要求着装考虑时间因素，做到随"时"更换。

（2）P 就是指所在地点、位置不同，着装应有所区别，特定的环境应配以与之相适应、相协调的服饰，才能获得视觉和心理上的和谐美感。例如，穿着只有在正式的工作环境才合适的职业正装去参加休闲聚会，或者穿着牛仔服、网球裙、运动衣、休闲服进入庄重、严肃的会场，都是与环境不和谐的表现。

（3）O 就是指服饰打扮要考虑此行的目的。对自己的着装给对方的印象应该有一定的预期。服装的款式在表现服装的目的性方面起着很大作用。一个人身着款式庄重的服装进行会务接待，说明他处事严谨，尊重会议。

3. 男士着装的选择

会议接待中，男士一般着西装为宜。西装一般由衬衫、外套、领带、长裤和配套的鞋袜组成，它的搭配比较讲究，否则就显得不伦不类。

（1）衬衫。衬衫一般应选用硬领尖角式的，领口一定要挺直，不能有熨痕，衣领高出外套 1.5 厘米左右，并贴紧脖子。衬衫颜色要与外套相配，以纯色的为宜，其中白色为最容易搭配的颜色。袖口略长出西装外套袖口约 2 厘米，下摆塞进裤腰里。衬衫配领带时，应把所有的扣子系上，不能将袖子卷起；不系领带时，最上面扣子不要扣。

（2）外套。新买来的西装外套在穿着之前，要把袖子上的商标（小布条）剪掉。西装外套穿着要求挺拔，不能有皱褶，衣长以略高于臀线为宜。西装外套有双排扣和单排扣之分，双排扣的西装外套比较庄重，一般要把扣子系好，不宜敞开。单排两粒扣的西装外套是传统规范的式样，其扣法很有讲究：只系上面一粒的显得庄重；敞开都不扣的显得潇洒；两粒都扣的显得呆板；只扣最下面一粒的有些流气。近年来，流行单排三粒扣的西装外套，扣好上面两粒为佳，切忌只扣下面一粒。西装外套上的口袋只是装饰性的，切忌把钢笔、记事本等装在胸外口袋。

（3）领带。着西装时，领带起着画龙点睛的作用。首先要注意领带的色彩要与外套协调搭配。领带系好后，上面宽的一片比窄的一片略长，其长度以大箭头垂到腰带下沿处为佳，可上下浮动一寸左右，如果垂到腰带下两三寸或吊在腰带上就不雅观了。

（4）长裤。西装长裤的裤长以裤脚接触脚背，一般达到皮鞋后帮的一半为佳。裤线要清晰、笔直，裤扣要扣好，拉链全部拉严。

（5）配套的鞋袜。"西装革履"意味着穿西装一定要配皮鞋，而且皮鞋要擦亮。黑色皮鞋可配各种颜色的西服，其他色彩的皮鞋要与西服的颜色相同或接近才能相配。袜子的色彩应与皮鞋相同或接近的颜色，不宜用白袜子配黑皮鞋，男士切忌穿女士常穿的肉色袜子。

4. 女士着装的选择

会议接待过程其实也是向参会人员展示自我的过程。对于女性会议接待人员来说，了解着装知识，使自己穿着得体，对提高接待水平具有十分重要的意义。

（1）考虑体型特征。身材矮胖的，避免选择穿着过于鲜艳的衣服，而应穿着垂直线条式样，颜色素雅，剪裁合体的服装。身材高瘦的人，避免穿垂直线条式样或过于暴露的衣服。脖子比较短的人不适合穿着高领衫。无论是哪种体型的人，其着装都要力争做到整洁干净，熨烫平整，穿着合体，纽扣齐全。

（2）考虑肤色肤质。对于肤色黝黑的人，最好选择素雅、较明亮的颜色，做到衣服的款式、色彩、配饰与肤色相互协调。

（3）整体搭配协调。衣着的搭配对整体效果非常关键，它不仅包括款式的搭配，也包括色彩的搭配。以下几种色彩搭配法可供参考：其一是呼应法，即上下同色或类似色。其二是对比法，即上下对比色，如白与黑。其三是点缀法，即在主色调的基础上突出醒目的小块他色，起到点缀作用，如深色的套装翻出白色或花色的领子。服装和鞋子在款式和颜色上也要搭配协调，如套装配高跟皮鞋、运动装配旅游鞋等。

5. 配饰选择得体

配饰是人们服装的点缀，在会议接待中，会议接待人员可适当佩戴一些装饰品，但要有所讲究。

（1）适应场合，如高档珠宝首饰，适用于隆重的社交场合，不宜在工作、休闲时佩戴。

（2）适合自己，选戴首饰时要充分考虑自己的年龄、身材、脸色、衣服款式等，注意扬长避短。如体形较胖、脖子较短的应选择较长且细的项链。同时，还要适合自己的身份，要与自己的职业角色和身份地位相适应。在一些正式或重要的大型会议上，会议接待人员最好不要佩戴首饰。

（3）色质相同，若同时佩戴多件首饰，应力求色彩、质地相同，避免五花八门。

（4）佩戴得法，要了解并尊重风俗习惯。项链通常只戴一条；耳环讲究成对佩戴；手镯戴一只两只皆可，但不宜在一只手上戴多只手镯，也不宜双手同时戴手镯；胸针通常别在西装外套左侧领上或左侧胸前。职业女性佩戴的首饰一般不超过两样，可酌情选择。

6. 杜绝不宜的着装

在会议接待中，会议接待人员的着装应避免以下几大问题：其一，过于时髦。追求时髦是正常现象，但不能盲目追求。例如女性会议接待人员在指甲上涂鲜艳的指甲油等。其二，过于暴露。夏天，有的女性会议接待人员穿得过于暴露，这样不但会埋没自己的聪明才智，而且会被看成轻浮。其三，过于正式。这种现象也是常见的，究其原因主要是未事先了解会议性质。其四，过于潇洒。最典型的装扮就是一件 T 恤或罩衫配上一条泛白的"破"牛仔裤。其五，过于可爱。太可爱、太俏丽的服装也不适合会议接待时穿。

📶 知识链接

女士化淡妆的步骤

1. 基础护理。基础护理是对皮肤的基本护养，也是滋养皮肤、延缓衰老的一种必要手段。

2. 打粉底。气色好或天热时可以不用，或者用不脱色的粉底液。也可直接用干湿两用粉饼，把海绵粉扑用水浸湿，挤干，包上面巾纸再挤一次，除去多余水分；然后沾少许干粉，轻按在脸上，重点是额头、鼻子、下巴，并用大粉刷把浮粉扫掉。

3. 上定妆粉。对额头、鼻子、下巴容易出油的部位，先按上一些粉，再轻按其他部位，然后用粉刷扫掉多余的粉。（如果用的是干湿两用粉饼，此步骤就省去）

4. 上睫毛膏。用一种可起定型作用的睫毛膏，轻轻涂在睫毛处。

5. 涂唇膏。选用接近自己肤色的唇膏看上去自然协调。

6. 喷香水。上班时喷一点儿淡香型香水能增添你的神采与品位。

📶 实训

1. 组织全班观看礼仪视频。

2. 把全班同学分为若干小组，每个小组轮流展示规范的站姿、坐姿、行姿和蹲姿，由其他小组进行评分和点评，最后由最优秀的小组进行风采展示。

3. 组织讨论：这些礼仪规范如何在各种会议中运用。

📶 自测题

1. 张倩是华夏商城总经办秘书，今天是公司与一合作单位签约的日子。她提前赶到办公室，为即将举行的签约仪式做好各项准备工作。她精心地打扮了自己，把柔顺的长发盘好，化了淡妆，穿上西服套裙，看上去端庄大方，充满自信。随后她来到总经理办公室，把当天签约仪式的程序和讲话稿，以及当天的工作日志双手呈给了总经理。由于上午的签约仪式是在某商城举行，并在那里举行庆功午宴。从总经理办公室出来后，张倩立即赶往商城，去检查会场布置和接待工作是否已安排妥当。虽然赶时间，但她依然抬头挺胸，步履坚定，显得沉稳自信。张倩到达商城四楼会议室后，认真落实和检查会标是否悬挂好，礼仪接待是否就绪，新闻单位是否到齐等工作。在策划部工作人员及其他人员的协助下，上午9点之前终于一切就绪。这期间，张倩一直面带微笑，与同事交谈时目光平视，亲切和蔼，吐字清晰，说话不缓不急，条理分明，显得沉着大方，聪慧干练。

张倩在一天的签字仪式的准备过程中表现如何？——列举其符合会议礼仪规范的言行举止，并熟练掌握会议礼仪形象设计的相关知识。

2. 在上午即将召开的重要会议之前，另一个部门的一位同事来见你，她也要参加会议，你们已经有一年多没见面了。她到你办公室时，离开会还有几分钟时间。你站起身和她握手并且恭维她的新发型，正在这时你发现她的长筒袜上有跳丝的地方，还发现她的牙齿上有口红，裙子的拉链没拉好。闲聊片刻，你们一起去参加会议，此时你才告诉她袜子和口红的事。

请问你应该怎么对同事失礼之处进行提醒？如何避免在出席会议时出现着装上的缺陷？

任务三 会议礼仪文书

会议礼仪文书，是政府、机关、企事业单位及个人在会议礼仪活动中使用的应用文体。会务人员需要从概念和操作上了解会议礼仪文书的特点，以更好地开展会议礼仪文书的写作实践。会务人员要不断提高自己的业务能力和综合素质，同时，还要学会运用现代科技手段，如人工智能技术，提高会议礼仪文书的编写效率和质量，才能成为高素质的会务人才。

一、会议请柬的写作礼仪

（一）会议请柬的概念

会议请柬，又称请帖。它是单位、团体或个人邀请有关人员出席隆重会议、典礼，参加会议活动时发出的礼仪性书信，各种会议均可使用，范围十分广泛。发请柬是为了表示郑重其事，会议请柬有时也用作入场或报到的凭证。

（二）会议请柬的特点

会议请柬主要有两个特点：一是使用范围较广。从使用对象看，机关、团体、单位、个人均可使用；从应用内容看，大至国家级大型宾宴、纪念活动、奠基仪式，小至个人生日婚娶等。二是内容简短。会议请柬只要点明邀请对象、时间、事项、地点即可。其样式有两种：折叠式和单页式。

（三）会议请柬的基本格式和写法

会议请柬的写作要遵循以下要求：第一，求其"达"，即要求通顺明白，不要堆砌辞藻或套用公式化的语言。第二，求其"雅"，即讲究文字美。会议请柬是礼仪交往的媒介，乏味的或浮华的语言会使人反胃。第三，尽量用新的、活的语言，不可为求"雅"而追求古文言，雅致的文言词语可偶尔用之，但须恰到好处。第四，语言要得体，要根据具体场合、内容、对象、时间认真措词。会议请柬书写的形式有两种：横式和竖式。

会议请柬作为书信的一种，其内容主要包括：标题、称呼、正文、结尾、落款五部分。

1. 标题

在封面上写的"会议请柬"（或请帖）就是标题，一般要做一些艺术加工，可用美术体的文字，文字的色彩可以烫金，可以有图案装饰等。需说明的是，通常会议请柬已按照书信格式印制好，封面直接印上了"会议请柬"或"会议请帖"字样，发文者只需填写正文。

2. 称呼

要顶格写被邀请者（单位或个人）的名称。如"某某先生""某某单位"等。

3.正文

要写清活动内容，如开座谈会、联欢晚会、生日派对等，写明时间、地点、方式。如果是请人看戏或其他表演还应将入场券附上，若有其他要求也需注明，如"请准备发言""请准备节目"等。

4.结尾

要写上礼节性问候语或恭候语，如"致以敬礼""顺致崇高的敬意""敬请光临"等，在古代这叫作"具礼"。

5.落款

署上邀请者（单位或个人）的名称和发柬日期。

（四）会议请柬写作注意事项

制作和发送会议请柬是一件极其庄重的事情，写作态度必须认真严肃。虽然会议请柬的文字不多，但它的撰写不可忽视细节，具体要注意以下几个方面：

（1）会议请柬是表明对被邀请者的尊敬，也表明邀请者对此事的郑重态度，因此，邀请双方，即便近在咫尺，也必须送会议请柬。凡属比较隆重的喜庆活动，邀请客人均以请柬为准，切忌随便口头招呼，顾此失彼。

（2）会议请柬是邀请宾客用的，在款式设计上要注意其艺术性。一封精美的请柬会使人感到快乐和亲切。

（3）选用市场上的各种专用请柬时，要根据实际需要选购合适的类别、色彩、图案。会议请柬要在合适的场合发送，一般说来，举行重大的活动，对方作为宾客参加才发送请柬。

（4）会议请柬措词务必简洁、明确、庄重、得体。

二、会议邀请函的写作礼仪

（一）会议邀请函的概念

会议邀请函是专门用于邀请特定单位或人士参加会议，具有礼仪和告知双重作用的会议文书。其使用范围十分广泛，主要包括：邀请外宾或国内知名人士参加各种不同性质的集会、庆祝活动或典礼；邀请外宾来我国进行友好访问、考察访问或讲学；邀请外宾来华演出、举办展览或参加交易会等。邀请函、邀请电不仅要表达邀请的盛情，还要就活动的时间、方式、费用等有关事项作出必要的说明，以便彼此之间达成一致和谅解。

（二）会议邀请函的特点

邀请函主要用于横向性的会议活动，发送对象为不受本组织制约的单位和个人，一般不具有法定的与会权或义务，是否参加由对象自行决定。如举行学术研讨会、咨询论证会、技术鉴定会等，以发邀请函为宜。

（三）会议邀请函的基本格式和写法

1. 标题

由会议名称和"邀请函（书）"组成，一般不写主办机关名称和"关于举办"的字样，如《亚太城市信息化高级论坛邀请函》。"邀请函"三字是完整的文种名称，与公文中的"函"是两种不同的文种，因此不宜拆开写成"关于邀请出席 ×× 会议的函"。

2. 称呼

邀请函的发送对象有三类情况：一是发送到单位的邀请函，应当写单位名称。由于邀请函是一种礼仪性文书，称呼中要用单称的写法，不宜用泛称（统称），以示礼貌和尊重。二是直接发给个人的，应当写个人姓名，前冠"尊敬的"敬语词，后缀"先生""女士""同志"等。三是网上或报刊上公开发布的邀请函，由于对象不确定，可省略称呼，或以"敬启者"统称。

3. 正文

正文应逐项载明具体内容。开头部分写明举办会议的背景和目的，用"特邀请您出席（列席）"照应称呼，用过渡句转入下文；主体部分可采用序号加小标题的形式写明具体事项；最后写明联络信息和联络方式。结尾处也可写"此致"，再换行顶格写"敬礼"，亦可省略。

4. 落款

因邀请函的标题一般不标注主办单位名称，因此落款处应当署主办单位名称并盖章。

5. 成文时间

写明具体的年、月、日。

（四）会议邀请函写作的注意事项

（1）一般用 A4 纸印制，可套色，也可单色，外观形式上不必像会议请柬一样考究。

（2）内容篇幅较长，可以对会议的背景、时间、地点及具体内容作详细介绍。

（3）措辞严谨，避免误会，同时要引起被邀请者的关注，激发其参加会议的兴趣。

（4）感情真挚，热情洋溢，富有感染力。

三、会议欢迎词的写作礼仪

（一）会议欢迎词的概念

会议欢迎词是由东道主对宾客的到来表示欢迎的讲话文稿，是行政机关、企事业单位、社会团体或个人在会议场合欢迎友好团体或个人来访时致辞的讲话稿。

（二）会议欢迎词的特点

1. 欢愉性

中国有句古话："有朋自远方来，不亦乐乎。"会议欢迎词应当内含一种愉快的心情，言词用语务必富有激情并表现出致词人的真诚，以便给客人一种"宾至如归"的感觉。

2. 口语性

会议欢迎词本是现场当面向宾客口头表达的，因此，口语化是书写会议欢迎词的必然要求。在遣词用语上会议欢迎词要运用生活化的语言，既简洁又富有生活情趣，这样便于拉近主人同来宾的距离。

（三）会议欢迎词的分类

1. 按表达方式分类

按表达方式分类，会议欢迎词可分为现场讲演欢迎词和报刊发表欢迎词。现场讲演欢迎词一般是由欢迎人在被欢迎人到达时在欢迎现场口头发表的欢迎稿；报刊发表欢迎词是指发表在报刊或公开发行刊物之上的欢迎稿，一般在客人到达前后发表。

2. 按社交的公关性质分类

按社交的公关性质分类，会议欢迎词可分为私人交往欢迎词和公事往来欢迎词。私人交往欢迎词一般是在个人举行较大型的宴会、聚会、茶会、舞会、讨论会等非官方场合下使用的欢迎稿，通常在正式活动开始前进行。公事往来欢迎词一般是在较庄重的公共事务中使用，要求事先准备好，其文字措辞比私人交往欢迎词要正式和严格。

（四）会议欢迎词的基本格式和写法

会议欢迎词一般由标题、称呼、正文和落款四部分组成。

1. 标题

其写法一般有两种：一种是单独以文种命名，如《欢迎词》；另一种是由活动内容和文种名共同构成，如《在××学术讨论会上的欢迎词》。

2. 称呼

称呼要求写在开头顶格处，写明来宾的姓名称呼，如"尊敬的各位先生们女士们"。

3. 正文

正文一般由开头、中段和结尾三部分构成。开头通常应说明现场举行的是何种仪式，发言者代表什么人向哪些来宾表示欢迎。中段主要阐述和回顾宾主双方在共同的领域所持的共同立场、观点、目标、原则等内容，具体介绍来宾在各方面的成就及在某些方面作出的突出贡献，指出来宾本次到访或光临对增进宾主友谊及合作交流所具有的现实意义和历史意义。结尾通常用来再次向来宾表示欢迎，表达自己对今后合作的良好祝愿。

4. 落款

署上致辞单位名称，致辞者的身份、姓名及成文日期。

（五）会议欢迎词写作的注意事项

会议欢迎词的书写是出于礼仪的需要，因此，其撰写也须注意以下几个方面：

（1）称呼要用尊称，感情要真挚，能得体地表达自己的原则立场。

（2）措辞要慎重，切勿信口开河，尊重对方的风俗习惯，避开对方的忌讳，以免发生误会。

（3）语言要精确、热情、友好、温和、礼貌。

（4）篇幅短小，言简意赅。

四、会议祝词、贺词的写作礼仪

（一）会议祝词、贺词的概念

会议祝词也称"祝辞"，是党政机关、企事业单位、社会团体通过会议形式对兄弟单位或合作伙伴即将开始的工作、事业表示祝福的言辞或文章。会议贺词也称"贺词"，是党政机关、企事业单位、社会团体通过会议的形式对兄弟单位或合作伙伴已经取得成功的工作或事业表示祝贺，以及欢庆节日时表示庆贺的言辞或文章。

（二）会议祝词、贺词的特点

1. 喜庆性

会议祝词、贺词是在喜庆的场合对祝贺对象的一种真诚祈颂祝福和良好心愿的表达，因此喜庆性是祝词、贺词的基本特点，这就要求措辞务必体现出一种喜悦、美好之情。

2. 体裁的多样性

会议祝词、贺词无须拘泥于某种文体，可以根据祝贺对象的具体情况采用合适贴切的文章体裁。如既可以用一般的应用文体，也可以采用诗、词、对联等各种其他文体样式。

（三）会议祝词、贺词的分类

1. 按祝贺对象分类

按祝贺对象分类，会议祝词、贺词可分为祝贺事业和祝贺酒宴。祝贺事业涉及范围较广，如会议开始时祝其圆满成功，会议结束时贺其圆满结束；展览会剪彩时祝其取得较好的社会效益，展览会结束时贺其已取得了预期目的；企业发展，祝其鹏程万里、百尺竿头再进一步；公司开业、银行开张、报刊创刊、社团纪念等均可贺其已取得的成就，祝其今后事业顺利发达。祝贺酒宴，以酒助兴，酒宴上的祝词、贺词，其实是在向赴宴宾客表达一种祝福和庆贺。

2. 按表达形式分类

按表达形式分类，会议祝词、贺词可分为现场即席祝贺和信函电传祝贺。现场即席祝贺，一般说来，在较为随意轻松的场合可以即兴表示祝贺；但在公共事务场合下，为庄重严肃起见，应按事先拟好的祝贺词发言。信函电传祝贺：有时祝贺人无法到场祝贺，可以用书信的方式祝贺，也可以发传真或用电子邮件表示祝贺。

（四）会议祝词、贺词的基本格式和写法

会议祝词、贺词通常由标题、称呼、正文和落款四部分组成。

1. 标题

会议祝词、贺词的标题一般有两种构成方式：一种是由致辞者、致辞场合和文种名共同构成，如《周恩来总理在欢迎尼克松总统宴会上的讲话》。另一种是由致辞对象和致辞内容共同构成，如《贺紫荆山国庆集体婚礼》。

2. 称呼

称呼写在开头顶格处，写明祝词或贺词对象的姓名。一般要在姓名后面加上称呼甚至有关的职务头衔，以求敬重，如"尊敬的大会主席"。

3. 正文

正文一般由三项内容构成：一是向受辞方致意说明自己代表何人或何种组织向受辞方及其何项事业祝福贺喜；二是概括评价受辞方已取得的成就；三是展望未来美好前景，再次向受辞方表示衷心的祝贺。

4. 落款

落款处应当署上致辞单位名称，或致辞人姓名，最后还要署上成文日期。

（五）会议祝词、贺词写作的注意事项

（1）对被祝贺的单位或个人祝贺的态度诚恳，对其功绩作出恰如其分的评价和颂扬。

（2）富有真情实感、热情洋溢、易于激人奋进。

（3）篇幅短小精悍、语言简洁畅达。

（4）结尾宜有概括性颂词。

知识链接

邀约的礼仪

在商务交往中，出于各种需要，商务人员必须对交往对象发出约请，邀请对方出席某项活动，或是前来我方做客，这类性质的活动被称为邀约。邀约有正式和非正式之分。正式的邀约，既要讲究礼仪，又要设法使被邀者备忘，因此多采用书面形式。非正式的邀约通常以口头形式来表现，相对显得随便一些。

正式的邀约，有请柬邀约、书信邀约、传真邀约、便条邀约、电子邮件邀约等具体形式，它适用于正式的商务交往中。非正式的邀约，也有当面邀约、托人邀约以及打电话邀约等不同形式，它多适用于非正式的接触之中。前者可统称为书面邀约，后者则可称为口头邀约。

请柬邀约是档次最高、最常用的书面邀约。书信邀约相对显得随便一些，故多用于熟人之间。传真邀约在形式上等同于书信邀约，由于它利用现代通信设备，因而传递更为迅速，并且不易丢失。便条邀约是将邀约写在便条纸上，留交或请人代交被邀者，在书面邀请诸形式中，它显得最为随便，但往往使被邀请者感到亲切、自然。电子邮件邀约，是以电子邮件的方式，借助于互联网所发出的邀约，它最关键的要求是，被邀请者网址必须准确无误，同时必须予以确认。

实训

将全班同学分为六小组，每小组为某公司将要举办的十周年庆典分别拟一份会议请柬、会议邀请函、总经理的欢迎词、来宾的祝词，分小组评分，推选优秀的小组作业进行点评。

　　××××制药股份有限公司是国内一家大型制药企业。20××年8月1日是公司成立30周年的纪念日。公司董事会决定在这一天举行公司成立30周年庆祝大会，同时要举行公司陈列室的揭牌仪式。庆祝大会将邀请地方党政机关和国内同行相关企业参加，需要进行各方面的礼仪准备。

　　请你根据情况完成以下工作：

　　请列出庆祝大会（包括揭牌仪式）的具体程序；请为大会拟出议程；请设计出一套主席台（包括会场）的布置方案；请模拟庆典礼仪（包括迎宾礼仪、签到处工作礼仪、揭牌仪式服务礼仪和送客礼仪）。

　　根据所给的会议要求，以董事长的名义撰写一篇庆祝大会讲话稿；以地方国资委主任的名义撰写一篇庆祝大会的祝贺词；完成主持人的各会议环节的串词。

项目六
会展策划与组织

知识目标

1. 了解会展的基本概念。

2. 了解会展的发展及对经济的影响。

3. 了解会展主办方的工作内容。

能力目标

1. 熟悉会展营销工作的常用技巧。

2. 针对不同类型的展会，能进行会展立项策划并进行可行性分析。

3. 能针对不同类型的企业设计相应的参展方案。

素质目标

1. 坚持实事求是的责任意识。

2. 提高会展策划的创新意识。

3. 培养绿色环保的办展意识。

【案例导入】

同走绿色发展之路——2019 年中国北京世界园艺博览会开幕侧记

正是人间四月天，万物竞秀星空下。

"顺应自然、保护生态的绿色发展昭示着未来。""我们要维持地球生态整体平衡，让子孙后代既能享有丰富的物质财富，又能遥望星空、看见青山、闻到花香。"

……

4月28日晚，北京。雄伟八达岭长城脚下，美丽延庆妫水河畔，在宛若"一只翩跹舞动彩蝶"造型的妫汭剧场，规模空前的2019年中国北京世界园艺博览会拉开帷幕，呈现在世人面前。

20时许，习近平主席和夫人彭丽媛同刚刚参加完第二届"一带一路"国际合作高峰论坛的外方领导人夫妇共同步入会场，全场响起热烈掌声。

伴随着雄壮的中华人民共和国国歌现场奏唱，在1 000多位嘉宾和观众注目下，鲜红的五星红旗冉冉升起、迎风飘扬。

国际展览局局旗、国际园艺生产者协会会旗、北京世园会会旗依次在现场升起……

霓虹闪耀，快门频响。夜色中，现场灯光组成2019年中国北京世界园艺博览会的中英文字样，与妫汭湖、永宁阁交相辉映，构成一幅魅力无限的中国写意山水画卷。

"仰望夜空，繁星闪烁。地球是全人类赖以生存的唯一家园。""只有并肩同行，才能让绿色发展理念深入人心、全球生态文明之路行稳致远。"……

20时17分许，在热烈的掌声中，中国国家主席习近平健步走到演讲台，发表题为《共谋绿色生活，共建美丽家园》的重要讲话。

这是一场世界园艺界的"奥林匹克"盛会——

"我希望，这片园区所阐释的绿色发展理念能传导至世界各个角落。"

"建设生态文明，功在当代，利在千秋。让我们从自己、从现在做起，把接力棒一棒一棒传下去。"

……

习近平主席的讲话饱含浓浓的自然情怀，向全球释放出本次世园会倡导的鲜明理念。

这是继1999年昆明世园会后，国际上最高级别的园艺博览会再次来到中国。4月29日至10月7日在北京延庆举行的此次世园会，共有约110个国家和国际组织、120多个非官方参展方参展，刷新了世园会参展方数量的历史纪录。

在5个多月会期内，将举办2 500多场次各类活动，预计1 600万人次参观。本次世园会设置多项国际竞赛，并组织举办2019世界花卉大会、国际园艺生产者协会第71届年会和国际绿色城市论坛。

开幕式上，国际展览局秘书长洛塞泰斯、国际园艺生产者协会主席奥斯特罗姆分别致辞。他们感谢中国政府举办了有史以来规模最大的世园会，表示相信北京世园会将会极大地弘扬可持续发展理念，为子孙后代留下一份丰厚的绿色遗产。

这是倡导生态文明理念的中国实践——

"现在，生态文明建设已经纳入中国国家发展总体布局，建设美丽中国已经成为中国人民心向往之的奋斗目标。"

"中国生态文明建设进入了快车道，天更蓝、山更绿、水更清将不断展现在世人面前。"

"我一直讲，绿水青山就是金山银山，改善生态环境就是发展生产力。"

习近平主席的讲话情真意切，彰显出中国坚持绿色发展、建设生态文明的坚定信念。

本次世园会将展现新时代中国生态文明建设成果新图景。2012年，中共十八大首次提出建设美丽中国，恰是这年中国决定申办2019年世界园艺博览会。

"绿色发展的理念早已深入人心，我们村子有了脱胎换骨的蜕变。"浙江安吉县余村是"绿水青山就是金山银山"这一科学论断的提出地，前来观看世园会的余村村支书潘文革听到习近平主席讲话时十分激动："村里的矿山早就关了，发展起休闲产业和绿色经济，村民口袋富了，绿水青山正源源不断转化成金山银山。"

这是对全球携手合作推动绿色发展的殷切期待——

"中国愿同各国一道，共同建设美丽地球家园，共同构建人类命运共同体。"

"我们应该追求人与自然和谐。"

"我们应该追求绿色发展繁荣。"

"我们应该追求热爱自然情怀。"

"我们应该追求科学治理精神。"

"我们应该追求携手合作应对。"

......

"地球""人类"等成为习近平主席讲话中的高频词，他在讲话中令人瞩目地提出了五个"应该追求"的主张，发出全球各方应"同筑生态文明之基，同走绿色发展之路"的鲜明信号。

"我宣布，2019年中国北京世界园艺博览会开幕！"20时30分许，习近平主席铿锵有力的话音刚落，激扬明快的音乐声随之响起，全场响起经久不息的掌声……

舞台上，手持参展国国旗及参展组织旗帜的志愿者挥动手中旗帜，将整个舞台渲染成色彩亮丽的海洋。

中国声音，引发共鸣。

"中国这些年来生态和环境方面的变化令人印象深刻，习主席的讲话让大家更重视生态环保，保护全球生态需要全球携手！"

英国皇家植物园邱园主席理查德·丹弗尔在开幕式上回忆起30年前首次来华情景，对比中国在生态和环境方面发生的变化，他由衷感慨。

"北京世园会将是全人类绿色梦想的结晶。"北京世园会规划阶段总负责人胡洁说，希望参会各方在世园会舞台加强交流合作，推动经济发展方式和居民生活方式转变，携手共建绿色家园。

习近平主席的讲话，赢得全场一次次热烈掌声。

会场内，各国领导人和各方代表凝神聆听，不少嘉宾边听边记。

会场外，聚集在世园会新闻中心的数百名中外记者，观看大屏幕的视频直播，或按动快门，或连线报道，第一时间将习近平主席共同建设美丽地球家园、共同构建人类命运共同体的主张传向全球。

在习近平主席宣布世园会开幕后，一场名为"美丽家园"的文艺晚会在开幕式上精彩上演。

"我的家，天是蓝的水是绿的，走过层层梯田，在白云缭绕的山巅，到处是郁郁葱葱的茶园。"……来自浙江遂昌的山里孩子们和外国小朋友，用动听的歌声和深情朗诵表达对美丽的向往。

21时15分许，开幕式结束时，"2019""北京""EXPO"字样，"蝴蝶""花朵"形状的焰火腾空而起，在夜空中璀璨绽放。

"迟日江山丽，春风花草香。"

正如习近平主席在讲话开头引用的中国诗人杜甫这一诗句，这场盛况空前的美丽盛会由此拉开了大幕，大好河山风光无限……（新华社北京2019年4月28日电记者张旭东、侯雪静、魏梦佳、阳娜）

（资料来源：新华社，2019年4月29日）

思考：

1. 本次世园会的主要理念是什么？具有什么特点？

2. 你认为这次世园会将带来的影响是什么？

3. 结合案例思考，这次世园会还将带来哪些经济效益。

任务一　认识会展

会展作为促进经济发展的重要平台，其办展质量关乎国家竞争力。党的二十大报告提出要构建新发展格局，这要求会展从业人员必须提高政治站位，充分发挥会展对经济社会发展的重要作用。做好会展需要专业精神与合作精神，在确定会展方案、场地设计等环节注重细节，做好参展商招商和观众组织；还需团结协作，形成工作合力，确保会展获得成功。会展从业人员只有持续提升业务能力和综合素质，才能以高水准、高质量推进会展事业，为经济建设作出新贡献。

一、会展的含义

会展是会议、展览会和相关活动的统称。会议、展览会、博览会、交易会、展销会、展示会等是会展活动的基本形式，世界博览会为最典型的会展活动。

在我国，会展业被称为"朝阳产业""无烟产业"，并被经济学家列为与旅游业、房地产业一起并称的第三大新经济产业。目前，我国的会展业已经成为新的经济增长点，是我国第三产业的重要组成部分。

由会展行业而引带的系列相关行业经济发展称为会展经济，即通过举办大型会议、展览活动，带动交通、住宿、商业、餐饮、购物、金融、保险、电信等多项相关产业的发展。随着经济全球化程度的逐步加深，会展业已经成为衡量一个城市国际化程度和经济发展水平的标志之一。

二、会展的类型

（一）按展览内容分类

1. 综合展览会

综合展览会指包括全行业或数个行业的展览会，也被称为横向型展览会，如20××年上海世界博览会、20××年阿联酋世界博览会。

2. 专业展览会

专业展览会是指展示某一行业甚至某一项产品的展览会，如20××年中国北京世界园林博览会。专业展览会的突出特征之一是常常同时举办讨论会、报告会，用以介绍新产品、新技术。

（二）按展览性质分类

1. 贸易展览会

贸易展览会是为产业即制造业、商业等行业举办的展览会。展览的主要目的是交流信息、洽谈贸易，如 20×× 年第 ×× 届中国（北京）国际建筑装饰材料博览会，20×× 年深圳高新技术成果交易会。

2. 消费展览会

消费展览会是为公众举办的展览会，消费性质的展览会基本上都展出消费品，目的是直接销售，如 20×× 年第 ×× 届广州国际日用品百货展览会。

展览会的性质由展览组织者决定，可以通过参观者的身份反映出来，如对工商界开放的展览会是贸易性质的展览会，对公众开放的展览会是消费性质的展览会。

（三）按展览规模分类

按展览规模分类，会展的类型可分为国际、国家、地区、地方展览会，以及单个公司的独家展览会。规模是指展出者和参观者所代表的区域规模而不是展览场地规模。不同规模的展览会有不同的特色和优势，应根据企业自身条件和需要来选择。

1. 国际展览会

参展机构和观众来自多个国家，国外参展商占有一定比例，如第七届中国（成都）智慧产业国际博览会。

2. 全国展览会

参展机构和观众来自全国各地，如第 49 届全国文房四宝艺术博览会。

3. 地方展览会

主要面向当地以及周边地区的机构或个人，如 20×× 年黄河流域跨境电商博览会。

（四）按展览时间分类

1. 定期展览会

有 4 次 / 年、2 次 / 年、1 次 / 年、1 次 /2 年等定期展览会。

2. 不定期展览会

不定期展览会分为长期展览会和短期展览会。长期展览会可以是三个月、半年甚至常设，短期展览会一般不超过一个月。在发达国家，专业贸易展览会一般是三天。

（五）按展览场地分类

（1）室内场馆展览会：大部分展览会是在专用展览场馆举办的。展览场馆按室内场和室外场馆划分。室内场馆多用于展示常规展品的展览会，如纺织展、电子展。

（2）室外场馆展览会：室外场馆多用于展示大型重型展品的展览会，如航空展、矿山设备展。

（3）在几个地方轮流举办的展览会被称作巡回展，如中国非物质文化遗产全国巡回展。

三、展览会的内容和过程

展览会的举办过程一般包括开幕式、产品展览与推介、闭幕式三个阶段。

（一）开幕式

办展机构一般以举行展览会开幕式的形式来宣告展览会开幕。通过开幕式，办展方还可以向公众展示本展览会的规模、实力和会展的品牌形象，因而备受重视。

开幕式一般按照事先定好的开幕式程序或议程，在主持人的主持下逐项进行。

（二）产品展览与推介

产品展览与推介是展览会举行期间的主要工作，主要由参展商来完成，办展方则通过为参展商提供信息发布、产品推介等工作的思路和渠道，以及相关的各项服务，为参展商和专业观众更好地沟通与交易提供便利。

展览会可以通过专门设计新产品展区、媒体宣传日、召开新闻发布会、产品推介会、专业讨论会等形式，帮助参展商、观众和媒体方便地获取和交流新技术、新产品的开发情况、行业发展趋势等重要信息。

（三）闭幕式

闭幕式一般以轻松的方式，宣布展览会圆满结束。闭幕式的议程与开幕式相似，不过在具体活动的安排上，一般比开幕式更注重娱乐性。一些小型的展览会也可以不安排闭幕式。

📶 知识链接

第十八届中国国际动漫游戏博览会开幕　数字技术拓展文旅新体验

7月13日，为期四天的第十八届中国国际动漫游戏博览会（以下简称"CCG EXPO 2023"）在上海世博展览馆如期开幕。本届展会由中国国际动漫游戏博览会组委会主办，上海广播电视台、上海文化广播影视集团有限公司（简称"上海文广集团"）、（上海）国家动漫游戏产业振兴基地、东方明珠新媒体股份有限公司（简称"东方明珠新媒体"）承办。

文化和旅游部产业发展司副司长马力，上海市委宣传部副部长王亚元，上海文广集团党委书记、董事长、东方明珠新媒体党委书记、董事长沈军，上海文广集团党委副书记、台长、总裁、东方明珠新媒体副董事长宋炯明，上海市文化和旅游局副局长金雷，上海文广集团党委委员、东方明珠新媒体总裁刘晓峰，海南广播电视总台党委委员、副台长王雷等出席开幕仪式。

马力向博览会开幕表示祝贺并预祝博览会圆满成功。他说，中国国际动漫游戏博览会是列入文化和旅游部"十四五"文化和旅游发展规划、《长江文化保护传承弘扬规划》等文件中重点培育的全国性动漫展会，也是上海的一大文化会展品牌。一路走来，今年已是第十八届，十八象征着成年，希望本届博览会在新的起点上不忘初心再出发、守正创新再启航，为全国动漫游戏产业发展发挥更大作用，也为建设中华民族现代文明作出更大贡献。

沈军代表主办方致辞。她表示，18年来，中国国际动漫游戏博览会积极参与搭建创新合作平台，以精品扩大影响，以影响创造品牌，助力中国动漫产业拔节生长。当前上海正深入落实"数字中国"战略、大力发展数字经济。今年展会也更加凸显"数字赋能"，首次采用线上数字平台联动线下活动的方式，打造虚拟偶像、数字艺术、数字文旅等新亮点，在文化与科技的跨界融合中探索无限可能，着力呈现一场数字化、智慧化、智能化的动漫盛会。

开幕仪式上，CCGVERSE中国国际动漫游戏版权合作平台全新揭幕；由上海文广集团、海南广播电视总台与同济大学共同发起的第一届海南国际数字艺术节宣布将于今年年底在海南省举办；陕西益航文化旅游股份有限公司将与CCG EXPO组委会于10月27日至30日在西安曲江竞技中心合作举办"CCG EXPO—风华长安"活动；上海市文创产品开发联盟宣布成立，CCLIFE青年文创设计大赛正式启动。一系列文创产业平台及重大合作项目集中发布，显示了数字技术与文旅消费深度融合迸发的创新活力。

开幕仪式后，马力、王亚元一行来到现场视察展馆，在实地走访中与展会参展商代表深入交流，倾听他们对于展会组织以及行业发展的建议和意见。马力、王亚元充分肯定了CCG EXPO的举办对于促进文旅产业健康发展的积极作用，同时表示，CCG EXPO作为上海知名的动漫游戏文化展会之一，未来要不断夯实基础、创新求变，持续助力打响"上海文化"品牌、提升城市软实力。沈军、宋炯明、金雷、刘晓峰等陪同巡展。

作为国内外动漫游戏产业的"风向标"之一，每年的CCG EXPO都充分展示行业发展的累累硕果，为国内外展商和从业者搭建了一个平等、高效的交流平台。本届博览会展区面积超过4万平方米，吸引上海文广集团、哔哩哔哩、天闻角川、玄机科技、寿屋、GOOD SMILE COMPANY、DeNA、盛趣游戏、巨人网络、恺英网络、跳跃网络、IPSTAR 潮玩星球等近 300 家中外展商参展。

数字时代新文旅 沉浸式业态引人注目

"数字文旅"是本届展会的重要主题。开幕日上午，一场主题为"数字时代下的文旅融合新生态"的交流活动热烈举行。与会嘉宾围绕如何构建数字文化产业高质量发展生态体系，解读沉浸式业态、文旅融合等发展新热点，探讨文化与科技融合创新对文旅产业发展的强力驱动，分享文旅融合发展的成果。

本届展会在中厅特设"数字文旅赋能新消费"主题展，通过身临其境的布景装置，提供包括《消失的法老》沉浸式探索体验、天闻角川《小豆泥》主题餐厅系列插画、超人气国漫中国奇谭系列《小妖怪的夏天》《小卖部》动画场景、《黑猫警长》露营文旅项目等多元内容。上海造币厂还为本次盛会精心设计定制了一款 CCG 纪念章，观众可在主题展现场亲自将图案"打"在"金币"上，体验"造币"的古老工艺与神奇过程，获得独一无二的 CCG 专属金属印记。

围绕"数字文旅"主题，本届展会首次推出"时光旅人"主题沉浸式互动打卡活动。游客在故事设定下可以扮演不同的角色，通过线上小程序参与展商展位互动打卡并获得奖品。中航环球打造中国首家古风沉浸式实景商业街，并与《剑侠情缘网络版 3》联手，在上海建立中航数字孪生科技与实景娱乐融合研究基地。作为国内首创项目，通过数字孪生技术和线上 + 线下互动，将中国优秀传统文化呈现给广大游客。

虚拟数字偶像也是当下广受动漫爱好者欢迎的表现形式。开展首日，中国绊爱等 20 多位具有极高人气的虚拟主播和虚拟偶像亮相主舞台，与展会现场和线上观看直播的观众互动，气氛火热。

首展首秀看点迭出 多元化体验精彩纷呈

上海文广集团首次亮相本届 CCG EXPO，带来数字文旅体验和创新视听领域的前沿成果。在由东方明珠新媒体自主开发创作经营的线下大型沉浸式元宇宙剧场"1888 猎魔社"中，游客们可以跟剧中人物自由互动。百视 TV App 展示了在美食、文化、旅游、大健康、体育等泛娱乐、泛生活领域的内容服务。中国广电 5G 与 CCG EXPO 联合推出 192VIP 套票，包含 CCG EXPO 2023 门票、中国广电"有线专属卡"5G 手机卡和《明日方舟》专属礼品。上海文广集团的虚拟主持人申芯雅空降现场，携手小杨生煎向大家问好。东方卫视首位超写实数字虚拟人东方媛初次亮相，力邀惊喜嘉宾加盟每日助阵，沉浸式体验动态捕捉装置呈现科技与创意的精彩融合。SMG 技术中心、上海东方技术传媒也带来了年轻力品牌"虚拟偶像塔可"等。上海广电影视制作有限公司团队为上海文广集团展区提供了全程设计和搭建服务。

今年的展会还迎来更多首次参展的新朋友：原神米游社将举办七圣召唤水友赛，邀请选手和观众互动并进行现场比拼，还有创作者现场签绘活动。国际知名游戏制作人陈星汉工作室携《光·遇》周边品牌 thatskyshop 亮相，以精心设计的产品作为游戏延伸，带领玩家重温游戏的美妙体验。

国产动漫 IP 同样看点迭出：腾讯视频除了《吞噬星空》《斗罗大陆 Ⅱ 绝世唐门》《全职高手》《狐妖小红娘》等佳作之外，还带来《遮天》《镖人》《超时空护卫队》三部新作。玄机科技打造美轮美奂的"鬼刀艺术画展"。"BILIBILI X CCGMAX UP 主集市"汇聚超 70 位绘画手工创作 UP 主及社团。中国银行把"时控银行"搬进 CCG EXPO 2023，带来以看板娘芷绫 2023 形象定制的新版中行 CCG 联名储蓄卡。

展会现场，各式各样的舞台节目也不容错过。不仅"夏乐未央"群音会和"花 YOUNG 年华"CCG 舞蹈大赛如约而至，今年展会还跨界音乐剧，推出即将在上海第一百货正式首演的音乐剧《少年歌行·梵音谣》特别活动，邀请主演们与大家见面。除了主舞台，现场还设置了官方签售区，AKB48 Team SH 等嘉宾纷纷登场，与观众近距离互动。

今年 CCG EXPO 的精彩还不局限于展馆内。在展馆外，组委会与欧桦文化、CGV 影城携手推出"动画电影嘉年华 2023——日本动画电影展映"。《宝可梦》系列、《鲁邦三世》系列、《蜡笔小新》系列等 9 部动画电影将陆续在上海 5 家影院放映，展映活动将持续至 7 月 24 日，让漫迷大饱眼福。（消息来源：东方明珠）

🔊 实训

以小组为单位，收集相关展览会信息，列举一定数量的展览会并附上简短说明，对展览会进行基本分类。

1.通过网络、报刊、电视等媒介收集相关会展信息，将你所感兴趣的会展列举不少于两个，对其进行简单分类说明后，谈谈你感兴趣的原因。

2.走进会展，对所在地区举办的会展进行近距离观察、了解，通过亲身体验思考，写出自己的参展感言（体会）。

🔊 自测题

1.什么是会展？

2.会展有哪些类型？

3.会展能为社会带来哪些效应？

任务二　办展方的主要工作

在新时代背景下，举办各类展览会是推动我国经济发展、展示国家形象的重要途径。展览会的主办机构和承办机构（协办机构）包括政府部门、行业协会、专业协会、商会、专业性展览公司等，这些组织共同为参展商和买家提供一个良好的交流平台，促进交易达成，实现双方共赢。策划高质量展览会需要办展方体现专业精神与合作精神，在确定会展方案、场地设计等环节注重细节，做好参展商招商和观众组织；同时发挥团队协作能力，与各方沟通协调，形成工作合力，确保会展顺利开展，达成推动经济发展的目标。考虑到办展工作头绪众多，可将办展方的主要工作概括为如下流程：

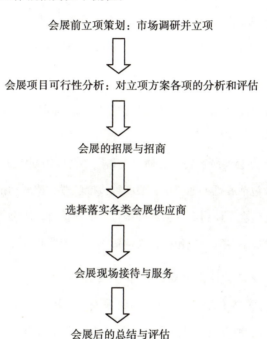

会展前立项策划：市场调研并立项

会展项目可行性分析：对立项方案各项的分析和评估

会展的招展与招商

选择落实各类会展供应商

会展现场接待与服务

会展后的总结与评估

一、会展立项

立项，是举办展览会的第一步。立项之前，要做好以下工作：

（一）市场分析

在确定会展基本内容之前，要对市场进行全面审视和多角度分析，包括对会展展览题材所在产业和市场情况的分析，对国家有关法律、政策的分析，对相关会展情况的分析，对会展举办地市场的分析等。在进行市场分析时，应重点考察准备立项的会展题材的市场基础与存在的竞争风险。

（二）提出会展立项的基本内容

其基本内容包括会展的名称和举办地点、办展机构的组成、展品范围、办展时间安排、会展定位、招展和招商计划等。

1. 会展的时间和地点

办展时间包括三种：一是指具体办展时间；二是展期，一般为 3~5 天；三是指展览会举办的周期，一般依据市场需求来确定。另外还要规划好筹展和撤展时间，以及对不同的观众开放的时间。办展地点最好选择在展品所在行业生产或销售比较集中的地方。

2. 会展定位

会展定位就是要清晰地告诉参展企业和观众本会展"是什么"和"有什么"，即办展机构根据自身的资源条件和某些竞争优势，树立明确的会展形象。

3. 制订会展价格和初步预算方案

在制订会展价格时，一般遵循"优地优价"原则，即那些便于展示和观众流量大的展位的价格往往要高一些。

初步预算是对举办会展所需要的各种费用和举办会展预期将获得的收入进行的初步预算。会展的成本费用一般包括展览场地费用、会展宣传推广费、招展和招商的费用、会展期间举行相关活动（如技术交流会、研讨会、会展开幕式、嘉宾接待、酒会等）的费用、办公费用和人员费用、税收等。会展的收入一般包括：展位费收入、门票收入、广告和企业赞助收入等。

4. 会展的人员分工、招展招商计划和宣传推广计划

人员分工即对会展工作人员的工作进行统筹安排。招展招商计划即分别为招揽企业参展和观众参观而制订的各种策略、措施和办法。宣传推广计划即为树立会展形象和建立会展品牌而策划的营销方案。

5. 会展进度计划、现场管理计划和会展相关活动计划

会展进度计划即在时间上对会展工作进行阶段性安排。现场管理计划即会展开幕后对会展现场进行有效管理而进行的各种计划安排，一般包括会展开幕计划、会展展场管理计划、观众登记计划和撤展计划等。会展相关活动计划即对准备在会展期间举办的各种相关活动作出的计划安排，最常见的有技术交流会、研讨会和各种表演等，是会展的有益补充。

会展立项工作的书面成果是《会展立项策划书》或《会展工作方案》。

二、会展项目可行性分析

会展项目可行性分析是会展项目立项工作的继续，是对本立项是否可行作出系统的评估和说明，并为最终完善该会展项目的具体执行方案提供改进依据和建议。

会展项目可行性分析包括以下内容：

（一）市场环境分析

市场环境分析是在会展立项市场分析的基础上，进一步收集掌握相关信息，深入研究计划举办的会展项目的外部因素，即分析和论证举办会展的各种政策基础、社会基础、市场条件是否具备。分析的主要内容包括：

1.宏观市场环境分析

宏观市场环境分析包括对人口环境、经济环境、技术环境、政治法律环境、社会文化环境等的分析。

2.微观市场环境分析

微观市场环境分析包括对办展机构内部环境、目标客户、竞争者、营销中介、服务商、社会公众等的分析。

3.市场环境总体评价

市场环境总体评价即对市场环境的整体分析和综合评估。根据掌握的信息对未来的环境变化趋势作出预测。

（二）会展项目生命力分析

会展项目生命力分析即分析本会展是否具有发展前途。分析的主要内容包括：

1.项目发展空间

项目发展空间即分析举办该会展所依托的产业空间、市场空间、地域空间、政策空间等是否具备。

2.项目竞争力

项目竞争力包括对会展定位的号召力、办展机构的品牌影响力、参展商和观众的构成、会展价格、会展服务等方面的分析。

3.对办展机构的优势分析

对办展机构的优势分析，可使办展机构在其擅长的产业领域和熟悉的会展类型中更能发挥自身优势，也容易成功。

（三）会展执行方案分析

会展执行方案分析，主要分析会展执行方案是否完备，是否能够保证该会展目标的实现。分析的重点内容有：会展基本框架设计、招展招商计划和宣传推广计划、会展进度计划、现场管理计划和会展相关活动计划等。

（四）会展项目财务分析

会展项目财务分析是从办展机构财务的角度出发，按照国家现行的财政、税收、经济、金融等规定，分析测算举办该展览会的费用支出和收益，并以适当的形式组织和规划好举办展览会所需的资金。分析的主要内容包括价格定位、成本收入预测、盈亏平衡分析、现金流量分析、资金筹措方式等。

会展项目财务分析的主要目的是看计划举办的会展是否经济可行，并为即将举办的会展制订资金使用规划。

（五）风险预测

从可行性分析的角度看，风险就是在办展过程中，由于一些难以预料和无法控制因素的作用，导致计划改变甚至无法实施，使办展机构有蒙受经济损失的可能性。风险预测的主要内容包括市场风险、经营风险、财务风险、合作风险等。

（六）提出存在的问题和改进措施

通过以上可行性分析，指出会展项目立项和会展立项策划书中可能对会展产生影响的问题，并针对这些问题提出相应的改进措施。

会展项目可行性分析的书面成果是《会展项目可行性分析报告》。

三、会展的营销工作

《会展项目可行性分析报告》经批准以后，会展项目就进入了具体筹备阶段。这一阶段的工作内容主要有指定展位承建商、编制展区清洁和保安计划、安排会展运输代理服务、会展旅游代理和接待服务、进行会展营销等。

其中，会展营销需要运用各种宣传推广手段，向参展商招展，向观众招商，尽量争取前来参展和观展的单位与个人名气大、数量多。会展营销是会展筹备阶段的工作重点，这一环节是否卓有成效，严重影响到本次办展的社会影响力、经济效益和会展品牌价值。

（一）会展的宣传推广

会展宣传推广是会展工作的关键之一，主要围绕会展的主题，通过全方位立体宣传，提升会展的知名度和参与度，以吸引更多目标客户。根据不同的渠道特点及其发挥作用的形式，宣传推广的渠道可以归纳为四种：

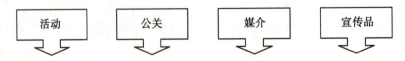

1. 活动

办展方以独立、联合、协办、委托等多种形式举办各种活动，通过与目标客户直接接触互动，增强客户对展会的兴趣和了解。活动形式包括巡游路演、文化娱乐演出、名人推介、旅游推广、宣传品征集、各种网络论坛与会议等。

2. 公关

办展方可借助其他国内外相关事件、重大活动平台，与展会主题进行有机整合，以达到更广泛的展会信息传播。

可利用的事件与活动包括其他类型的展览会，著名国际会议与论坛、体育赛事、媒体热点事件、行业活动、节庆假日等。

3. 媒介

宣传推广活动中，可以广泛利用媒体或媒体组合宣传，应根据不同的目的和需要，采用广告、新闻报道、专栏或其他形式对展览会进行有针对性的宣传。

媒介传播形式包括报刊、广播、电视、户外媒体、互联网、数字新媒体等。

4. 宣传品

针对不同的目标受众，办展方提供各种信息或纸面宣传资料，包括平面制作物（展会杂志、宣传手册）、影视制作物（主题资料片）、网络广告、其他相关纪念品或特许产品。

（二）会展的招展工作

招展工作是办展机构在宣传推广工作的配合之下，利用种种营销策略吸引企业参展，以将展位销售给它们的过程。招展工作包括：

1. 确定招展重点区域

（1）将企业比较集中的地区作为展览会招展的重点地区。

（2）根据行业内的企业结构（如大小、外资、民营企业比例等）进行针对性招展和布展。

（3）根据行业客户类型和销售季节来确定办展重点。

2. 收集参展商信息

在确定了重点招展地区以后，可以通过各种渠道收集目标参展商的信息。渠道如下：

（1）行业企业名录。

（2）商会或行业协会、同类会展。

（3）政府主管部门，外国驻华代表机构等。

（4）专业报刊或相关专业网站。

3. 布置展区和展位

（1）一般按专业题材划分展区。

（2）展位的位置要便于查找。

（3）展区展位的布置要兼顾展品的特点、展位的搭装效果和观众的参观感受。

（4）展区展位的划分要符合消防安全管理，同时要有清晰的指导图示。

4. 制订招展价格

招展价格一般分为两种：标准展位价格和空地展位价格。

标准展位价格：按一个展位单价来计算。

空地展位价格：按每平方米单价来计算。

5. 编制招展函

招展函又称参展手册，是办展方用来详细介绍展览会的有关情况并招揽目标参展商的邀请函，常常被制作成小册子。招展函的主要内容有：

（1）会展的基本内容，主要包括会展名称和标志（LOGO）、会展的举办时间和地点、办展机构、办展的背景和目标、展品范围和价格等。

（2）往届展览会所取得的成绩，一般包括参展商和专业观众的数量、专业观众结构分析等。

（3）本届会展的招商和宣传推广计划，主要包括：会展招商计划、宣传推广计划、相关活动计划、会展服务项目等。目的是说明办展机构有能力制造较大的宣传攻势，吸引到足够的专业观众，保证良好的服务。

（4）参展办法，主要包括参展程序介绍、展位和广告等配套服务项目、参展申请表、付款方式、办展机构的联系方式等有关材料和图片。图片材料包括展馆平面图、展位分布图、周边地区交通图等。

（5）参展回执。以表格形式登记参展公司的单位信息、预订展位面积、费用总额等主要参展信息。若目标参展商打算参展，就可以填写该表并寄送或传真给办展机构，为预订展位、签订参展合同作准备。

在编制招展函时，还要考虑招展函的印刷数量、发送范围和发送方式等问题。

6. 向目标参展商发出招展信息

发送招展函的时机很重要，一般多在年度开始时发送，同时，在寄发后要分别列出时间表进行追踪反馈。发出招展信息的渠道与策略主要有：

（1）在会展的专门网站，以及会展题材所在专业的相关网站、杂志发布招展函。

（2）向目标参展商中的重点招展对象寄送招展邀请函、征询函、调查表、《会展通讯》等。

（3）训练专业的电话营销人员，通过电话营销逐一向可能的参展商打电话介绍会展情况，征询其招展意见。

（4）上门拜访会展题材所在行业中知名的大型企业，以知名大企业的积极参展带动小型企业参展的热情。

（5）取得国内外行业协会的支持，通过行业协会邀请参展对象做招商工作。

（6）"以会带展，以展带会。"在举行展览会特别是专业性展览会期间，召开相应的研讨会，以会议研讨内容的重要性、前沿性，引起企业展示或了解新科技、新形势的需要，促使其参加展览会。

（7）向填写了《参展申请书/参展回执》的目标参展商寄送参展合同、内容较详细的《参展商手册》（或《参展须知》），并提请其及时支付各种款项。

（三）会展招商工作

会展招商就是邀请观众来会展现场参观。招商对象可分为专业观众和普通观众。专业观众和参展商所期望的其他观众被称为有效观众。展览会努力的目标是使有效观众比重保持在30%以上，成功的招商即能邀请尽量多的专业观众到展览会参观。招商的主要工作有：

（1）确定展览会展品的主要消费市场地域分布状况和需求情况。

（2）收集专业观众信息。收集的渠道主要有：专业媒体、有关的行业协会和商会、各种大众媒体、同类展览会、政府主管部门等。除了合理选择上述招商渠道外，还可以策划相关活动吸引观众，如行业会议、专业研讨会，等等。

（3）编制观众邀请函。观众邀请函主要针对目标观众介绍会展的基本情况，以吸引其到展览会参观。一般发送时间为开展前的一个月，国际性会展则需提前2~3个月。观众邀请函的内容主要包括：

①会展的基本内容。如会展的名称和标识、举办时间和地点、办展机构、对前几届会展的总结、本届会展的特点和优势等。

②会展招展情况。包括展出的主要展品、参加展出的新产品和行业知名企业的重点介绍。

③会展期间举办的相关活动。应列出举行这些活动的时间、地点和主题等，以方便观众提前安排时间与准备等。

④观众邀请函后面附上参观回执表，方便观众预先登记。

中国上海 ×× 产业展览会

贵宾观众邀请函

尊敬的＿＿＿＿＿＿＿＿＿＿＿＿＿＿先生（女士）：

    我们诚挚地邀请您参加"中国上海 ×× 产业展览会"。这将是一次 ×× 业界的盛会和推动中国 ×× 产业发展的平台！您将在我们展览会上洽谈业务的同时了解最新的行业信息，我们也将为您提供便捷而有效的专业渠道，期待您届时光临！

    顺颂商祺

××××（主办方）

××××年××月××日

一、展览会概况：（略）

二、展示内容：（略）

三、广告传媒企业：（略）

四、产品供应商：（略）

五、展览会相关活动：（略）

六、联系方式：（略）

中国上海 ×× 产业展览会贵宾回执表

姓名		性别	□男　□女
公司名称		办证照片	请您登录展览会官方网站（www.××××××.org）提交您的办证照片。
通信地址	邮编		
电话			
电子邮箱			
身份证号码		备注	回执请填写并回传至: ××××××

说明: 观众邀请函和回执主要是发给一些大客户、VIP 客户, 他们是展览会的主要采购商, 招商的主要目的就是吸引大采购商参加展览会。通过贵宾回执可以了解目标观众的详细资料, 为展览会的接待和现场服务工作提供便利。

    （4）向目标观众发出招商信息。对于专业性展览会，发送招商信息的渠道、策略和发送招展信息基本一样。若是消费性展览会，还可到举办城市的重要地段散发观众邀请函和《会展通讯》等宣传资料。

    邮寄观众邀请函时要注意，若寄送太早，容易使目标观众遗忘会展信息和办展日期，因此，最好在开幕前一个月左右才开始向目标观众投寄，对于国外的观众则要适度提前。

（5）向一些特别希望争取的目标观众发放免费门票，以吸引他们前来观展，扩大展览会的影响。

（四）会展现场服务

从会展的筹备阶段来看，会展现场服务指从布展、开幕、展览期间到最后闭幕、撤展等过程中，对会展所有事务的管理与服务工作。会展现场服务质量的高低直接决定会展的成败，因此需要全面考虑和精心筹备。

1. 布展服务

（1）布展时间的确定。展览会的规模大小影响布展时间，对于一般的展览会，其布展时间常在2~4天。

（2）布展前的手续办理和沟通协调。根据国内对展览会的管理规定，办展机构在组织布展前需要到工商、消防、安保和海关等部门办理有关手续。若展馆位于城市中心地带，有些城市还需为外地参展商办理外地车辆进城证。

办展机构还需要与会展指定承建商和展品运输代理进行充分协调和沟通，共同交流对展览会现场布置和展台搭建的意见，以保证会展布展现场秩序井然、展品运输有条不紊。根据规模和需要，还需制订紧急情况应对预案。

（3）接待参展商。对于赶来布展的参展商，应为其设置两个接待站，一个设置在为外地参展商指定的宾馆，一个设置在展览会现场。前者的主要工作是引导外地参展商住宿；后者的主要工作则包括：对参展商进行报到登记，向参展商派发参展证和参会指南、确认展位和展品进入场地，为参展商提供各种咨询服务等。

（4）布置会展现场环境。布展工作包括展位画线、地毯铺设、展位楣板制作、现场安保工作、垃圾清运工作以及消防安检标识制作等一系列工作，以确保展览场馆安全、协调、美观、隆重，并方便观众参观。

2. 展览会开幕的工作

办展机构一般以举行开幕式的形式来宣告展览会开幕。开幕式是一项综合性较强的大型活动，因此，要提前做好周密的策划和部署，以保证开幕式如期隆重举行。但是随着洽谈日趋高效务实的发展态势，现在也出现了一些无开幕式的展览会，且受到参展各方的广泛好评和欢迎。

3. 展览会召开期间的工作

展出期间是会展最重要和最关键的阶段。展览会的效果不仅取决于前期的大量筹备工作，也取决于展览会召开期间的现场工作。办展机构、参展商、观众的目标主要在这一阶段得以实现，这一阶段的工作将直接决定展览会举办成功与否。展览会期间的工作主要包括：

（1）做好观众的登记和服务。办展机构要在会展入口处安排观众进行登记，同时还要引导观众参观、接受观众的信息咨询、为观众提供休息场地、贸易谈判区等便利服务。

（2）对参展商的联络和服务。办展机构应竭力为参展商提供便利和服务，如为企业提供洽谈间（休息室），为企业提供签订合同场所，及时将参观者的信息反馈给企业，积极与企业沟通，了解企业的想法及要求，以联络感情，争取以后的合作机会。

（3）对媒体的接待与安排。展览会期间，会有展览会媒体主动前来参观采访，办展机构应予以热情接待和安排。办展机构也可以主动联系相关媒体，设置展览会新闻中心，有意识地对外发布一些会展方面的新闻，以进一步扩大展览会的影响力。

（4）对会展相关活动的协调和服务。对于在展览会期间举办的各种会议、比赛、表演和其他相关活动，办展机构应从场地、设施、服务等各方面积极进行安排和协调。

（5）做好会展知识产权保护工作。办展方在展览会期间可设立专门的办公室，负责处理参展商有关知识产权方面的侵权投诉，处理可能出现的知识产权纠纷。

（6）做好会展现场的安全保卫、秩序维护、清洁卫生等工作。会展期间的安保工作重点是防止可疑人员进入展览会，防止展品丢失、被盗，以及展会消防安全，协助参展方维持秩序，并负责展馆公共区域的清洁卫生工作，以便为展览会提供一个安全、整洁的贸易环境。

（7）与有关方面商谈下一届会展的合作、代理、参展事宜。会展的各合作单位和会展的招展、招商代理商一般在展览会举办期间都会亲临会展，办展机构应借此机会与他们商谈下一届会展的合作与代理招展、招商等事宜，为下一届会展做准备。

4. 展览会撤展时的工作

展览会的撤展工作一般为大会的最后一天下午提前一个小时，办展机构在撤展时的主要工作有进行会场登记和出访，派送撤馆通知。撤展要求：

（1）保持馆内秩序，参展商按规定的程序安全撤除展台。

（2）参展商将临时租用的展具及时退还给展柜服务部门或承建商。

（3）每个参展商清理并保管好自己的展品。

（4）按照先后顺序组织参展商展品的处理和回运。

（5）展会或指定的承建商要及时清理展览场地，进行场馆的复原工作。

（6）与展馆、展位承建商、各代理和服务机构等办理工作与费用结清手续。

5. 展后的总结评估工作

会展评估，是指对会展的运营状态、实际效果和各方反映等情况进行充分调查、取证、分析后进行系统评价。会展评估可以由办展方自己进行，目的是主动了解情况，及时发现问题，不断总结提高；也可以由上级主管部门进行，目的是对该会展项目进行考核，以加强管理或决定今后的政策。

会展评估是为了了解展览会的效率和效益，倡导诚信会展，从而树立会展品牌，最终达到规范行业竞争的目的。

会展评估是一个有计划、有步骤的动态过程，通常包含以下程序：确定会展评估的内容—选择合理的评估标准—收集相关信息—撰写评估报告。

（1）确定会展评估的内容。如展览会的面积、参展商满意率、观众的满意度、展览会的连续性、展览会的规模、展览会的成交量、广告宣传的力度等。

（2）选择合理的评估标准。因为评估标准直接决定评估的结果，所以确定标准时应做到权威、客观、规范、明确、具体、可操作性强。

📡 范文 6-2

中国境内对外经济技术展览会评估标准和认证办法（试行）

第二十四条　除第二十三条所述基本标准外，"AAA级对外经济技术展览会"还应达到如下标准：

1. 在全国范围内具有突出的示范性、很强的专业性。具体要求是：

（1）有来自全国11个以上省（自治区、直辖市）的参展商，且参展净面积（系指参展商租用的面积总额，下同）的比例达到30%以上；

（2）采购商数量不低于观众总数的50%；

（3）展览会的境外采购商不低于观众总数的30%或者境外参展商（不包括境内外商投资企业）不少于参展商总数的20%；

（4）展览净面积不少于20 000平方米，展览会特殊装修的展位（系指并非按照标准展位方式展示而是专门设计特别装修的展览位置及其所覆盖的面积，下同）面积占展览净面积比例不少于40%，其布展要体现出节约和环保的原则。

2. 展览会所确定主题和展出内容符合国家对外经济贸易发展战略导向，做到与市场需求、客户愿望紧密契合，在国内同类别的展览会中具有较高的影响力。具体要考察相关政府部门、行业组织的评价、国内外媒体的反响等。

3. 展品中经国家有关部门认定的省级以上驰名商标、中国名牌和商务部重点扶持的出口品牌总数应达到该展会展品品牌总数的30%以上。

4. 在现场对参展商和采购商的抽样调查中，"满意"和"很满意"的比例均高于80%；表示愿意参加下届展览会的比例高于70%；"不满意"和"很不满意"的比例低于3%。

📶 知识链接

2022 年黄河流域跨境电商博览会 "梦起黄河 同心共赢"

8 月 26 日至 28 日，2022 年黄河流域跨境电商博览会在青岛西海岸新区举办。本次博览会创新实行双线联动：线下，覆盖 38 个国家和地区的 1 万余种商品悉数亮相，400 多家企业参展，知名品牌占比达到 70%；线上，设立官方直播间，全程举办跨境电商云购节、"跨境优品——RCEP 线上对接会"等超 15 场丰富的线上直播活动。通过线上线下联动，众多沿黄流域的跨境电商和跨境商品在这里入境出海，实现经贸联通。

跨境电商产品竞相亮相

作为全国首个黄河流域跨境电商专业展会，本次参展的各展馆风格各异，以多样化形式展示山东 16 市特色产品、黄河流域 9 省（区）及新疆特色商品、跨境电商进出口商品等，充分彰显了"梦起黄河 同心共赢"的主题。

记者在博览会现场看到，2 号和 4 号馆的人气颇高。2 号馆为山东特色产业带展区，这里不仅有济宁的假发、泰安的桌面微景观生态缸，还有淄博的宠物用品、潍坊的风筝以及威海的钓鱼竿等，这些跨境电商热销品为当地企业"出海"打开了新的渠道。在主打国际进口品牌的 4 号馆内，各种国际进口品牌琳琅满目，国内消费者熟悉的韩国化妆品、德国保健品和日本食品，物美价廉，吸引了许多市民游客争相购买。

来自内蒙古自治区的参展企业炬商通，是一家集跨境电商、国际供应链、境内电商、跨境电商产业园运营为一体的新型全产业链企业，分别在 3 号馆、8 号馆设置了展区。记者在炬商通位于 8 号馆的展示区看到，他们在该展馆展示的是内蒙古自治区的特色服装、羊绒衫和工艺品等。"我们的商品除了面向前来采购的专业客商，也对普通市民进行零售。"炬商通创始人、炬商通控股董事长高意伦亲自带队参与了展出，他表示，"这是企业第一次来青岛，但是之前一直与青岛有着密切的业务往来。"

在参展的同时，炬商通还邀请常年合作的客户一同来到了博览会，在会上进行商品采购。高意伦告诉记者："这个博览会有着丰富的业态，把我们的合作商家邀请过来，他们也在博览会上进行了一些深度交流和资源互换。我们企业与客户、博览会之间密切合作，实现了多方共赢。"

洞察跨境圈最新趋势

8月27日，知名跨境电商大V"乐达星国际董事长"、拥有20年外贸进出口经验的"大苗讲外贸"为观众带来"跨境优品——RCEP线上对接会"进口产品专场直播。通过热门平台，借助直观便捷的线上互动方式，洞察跨境圈的最新趋势，在线上线下促进供采双方有效交流对接。

同时，"跨境优品——RCEP线上对接会"在展会现场举办，邀请到从事跨境电商行业多年的外贸团长Jason。Jason以专业视角为采购商进行跨境电商新品爆品专场直播，向其推荐参展企业全球首发及海外市场爆款产品，并分析前沿海外爆品趋势及新品研发方向。

8月28日，展会现场还举办"跨境优品——RCEP出口产品线上对接会"，邀请跨境电商独立站金牌讲师、深耕跨境电商独立站行业的跨境电商行业大V"谢大叔的跨境电商日记"，选取国内知名出口产业带龙头企业及源头工厂产品，多角度分析产品优势亮点。

在此期间，2022年青岛市跨境电商进口直播大赛总决赛暨颁奖典礼也在展会上举办，活动由青岛市贸易发展服务中心主办，营造了青岛市跨境电商就业创业氛围，完善跨境电商行业生态圈，搭建活跃、优良的电商交流沟通平台，并匹配大赛优质的跨境服务资源，培育跨境电商直播销售专业人才。

搭建供需对接平台

博览会期间，海内外网红天团共举办了超10场全球直播云逛展，展示全国知名出口产业带，展示箱包鞋服、家居日用等品类企业产品。通过网红主播现场走播、实时报道，以更加直观的方式向东南亚国家及国内线上观众推介各省份知名出口产业带龙头企业及源头工厂。通过主播与展商互动，向观众介绍企业供应链优势，让直播间线上的采购商能够轻松匹配工厂，了解我国各类优质企业产品、优质源头供应链。

利用当下热门的直播方式，本届展会为线上采购商对接超1 000家的供应商，累计线上曝光量超3 000万人次。

博览会期间共举办了两场"跨境电商云购节"，助力30家企业产品直销东南亚市场；举办了3场"跨境优品线上对接会"，共展示60家企业150多个产品，直播累计浏览量超200万次，并直接促成32家企业和超300家采购商在线达成合作意向。

（资料来源：大众日报，2022年8月31日）

➲ 实训

　　以下是以普通消费者为目标的展览会，且能够在校园内得以策划实施，请根据以下情景设置及要求来策划举办一次校园主题展览会。

　　1. 情景设置

　　以"校园女生文化节"（或其他化妆品展、摄影展等）为主题，根据学校的实际情况，在本校内部（或其他院校甚至社会）开展活动。展览会要求组织周密，活动安排丰富，具有一定的吸引力，能有效地组织和服务参展商和观众，使展览会取得较好的效益，并在校园内（外）形成一定的影响力。为此，筹备小组应该积极完成以下内容：

　　（1）项目的立项策划。

　　（2）资金管理和运作。

　　（3）相关活动和程序的策划。

　　（4）相关活动和程序的实施。

　　（5）展览会的反馈调查和评估：在参展商和观众中展开满意度问卷调查，并依据调查结果完成评估报告。

　　2. 教学组织

　　指导教师组建项目团队，指定负责人并进行小组分工，对活动进展进行追踪指导。

　　3. 场所和设施要求

　　充分利用学校现有资源，如图书馆、学术报告厅、校史馆等场所，搭建展示背景，布置好展览会现场，力求为参展双方提供一个良好的展会环境。

➲ 自测题

　　1. 简述办展机构的招展工作流程。

　　2. 请谈谈会展营销中的几种典型宣传方式。

　　3. 会展筹备过程中的招展和招商工作内容分别有哪些？

　　4. 简述办展方在展览会召开期间的主要工作内容。

任务三　参展方的主要工作

参加展览会是企业最重要的营销方式之一，更是开辟新市场的首选方式。许多企业正是借助展览会，向国内外客户试销新产品、推出新品牌；并通过与世界各地买家的接触，了解谁是真正的客户、行业的发展趋势如何，最终达到推销产品、占领市场的目的。学习贯彻党的二十大精神，在创新和发展的理念下，企业应紧密结合国家发展战略，借助展览会等平台，提升国际竞争力，为我国经济发展作出贡献。

一、对参展的初步准备

（一）确定参展的主要目标

一般来讲，企业参展的目标通常有：树立和维护企业形象；进行产品展示和品牌推广；物色代理商、批发商或合作伙伴；了解竞争者情况和行业发展的最新资讯；结交新客户，联络老客户等。可能有的企业会同时抱有几种目的，但在参展之前务必要予以确定，以便有针对性地制订具体方案，区分工作重点。

（二）选择合适的展览会

择展是一项必要的前期工作，其目的是选择出能满足参展方营销战略需要、质量好、效益好的展览会。

1. 多渠道收集展览会信息

通过互联网、专业和行业杂志、户外广告和电话行销信息、行业协会活动等渠道多方面收集展览会信息。

2. 全面分析展览会信息

参展方要对展览会的相关性、影响力、往届信誉和效果进行分析。

（三）参展具体筹备工作

1. 索要参展资料

与选择好的展会主办单位取得联系，对方会传真或邮寄报展文件（包括展览会介绍资料、参展申请表格、参展费用、有关服务、展馆展位图、参展人员手册等）。

2. 确定展位

填好参展回执后，及时返还给展会主办者，在确认后支付一定的展位定金。展位的租用一般采取先到先得的方式。

3. 费用预算

参展费包括展位费、展位装饰装修费、展品运输保管费、人员差旅费、必要的设备租赁费、广告宣传费、资料印刷费、礼品制作费等。做参展经费预算时，还要加上总费用的10%，作为不可预见费用的支出。

（四）订立合同

决定参展后应与举办方订立合同，并在事前和事后请法律顾问出具意见和确认。

二、参展方案策划

（一）展位、展品、展台的选择和设计

1. 展位

应选择有利位置，重点考虑：出口、入口、中厅、休息区、餐饮区、洗手间附近等人流密集地段。避免选择死角、有墙柱障碍等展位。

2. 展品

在选择展出产品时，首先要考虑新产品，展览会是宣传介绍新产品的最佳机会。可以根据产品的特点选择合适新颖的展示方式。

3. 展台

根据展品特点设计展台的结构，整体布置要求远观效果醒目有冲击力，近观效果舒适、明快，整体效果协调。

（二）展览资料的准备

参加展览会之前要准备足够的宣传资料，包括名片、产品介绍、公司介绍、产品价格清单等，注意名片和相关资料要固定牢固。

（三）展览会上的广告宣传

（1）根据需要可考虑在会刊发布广告，以封面或页内文章形式发表。

（2）可根据需要选择条幅、彩球等展外广告。

（3）在参展前三个月，可考虑以软广告形式在有影响力的刊物上发布报道，以扩大知名度。

（4）展出期间，要广泛使用各种宣传媒介，如实物、图片、文字、模型、产品功能示范操作、各种广告宣传品、赠品和试用样品等，形成综合性、复合型的传播能力，以吸引更多的目标观众，达到更好的促销效果。

（四）目标客户的邀请

参展前应邀请潜在客户、原有客户、目标客户前来参观，邀请应附赠门票和礼券，以增加吸引力。

（五）参展人员的配置和培训

根据展览会的规模，配备相应的参展人员，并做明确的职责分配和展前培训。

1. 人员配置

人员配备主要包括展示经理、展示助理、专业演示和讲解、销售人员、解说员。

2. 专业培训

培训内容包括展览必备常识、行为规范和礼仪、职责分配和合作沟通、活动时间表、产品知识及常规问题的统一回答，等等。

（六）参展费用的预算

租用展览场地的费用；广告宣传费；展品的运费、保险费、现场示范表演的产品费用；展台的设计和建造费用；展览场地的多种设备及相关环境装饰物的费用；公关活动的费用；参展人员的劳务费用以及应付偶发事件费用和杂项开支。

（七）展览会上的市场调研

展览会上可以对参观者和竞争对手进行一定程度的市场调研。

（八）参展效果的评估与分析

展览会闭幕后，参展企业应及时进行评估和分析，就下次是否参展作出初步决策，并为今后参加展览会积累一定经验。

三、参展时的主要工作

（1）参加展览会时务必提前到达会场。

（2）详细记录每一个到访客户的情况及要求，如有必要，可安排回访。

（3）在展览第一天即将新闻稿送到会场的记者通信厅，保持较强的宣传力度。

（4）对于没有把握的产品需求，应及时汇报总部以便作出合理答复，一旦应承，必须按质按期完成，以取得客户合作信心。

（5）每日与参展员工进行展览会简报分析和交流，商讨更合适的应对策略。

（6）每天将潜在商机及顾客资料送回公司总部，以便公司及时处理及回应。

（7）对展览现场过于冷清的情况作必要准备，如备好主动邀请、访问的名单，临时增加宣传项目等。

（8）调查了解其他参展商的参展情况，获取本行业产品、技术、营销等方面的新资讯，并整理汇报。

（9）对展览场地实地观察后，尽早预约明年场地。

四、撤展后的主要工作

（一）展后跟进

工作的主要内容有及时整理资料，处理参展期间获得的商机；继续销售；利用感谢之机，回访和问候客户等。展后跟进工作到位，可以充分利用参展所获得的资源，进一步发挥它们的效益，挖掘它们的潜在效能。

（二）对展览会的效果分析

展览会的效果分析包括参观流量、有效客户数量、展览对销售的促进效果、客户对该次展览会的印象，等等。

（三）展览会信息收集

展览会信息收集包括行业信息、产品发展动态、新技术、竞争对手信息、客户信息、客户咨询和建议、展示设计趋势和改进信息，等等。

（四）展览会总结报告

应在参展后一个月内由参展负责人提交，内容涵盖信息收集概要、效果分析、展览会评价、改进建议等。

📶 知识链接

参展商常犯的十种错误

雨恒

1. 参展目的不明确

参展目的是整个展览会中心。明确您在展览会的最终目的有助于别的工作的完成，主题展馆布局，产品摆设，等等。展览目的应推销贵公司产品并助其走向市场。

2. 忘记阅读参展商手册

参展商手册是您在展览会期间各方面的指南及省钱之道。这些手册内容简明易懂，里面有您想了解的关于展览会的一切——展览日程安排、登记程序、参展商资料、展览说明、运输服务、住房信息、广告促销信息等。

3. 最后一刻才制作展会安排用表

尽早制作您的日程表，参展前6~8个星期做好比较适宜并可避免时间紧迫造成的失误。

4. 忽略员工的劳动

员工花费大量的时间、金钱、精力以组织参展工作，然而，最后所有参加展览会组织准备工作的员工可能都被忽略在一旁。事实上，这些人是您的特使，应提前向他们传达您参展的目的、内容及期望。参展员工培训是建立团结专业形象的必需工作。

5. 忽视参展商的需求

通常参展员工都感到有义务尽量为参展商提供信息，却忽视他们的真正需要，缺乏沟通技巧而常常错过一些重要信息。要避免这一问题就要进行展览前的培训及准备工作。

6. 发送印刷品及精品

参展员工可能会在展览环境里不知所措或不习惯与陌生人交谈，最后会把本应保留的印刷品或精品发送出去。很重要的一点是参与组织展览会的人需乐于跟陌生人交谈并了解他们的需要。

7. 不熟悉产品的演示

很多时候参展员工都不懂得产品的演示，请于展览会前与员工沟通，以保证他们熟悉展馆摆设及展品演示。

8. 设立太多代表处

一些公司通常在展览会上设立几个代表处从而收集更多行业信息，这种做法是错误的。应严格控制参展员工人数并规定不到他们的工作时间无须出场，应给每人分派具体的任务。

9. 忽视展后工作的跟进

展览会结束之后，许多公司把展后的跟进工作放在了末位，越长时间不跟进这项工作，则越容易被荒置。应于参加展览会前建立时间表以便每日跟进工作，并使销售代表处的跟进工作更有意义。

10. 忽略展览会的评估

越了解自己在展览会上的表现，越有助于今后展览会的改进工作。展览会各不相同，每场展览会都有优缺点，永远都有尚待改进的地方。每次展览会结束请立即与员工共同进行自我评估，以便不断自我改进。

（资料来源：《大众商务》，2008年第3期）

🔊 实训

1. 情景描述

将学生分为几组，分别扮演参展企业和客商，模拟一次参展现场的应对情景。参展企业可以由学生自行设计类型（如 ×× 出口玩具公司、×× 礼品公司、×× 食品公司等），要求学生利用课外时间查阅整理好自己所属公司的相关资料（包括公司简介、产品信息、客户信息等）。客户要从自身所在公司需求出发，对相关展品进行问询，并和参展人员进行交流。

2. 教学组织

教师可让学生以小组为单位先递交整个小组的设计方案，然后利用实训室展开实训。

🔊 自测题

1. 展览会开始前，参展企业要准备哪些工作？

2. 参展时企业主要工作内容包括哪些？

3. 撤展后，参展企业要注意哪些事项？

项目七
常规会议的组织

知识目标

1. 了解企业常规会议的基本形式。

2. 熟悉企业常规会议的主要内容。

3. 掌握不同会议的组织特点。

能力目标

1. 能做好常规会议的准备工作。

2. 熟悉企业常规会议的文件写作。

3. 能完成企业常规会议的会场布置。

素质目标

1. 培养会议组织的全局意识。

2. 提高会议工作的服务意识。

3. 塑造重效率、能协作的职业品格。

任务一 行政办公会议

一、行政办公会议的基本形式

行政办公会议又称工作例会，是党政机关、企事业单位定期召开的讨论日常工作的会议，是集体办公的一种形式。会议旨在及时了解和掌握工作进展和任务完成情况，适时传达上级指示精神和本级贯彻意见，做好各项工作的安排和协调。

行政办公会议一般有"四定"，定时间、定地点、定人员、定周期。很多组织会每周召开一次行政办公会议，并将其固定在周一上午；因工作需要，也可提前或推迟召开；会议地点往往是内部固定的会议室；参加会议的人员一般为企业领导班子成员、各部门负责人以及与例会讨论事项有关的人员。

二、行政办公会议的基本内容

（1）各部门负责人或有关工作负责人汇报上周工作情况和本周工作计划以及需提交会议研究讨论的重点问题。

（2）领导班子成员根据各自分管的范围，部署安排有关工作任务，并对需要研究讨论的问题提出意见和建议。

（3）会议主持人总结工作情况，部署新的任务，决定和答复提交讨论问题的处理意见，提出工作要求。

三、行政办公会议的组织

（一）收集议题

办公室文秘人员应在固定时间，提前收集各部门已经分管领导批准的、需提交下次行政办公会议讨论的问题，向各位领导征询需上会传达或讨论的事项。

对议题的要求应注意重要性和必要性。一般来说，分管领导能决定的事情，就没必要上会。

（二）制作会议议程

文秘人员应根据收集到的议题，制作会议议程，并交领导审阅。制作会议议程的目的是：

（1）不遗漏要讨论的事项。

（2）确定问题讨论的先后次序，便于参会人员的安排。不是所有的行政办公会议都要所有部门的负责人参加。一般来说，对所有问题的讨论，领导班子成员必须参与，其他部门人员只参与与该部门有关的问题的讨论。因此，确定问题在会上讨论的先后次序，可以使各部门参会的人员做到工作、会议两兼顾。

（3）资料的准备。文秘人员应该提前准备好会议所需资料，资料一般由提交了行政办公会议讨论议题的部门准备，资料准备不充分的问题不安排上会。

（三）会场布置

一般来说，行政办公会议人数不会太多，通常采用圆桌会议，便于参会人员商讨工作、发表意见。会场的布置应简洁，需准备茶水、音响设备、投影设备等，一般不需要会场装饰、会议横幅等。

（四）会议记录和会议纪要

会议进行过程中，文秘人员要做好会议记录。会后，根据会议记录尽快写出会议纪要。这个会议纪要可以说是用来指导今后一周工作的文件，因此尽可能在会议结束的当天完成。

知识链接

萍乡经开区召开 2022 年第十二次主任办公会

萍乡经开区召开 2022 年第十二次主任办公会。会议由该区党工委副书记、管委会主任刘××主持。

会议学习了习近平总书记近期重要会议讲话精神，传达学习了国务院第九次大督查来赣实地督查工作部署会议精神，听取了关于全区上半年数字经济工作开展情况汇报，审议了《萍乡经济技术开发区巩固拓展脱贫攻坚成果同乡村振兴有效衔接工作督导实施方案（审议稿）》，讨论了全区金融、项目建设、拆迁、城市建设、招商引资、人才引进等议题。

刘××表示，全区各级各部门要进一步深入学习、理解习近平总书记近期重要讲话精神和国务院在江西督察工作部署会议精神，认真落实全区数字经济既定发展目标，巩固脱贫攻坚成果和乡村振兴工作有效衔接，为全区经济社会高质量发展夯实理论基础，强化实干氛围，不断蓄势赋能。

刘××强调，要进一步提高政治站位，统一思想，坚持发展是第一要务，坚持经济建设是中心任务，持续攻坚克难，奋力推动全区经济、社会发展不断取得新成果、新突破、新气象。要坚持问题导向，围绕民生实事、项目建设、企业发展、乡村振兴等具体工作细化目标任务，坚持专业论证，敢于革故鼎新，高站位谋划、高标准推进、高质量落实，推动全区经济社会高质量跨越式发展。

（资料来源：中国青年网，2022 年 8 月 29 日）

实训

各组按行政办公会议的要求和程序，做一个班级行政办公会议方案，会议内容主要是商讨和布置今年国际秘书节庆祝活动的有关安排。各组分别汇报自己的方案，然后选择其中最好的一组，进行一次模拟演示。

1. 设计会议的议题，议题不少于 3 个。

2. 设计会议的程序，严格按照程序来进行会议。

3. 派专人进行会议记录，会后整理成为会议纪要，并在班上交流。

1. 行政办公会议一般有哪四定？

2. 行政办公会议的主要内容有哪些？

3. 文秘人员在准备行政办公会议时，需要注意哪些问题？

任务二 股东大会和董事会会议

一、股东大会

股东大会是公司的最高权力机关，它由全体股东组成，对公司重大事项进行决策，有权选任和解除董事，并对公司的经营管理有广泛的决定权。

股东大会既是一种定期或临时举行的由全体股东出席的会议，又是一种非常设的由全体股东所组成的公司制企业的最高权力机关。它是股东作为企业财产的所有者，对企业行使财产管理权的组织。企业一切重大人事任免和重大经营决策一般都得股东会认可和批准方才有效。

（一）股东大会的基本形式

（1）股东大会分为定期会议和临时会议。股东大会应当每年召开一次年会。有下列情形之一的，应当在两个月内召开临时股东大会：

董事人数不足《中华人民共和国公司法》规定人数或者公司章程所定人数的 2/3 时；公司未弥补的亏损达实收股本总额 1/3 时；

单独或者合计持有公司 10% 以上股份的股东请求时；

董事会认为必要时；

监事会提议召开时；

公司章程规定的其他情形。

（2）股东大会由董事会召集，董事长主持；董事长不能履行职务或者不履行职务的，由副董事长主持；副董事长不能履行职务或者不履行职务的，由半数以上董事共同推举一名董事主持。

董事会不能履行或者不履行召集股东大会会议职责的，监事会应当及时召集和主持；监事会不召集和主持的，连续 90 日以上单独或者合计持有公司 10% 以上股份的股东可以自行召集和主持。

（3）召开股东大会，应当将会议召开的时间、地点和审议的事项于会议召开 20 日前通知各股东；临时股东大会应当于会议召开 15 日前通知各股东；发行无记名股票的，应当于会议召开 30 日前公告会议召开的时间、地点和审议事项。

（二）股东大会的基本内容

1. 议案的提出和审议

单独或者合计持有公司 3% 以上股份的股东，可以在股东大会召开 10 日前提出临时提案并书面提交董事会；董事会应当在收到提案后 2 日内通知其他股东，并将该临时提案提交股东大会审议。临时提案的内容应当属于股东大会职权范围，并有明确议题和具体决议事项。股东大会不得对通知中未列明的事项作出决议。

2. 表决

（1）股东出席股东大会，所持每一股份有一票表决权。但是，公司持有的本公司股份没有表决权。无记名股票持有人出席股东大会的，应当于会议召开 5 日前至股东大会闭会时将股票交存于公司。

（2）股东大会作出决议，必须经出席会议的股东所持表决权过半数通过。但是，股东大会作出修改公司章程、增加或者减少注册资本的决议，以及公司合并、分立、解散或者变更公司形式的决议，必须经出席会议的股东所持表决权的 2/3 以上通过。

（3）公司转让、受让重大资产或者对外提供担保等事项必须经股东大会作出决议的，董事会应当及时召集股东大会会议，由股东大会就上述事项进行表决。

（4）股东大会选举董事、监事，可以依照公司章程的规定或者股东大会的决议，实行累积投票制。累积投票制，是指股东大会选举董事或者监事时，每一股份拥有与应选董事或者监事人数相同的表决权，股东拥有的表决权可以集中使用。

（5）股东可以委托代理人出席股东大会，代理人应当向公司提交股东授权委托书，并在授权范围内行使表决权。

（三）股东大会会议的组织

股东大会会议一般严格按照法律规定的程序来组织，文秘人员除了进行会务服务，主要工作还包括：

1. 会议记录

股东大会应当对所议事项的决定做成会议记录，主持人、出席会议的董事应当在会议记录上签名。会议记录应当与出席股东的签名册及代理出席的委托书一并保存。

2. 股东大会决议的写作

根据公司法对有限责任公司股东会的有关规定，股东大会的决议应包含以下内容：

（1）会议基本情况：会议时间、地点、会议性质（定期、临时）。

（2）会议通知情况及到会股东情况：会议通知时间、方式；到会股东情况，股东弃权情况。

召开股东大会会议，应当于会议召开15日前通知全体股东。

（3）会议主持情况：首次会议由出资最多的股东召集和主持；一般情况由董事会召集，董事长主持；董事长因特殊原因不能履行职务时，由董事长指定的副董事长或其他董事主持（应附董事长因故不能履行职务指定副董事长或董事主持的委派书）。

（4）会议决议情况：股东大会由股东按出资比例行使表决权；股东大会对修改公司章程，公司增加或者减少注册资本，分立、合并、解散或者变更公司形式作出决议，必须经代表2/3以上表决权的股东通过。

股东大会会议的具体表决结果，持赞同意见股东所代表的股份数，占出席股东大会的股东所持股份总数的比例。持反对或弃权意见的股东情况。

（5）签署：有限责任公司股东大会决议由股东盖章或签字（自然人股东）。

二、董事会会议

（一）董事会会议的基本形式

董事会是依照有关法律、行政法规和政策规定，按公司或企业章程设立并由全体董事组成的业务执行机关，董事会会议分为常会和临时会议。

董事会每年度至少召开两次会议，每次会议应当于会议召开10日前通知全体董事和监事。代表1/10以上表决权的股东、1/3以上董事或者监事会，可以提议召开董事会临时会议。董事长应当自接到提议后10日内召集和主持董事会会议。董事会召开临时会议，可以另定召集董事会的通知方式和通知时限。

（1）董事长召集和主持董事会会议，检查董事会决议的实施情况。副董事长协助董事长工作，董事长不能履行职务或者不履行职务的，由副董事长履行职务；副董事长不能履行职务或者不履行职务的，由半数以上董事共同推举一名董事履行职务。

（2）董事会会议应有过半数的董事出席方可举行。董事会作出决议，必须经全体董事的过半数通过。董事会决议的表决，实行一人一票。

（3）董事会会议，应由董事本人出席；董事因故不能出席，可以书面委托其他董事代为出席，委托书中应载明授权范围。

（4）董事会应当对会议所议事项的决定作会议记录，出席会议的董事应当在会议记录上签名。

（5）董事应当对董事会的决议承担责任。董事会的决议违反法律、行政法规或者公司章程、股东大会决议，致使公司遭受严重损失的，参与决议的董事对公司负赔偿责任。但经证明在表决时曾表明异议并记载于会议记录的，该董事可以免除责任。

（二）董事会会议的基本内容

1. 议案的提出和审议

（1）每位董事在董事会常会上，均有提案权，董事提案时，一般应向董事会秘书递交书面并签名的提案；情况特殊时，也可在会议上直接用口头提出，但会后应补充书面提案。

（2）董事的议案，一般应列入会议议程，但经半数以上的董事决定，可以不列入会议议程。

2. 董事会决议

（1）董事应当出席董事会会议，因故不能出席，可以委托本公司其他董事代行表决权。委托时应签署"授权委托书"，注明委托事项并签名。

（2）董事会会议在对决议事项进行表决时，董事应当在表决单上签名；受委托的董事同时注明委托董事的姓名。

（3）董事可以在表决单上提出补充意见，该意见具有与会议记录同等的效力。

（三）董事会会议的组织

1. 董事会会议召开程序

（1）会议议题的准备：

确定议题，明确召开董事会会议的目的。

议题的来源：董事会会议议题是结合本公司工作实际来确定的。

（2）会议材料的准备：

董事长讲话稿：一般由董事长的秘书负责，有时也由筹备处专门的文秘人员准备。

待议文件：主要是需在会上讨论、议定的材料。

参阅资料：是会议的参考性文件。

（3）会议议程与时间、地点的安排。

（4）会场布置：一般以圆桌会议形式布置。

（5）发出召开董事会的通知。

通常采用设计独特、印制精美的请柬，也可采用会议通知的形式。在准备请柬过程中，文秘人员要反复核对会议或会议期间所进行的各种活动所涉及的日期、时间、地点及会议的主持人、来宾及其他人员的姓名。所有的细节都要准确地反映在请柬上。

2.董事会决议的写作

根据公司法对公司董事会的有关规定，董事会的决议应当包含以下内容：

（1）会议基本情况：会议时间、地点、会议性质。

（2）会议通知情况及董事到会情况：会议通知的时间、方式；董事实际到会情况。

（3）会议主持情况。

（4）议案表决情况。

（5）签署情况。

📶 范文 7-1

· ·

××集团股份有限公司董事会决议

××集团股份有限公司第六届董事会第 16 次会议通知于 20×× 年 10 月 11 日以书面形式发出，会议于 20×× 年 10 月 16 日以通信表决方式召开。公司应参加会议董事 13 人，实际参加会议董事 13 人，符合《中华人民共和国公司法》及《××集团股份公司章程》的有关规定。本次会议及决议的事项合法有效。经与会董事认真研究，一致审议通过如下决议。

一、以 13 票同意，0 票反对，0 票弃权，审议通过《20×× 年度第三季度报告全文及正文》。

二、以 13 票同意，0 票反对，0 票弃权，审议通过《关于公司重大会计估计变更的议案》。

附件：1.《20×× 年度第三季度报告全文及正文》

2.《关于公司重大会计估计变更的议案》

××集团股份有限公司董事会

20×× 年 10 月 16 日

3.董事会会议纪要

根据公司法的规定，有限责任公司或股份有限公司在召开董事会会议时，应就会议情况做出会议纪要。董事会会议记录应当完整、真实。出席会议的董事和记录人应当在会议记录上签名。董事会会议记录应作为公司重要档案妥善保存，以作为日后明确董事责任的重要依据。

董事会会议纪要的内容可分为三类：

（1）决定性意见，即对相关议题作出决定，对于董事会会议的决定性意见一般应形成董事会决议。

（2）指导性意见，即对相关议题所述事项的执行提供指导性意见。

（3）其他类型意见，如对公司总经理（经营层）的褒奖、肯定或批评等意见。

在会议纪要的写作中，对不同的意见应有不同的措辞：

决定性意见，一般应采用"同意""批准""决定"等字样。

指导性意见，一般采用"要求""责成"的字样。从公司治理结构的角度而言，董事会为公司总经理的领导者，因此，有权要求总经理采取相应措施或实施某些行为。实践中，有相当多的会议纪要，对于董事会会议提出的指导性意见采用"建议"字样。一般来说，董事会建议总经理采取某种行为的提法是不符合公司治理结构的层次性规定的。

董事会会议如果对公司总经理的经营管理工作表示满意，采用精神方面的嘉奖的，则应采用"肯定""满意"等字样。如果董事会会议对公司总经理的经营管理工作不甚满意，要求其进一步加强的，则应对公司总经理提出指导性意见，如采用"会议要求公司总经理继续加强……"的字样。

总体而言，会议纪要的用语必须体现董事会对公司总经理的绝对领导关系。同时，董事会会议纪要是对公司总经理在董事会休会期间工作的一种指导，因此，其用语应尽可能采用明确的态度，不宜采用模棱两可的词语。

📶 知识链接

股东大会出现三种投票结果是一场闹剧

股东大会出现三种投票结果，更像是一场闹剧，也折射出相关公司治理方面存在问题。

上市公司召开年度股东大会或临时股东大会时，往往会对相关议案进行表决，其结果无非是"通过"或"未通过"，不会出现第三种结果。不过，这一格局如今已被打破。在日前召开的康达尔2015年年度股东大会上，却出现了三个版本的投票结果。结果的背后，却不乏值得我们深思之处。

根据《上市公司股东大会规则》的规定，上市公司年度股东大会每年召开一次，应当于上一会计年度结束后的6个月内举行。因此，康达尔的2015年度股东大会，理应在今年6月30日前举行，但是，由于康达尔两大股东华超投资与京基集团之间矛盾重重，其年度股东大会才被推迟。

其实，康达尔两大股东间正上演着万科"股权争夺战"式的故事，目前双方的持股不相上下，而京基集团方面也欲实现对上市公司董事会的控制。但由于京基集团在增持康达尔过程中，涉嫌存在违规行为而遭到华超投资的举报，并受到监管部门的调查，因此上市公司董事会认定涉嫌违规的股东在股东大会上可以行使表决权或不可以行使表决权都可能导致股东大会决议效力存在瑕疵，导致原定于 6 月 29 日召开的康达尔年度股东大会推迟至 8 月 30 日。但因监管部门的干预，其股东大会才"提前"至 7 月 29 日举行。

也正是对于涉嫌违规股东表决权上存在分歧，康达尔公布了三个版本的投票结果，分别是全体与会股东均按有效表决计票的表决结果、京基集团的表决票按无效表决计票的表决结果、京基集团及其疑似一致行动人的表决票按无效表决计票的表决结果。

其实，今年 6 月 14 日深圳相关法院曾对京基集团诉康达尔董事会一案做出过判决。相关法院判定康达尔董事会因做出限制股东京基集团表决权、股票处分权、收益权以及继续购买股票交易权的董事会决议违反法律规定而无效。因此，按照法院的判决，在康达尔股东大会审议 2015 年度报告等 10 项议案中，有 8 项未通过。

根据《中华人民共和国证券法》《中华人民共和国公司法》等相关规章制度的规定，股东的权利理应得到尊重。但在实际操作中，股东权利被上市公司董事会或大股东剥夺的案例并不鲜见。除康达尔外，像上海新梅等上市公司，都有类似闹剧发生。

这一方面凸显出相关大股东或董事会无视股东权利的法律意识，也凸显出其肆意践踏法律法规的特性。进一步讲，上市公司如果连这些持有较多股权的"门口野蛮人"都不放在眼里，中小股东又算得了什么？另一方面，在相关股东权利被剥夺后，作为监管部门也没有发声。

股东大会出现三种投票结果，更像是一场闹剧，也折射出相关上市公司治理方面存在的问题。因此，这不仅只反映出股东权利没有得到尊重，更反映出 A 股市场的一种生态。毫无疑问，这是一种应该被改变的生态。（曹中铭）

（资料来源：新京报，2016 年 8 月 4 日）

实训

1. 上网查找案例"东方基金惊曝会议纪要门，公司治理混乱基民利益无保障"；

2. 根据以上案例，各小组分别查找有关资料，组织一次辩论会，正反方抽签决定：

正方：董事会的会议纪要应该受到股东的监督。

反方：董事会的会议纪要应该严格保密。

1. 股东大会和董事会之间的关系是怎样的?

2. 什么情况下可以召开临时股东大会?

3. 董事会决议有什么要求?

4. 董事会会议纪要有哪几个种类?在保密上有什么要求?

任务三　工作现场会

一、工作现场会的基本形式

工作现场会一般是指在典型单位或典型现场召开的借鉴性会议,一般选取有典型意义的生产、工作、试验、经营、教育等场所进行。由于其比较直观,通常能给人深刻的印象,因此能起到较好的典型示范作用。

二、工作现场会的组织

(一)选择现场

从某种意义上来说,现场的选取,一定程度上决定了工作现场会的成功与否。因此对于现场的选取,一定要特别精心、慎重,应选择那种能达到会议目的、具有典型意义的现场。比如召开安全生产工作现场会,就可以选择事故现场,触目惊心,给人留下深刻印象;生产技术推广现场会,可以选择采用先进技术成功的企业,让人亲身体验他们的生产过程和技术水平。

(二)确定参观路线

工作现场会必须有参观现场的项目,因此,会务人员必须在会前安排好参观路线和参观点。参观路线和参观点选择应符合会议目标。

在参观过程中,应把握好参观时间;如果参观的路途较远,应安排好接送车辆。

(三)会议资料的准备

1. 制订工作现场会方案

大型的工作现场会必须制订工作现场会方案,工作现场会方案包括组织机构、会务准备、会程安排、经费预算等事项。

制订工作现场会方案,一方面可以使工作现场会的准备工作有领导、有组织、有计划地进行，是工作现场会成功召开的保证；另一方面也是工作现场会经费使用的依据。

2. 发出会议通知

工作现场会的会议通知应根据举办单位、涉及范围、紧急程度来确定。如本单位内部的工作现场会，或者是紧急工作现场会，临时通知问题也不大；如举办单位的级别较高，涉及同一系统的不同单位，则要给参会人员充分的时间以作好工作安排，会议通知至少提前一周发出。

工作现场会的会议通知除明确会议主题、时间、地点外，一般还会告知会议的大致议程。

3. 制订会议议程

工作现场会一般包括两大方面的内容：现场参观、会议。有的工作现场会先参观后开会，也有的工作现场会先开会后参观。

如果是先参观后开会的工作现场会，会议的程序如下：

（1）主持人宣布会议开始。

（2）请大家按照指定路线进行参观。

（3）有关人员作经验介绍。

（4）有关领导和专家对参观内容进行点评。

（5）有关领导提出工作要求。

如果是先开会后参观的工作现场会，会议的程序如下：

（1）主持人宣布会议开始。

（2）有关人员作经验介绍。

（3）有关领导提出工作要求。

（4）请大家按照指定路线进行参观。

4. 安排参观线路、准备参观讲解词

参观是工作现场会的一个重要环节。参观线路怎么安排、对参观现场讲解得如何，直接影响到参观效果，因此，要重视线路安排和讲解词的写作等准备工作。

讲解应抓住重点，突出重点。如果面面俱到，眉毛胡子一把抓，就会影响听众对主要信息的接受，影响讲解的效果。

5. 写出领导讲话稿

领导讲话稿应围绕工作现场会召开的目的、针对典型进行写作，一方面对典型进行分析，另一方面对相关工作提出要求。

📡 知识链接

文化和旅游部召开全国乡村旅游工作现场会

12月17日，全国乡村旅游工作现场会在福建省龙岩市永定区召开。会议强调，要深入学习贯彻党的十九届六中全会精神、中央经济工作会议精神，学习贯彻习近平总书记关于乡村振兴、乡村旅游工作重要论述精神，推动新时代乡村旅游发展实现新突破，以优异成绩迎接党的二十大胜利召开。文化和旅游部党组书记、部长胡和平出席会议并讲话，福建省副省长郑建闽出席会议并致辞，文化和旅游部党组成员、副部长杜江主持会议。

胡和平强调，习近平总书记高度重视乡村旅游工作，多次发表重要论述、作出重要指示批示，为做好乡村旅游工作提供了根本遵循、指明了前进方向。全国文化和旅游系统要深入学习贯彻习近平总书记重要论述精神，切实提高政治站位，从全面推进乡村振兴的高度，认识做好乡村旅游工作的重要性、艰巨性、紧迫性，牢牢把握乡村旅游服务"三农"工作的总体定位；从扎实推动共同富裕的高度，充分认识发展乡村旅游对于改善农村人居环境、促进农民增收致富的重要作用；从加快构建新发展格局的高度，积极推进乡村旅游在扩大内需、形成强大国内市场中发挥作用。

胡和平指出，近年来，文化和旅游系统坚持服务大局，加强顶层设计，注重示范引领，强化能力提升，推动协同发展，大力推动乡村旅游发展，培育了一批生态美、生产美、生活美的乡村旅游目的地，打造了一批有特色、有内涵、有品位的乡村旅游精品线路，吸引更多游客选择乡村旅游、体验乡村旅游、爱上乡村旅游。这些成绩和经验的取得，根本在于习近平新时代中国特色社会主义思想的科学指引，在于以习近平同志为核心的党中央的坚强领导，离不开各级党委、政府和有关部门的大力支持，离不开广大文化和旅游工作者、乡村旅游从业者的不懈努力。

胡和平要求，做好新时代乡村旅游工作，要深入学习贯彻习近平总书记重要论述精神，把乡村旅游放到满足人民美好生活需要、服务国家发展大局中去谋划、去布局、去推动，坚持提质增效，坚持需求牵引，坚持农民为本，坚持文化为根，坚持生态优先，坚持服务为要。要对照"十四五"规划要求，持续推进乡村旅游重点村镇建设，引导乡村民宿健康可持续发展，优化乡村旅游产品供给，推进乡村旅游全产业链发展，加强乡村旅游基础设施建设，强化乡村旅游人才支撑。要把发展乡村旅游与乡村各领域政策措施相衔接、相协调，凝聚起部门联合、上下联动的工作合力，为稳定宏观经济做出应有贡献。

郑建闽指出，福建认真贯彻落实习近平总书记来闽考察重要讲话精神，做大做强做优文旅经济，建设全域生态旅游省，深入开展"全福游、有全福"活动，文化和旅游产业快速发展，人民群众幸福感获得感不断提升。福建将进一步深挖文化底蕴，把全省各地独特的文化和旅游资源"串珠成链"，加快建设"万亿级"旅游产业集群；进一步厚植生态底色，更好地彰显乡村生态内涵和绿色韵味，拓展绿水青山向金山银山转化路径；进一步强化数字赋能，努力实现"一机在手，畅游不愁"，为文旅经济高质量发展插上科技"翅膀"。

会上发布了由文化和旅游部、国家发展改革委确定的第三批全国乡村旅游重点村和第一批全国乡村旅游重点镇（乡）名单，并向部分入选镇（乡）代表授牌。来自福建、安徽、贵州、河北的重点镇、重点村及文化和旅游厅代表作交流发言。

会议期间，代表们实地考察了永定区湖坑镇南江村、洪坑村等乡村旅游重点村。南江村坚持以党建为引领、文化为纽带、生态为底色，通过实行跨村联建、村企共建，不断丰富乡村旅游业态。洪坑村结合"土楼王子"振成楼等世遗土楼特有优势，丰富沉浸式文旅夜游等业态，打造一河两岸亲水平台。

中国农业银行有关负责同志，国家乡村振兴局有关司局负责同志，文化和旅游部有关司局负责同志，各省（区、市）及新疆生产建设兵团文化和旅游厅（局）负责同志，文化和旅游部定点帮扶县和对口支援县有关负责同志，第三批全国乡村旅游重点村和第一批全国乡村旅游重点镇（乡）代表，相关企业、高校、研究机构代表约 150 人参加会议。

（资料来源：文化和旅游部政府门户网站，2021 年 12 月 17 日）

🔊 实训

阅读以下案例，完成实训任务。

关于组织企业参加"企业文化建设现场会"的通知

各企业：

为实施加强推动企业管理，推动"企业管理年"活动深入开展，推广企业管理先进典型，弘扬企业先进文化，市经贸委决定于 20×× 年 10 月 25 日在市花园大酒店（五星级）召开企业文化建设现场会，有关事项通知如下：

一、参会对象：各有关企业管理人员。

二、会议时间：10 月 25 日下午—26 日。

三、会议地点：花园大酒店

四、其他事项：会议期间会议代表食宿由市里统一安排，驾驶员的差旅费回单位报销。本次会议会务工作由市科技服务中心承担。请各有关企业及本单位参会人员名单于20××年10月23日前传真至市经贸委企业科。

五、联系方式：×××，××××××××××。

20××年10月19日

1. 回答以下两个问题：

（1）案例中的工作现场会安排合理吗？

（2）会议通知本身存在哪些问题，为什么？

2. 请根据通知中提供的信息，重新拟定一份会议通知。

自测题

1. 什么是工作现场会？

2. 工作现场会的组织环节与其他会议有何不同？

3. 工作现场会选择会议地点应注意哪些问题？

任务四　座谈会和茶话会

一、座谈会

（一）座谈会的基本形式

座谈会是由一个特定的组织或个人出面，就某一个问题或一类问题，组织或邀请有关人员进行交流和讨论的会议。

座谈会涉及内容广泛，可以是在一个特殊日子对某些人和事进行的讨论和交流，也可以是对一个事件的剖析；既可以是组织方请一些专门人士发表看法，也可以是参会人员畅所欲言。

（二）座谈会的组织

1. 明确座谈会的主题

任何一个座谈会的举办，目的性都很明确。有的以教育和警示为目的，有的以交流情感、互相激发为目的，有的以沟通信息、统一思想为目的，也有的以提供平台、解决问题为目的。

2. 参会人员的确定

确定参会人员应该依据会议的目的。

3. 会场布置

座谈会的会场要悬挂会标，比如"装备制造企业座谈会""迎新春、谋发展座谈会"，揭示会议主题。

座谈会应该开得活泼、轻松，参会人员畅所欲言，营造一种平等的氛围。因此，其会场应当布置出一个轻松的会议环境。座谈会会场的布置可以采用圆形、方形、长方形、椭圆形等围坐式格局，围坐式的布置适合每个人发言，主次位置较模糊。同时，可以准备茶水、饮料、糖果、水果，还可以准备纪念品。

4. 发言人的安排

座谈会的发言形式一般有两种：

（1）自由发言。即事先不设定发言人，不规定发言顺序，发不发言、什么时候发言、发几次言均由参会人员自己决定。采用这种形式，要求主持人有较强的会场掌控能力，以避免会议冷场。主持人可以采用一些方式调节会议气氛，比如，在开场时先作自我介绍，必要时请参会人员作自我介绍，以融洽会议气氛；座谈中，主持人应当鼓励参会人员插话和争论；会议结束，主持人应当感谢参会人员的光临。

（2）事先确定几位主要发言者，也可以安排好发言顺序；先由主要发言者发言，再由其他参会人员自由发言。

二、茶话会

（一）茶话会的基本内容

茶话会，顾名思义，是饮茶谈话之会。它是由茶宴和茶会演变而来的。

茶宴多以名茶待客，宾主在茶宴上一边细啜慢品，一边赋诗作对，谈天说地，谈笑风生。茶会则是以前商人在茶楼进行交易的一种集会，流行于长江流域尤以上海最盛。届时，各业各帮的商人以约定的茶楼作为集会地点，边饮茶边交流行市，进行买卖。

随着时代的发展，过去那种费时忘业、花费很大的茶宴和茶会已成为历史，但集会品茶、互相交换意见，发表各种见解，畅谈友情的内容却被保留了下来。

目前，茶话会在中国十分盛行，各种形式的茶话会让人耳目一新。小的茶话会如结婚典礼、迎宾送友、同学朋友聚会、学术讨论、文艺座谈；大的茶话会如商议国家大事、庆典活动、招待外国使节。特别是欢庆新春佳节，采用茶话会形式的越来越多。各种类型的茶话会，既简单隆重节俭，又轻松愉快高雅，是一种效果良好的聚会形式。

（二）茶话会的组织

1. 确定主题

茶话会的主题，特指茶话会的中心议题。在一般情况下，商界所召开的茶话会，其主题大致可分为如下三类：

（1）以联谊为主题。以联谊为主题的茶话会，是平日所见最多的茶话会。它的主题是为了联络主办单位同应邀与会的社会各界人士的友谊。在这类茶话会上，宾主通过叙旧与答谢，往往可以增进相互之间的进一步了解，密切彼此之间的关系。除此之外，它还为与会的社会各界人士提供了一个扩大社交圈的良好契机。

（2）以娱乐为主题。茶话会上安排了一些文娱节目或文娱活动，并以此作为茶话会的主要内容。这一主题的茶话会，主要是为了活跃现场局面，增加热烈而喜庆的气氛，调动参会人员参与的积极性。与联欢会不同的是，以娱乐为主题的茶话会所安排的文娱节目或文娱活动，往往不需要事前进行专门的安排与排练，而是以现场的自由参加与即兴表演为主。它不必刻意追求表演水平的一鸣惊人，而是强调重在参与、尽兴而已。

（3）以专题为主题。所谓以专题为主题的茶话会，是指在某一特定的时刻，或为了某些专门性问题而召开的茶话会。它的主要内容是主办单位就某一专门问题收集反映，听取某些专业人士的见解，或者是同某些与本单位存在特定关系的人士进行对话。召开此类茶话会时，尽管主题既定，仍须倡导参会人员畅所欲言，并且不拘情面。为了促使会议进行得轻松而活跃，有时候，茶话会的专题允许宽泛一些，并且许可参会人员的发言稍许脱题。

2. 确定与会者，发邀请函

如果是小型茶话会，或者在通知参会人员方面没有障碍，可以直接发邀请函。

但很多茶话会邀请对象虽然明确，但不易通知到位，比如 2008 中欧传媒业同学会茶话会，邀请对象是明确的，但人数众多，遍布各地，就需要先确定参会人员了。

在邀请函中，要明确茶话会的组织者、主题、时间、地点和参会人员。

📶 范文 7-2

西南 ×× 联盟 20×× 年新春茶话会邀请函

尊敬的联盟同学：

值此马年之首，西南 ×× 联盟给大家拜早年，预祝大家在新的一年里，如同草原骏马一般，风驰电掣，马到成功！

金蛇将逝，骏马将至，联盟从20××年到××××年，风风雨雨，乘风破浪。在各位同学的支持下，联盟度过童年，迈向成熟。我们一起见证了联盟的成长，您的辛劳付出构筑了联盟的今天，我们真诚对您说一声：谢谢！

为了表达对您的感恩之情，也为了在新春之际表达喜庆的祝福，我们将于20××年1月12日下午举办联盟茶话会，诚请各位联盟精英共赴茶话会，把茶言欢，共度愉快的周末时光！

主题：联盟三周年，有你很精彩

时间：20××年1月12日（周日）下午13：30

地点：奥克斯广场"城事荟"艺宝斋茶艺馆

报名：发送"姓名＋单位＋电话＋行业"到×××@126.com

联系人：

武×　135××××

高×　133××××

西南××联盟

20××年1月3日

3.会场的选择和布置

（1）会场的选择。主办单位的会议厅、宾馆的多功能厅、高档酒楼等都可以作为茶话会的举办场所。主办单位应根据茶话会参会人员身份、人数来选择合适的场所。

（2）座次安排。茶话会的座次安排有如下几种：

①环绕式。即不设立主席台，把座椅、茶几摆放在会场四周，由参会人员自由入座。

②散坐式。常用于室外茶话会，桌椅散落在会场四周，是最宽松的社交环境。

③圆桌式。圆桌式有两种情况，如参会人员不多，用一张圆桌，全体参会人员在圆桌周围就座；如参会人员有几十人乃至几百人，便安排数张圆桌，每桌10人左右，参会人员自由组合入座。

④主席式。即在茶话会上，会议主持人、主人、主宾被安排在一起就座。

4.茶点的安排

茶话会一般不上主食，不安排酒品，只提供茶点。

茶话会的饮品，香茶是必备之物，有条件的还可以增加鲜果、糕点及各色糖果。

5.会场的其他布置

茶话会现场背景板上应书有"××××茶话会"字样，要突出茶话会的主题。例如：××××年天河区专家技术协会、天河区工程师协会"贺中秋、迎国庆"茶话会；京晋籍博士××××新年茶话会……

茶话会可以根据会议的内容和季节的不同，在席间或室内布置一些鲜花。如在夏季以叶子嫩绿、花朵洁白的茉莉为宜，使人有清幽雅洁之感；如在冬季，则以破绽吐香的蜡梅和生意盎然的水仙为宜，使人感受到春天的气息。如果是婚礼茶话会，则以红艳的鲜花为宜，以示新婚夫妇的幸福和美满。当然，由于条件所限，对花种的选择会有局限性，但不论选用什么花种，对颜色的选择应与会议的内容相协调。

在较大的茶话会上，配以轻音乐或小型的文艺节目（如小品、相声等曲艺节目），可以增添欢乐气氛。

6. 确定会议程序

茶话会的会议议程较为简单。在正常情况下，商界所举办的茶话会会议议程如下：

（1）主持人对主要的参会人员略加介绍，宣布茶话会正式开始。

（2）主办单位负责人讲话。讲话一般首先是代表主办单位对全体参会人员的到来表示欢迎与感谢，其次是恳请大家今后一如既往地给予本单位以更多的理解和支持。其讲话应以阐明此次茶话会的主题为中心内容。

（3）参会人员发言。根据惯例，参会人员发言在任何情况下都是茶话会的重心之所在。为了确保参会人员在茶话会上直言不讳，畅所欲言，通常主办单位事先均不对发言者进行指定与排序，也不限制发言的具体时间，而是提倡参会人员自由地进行即兴式发言。有时，参会人员在同一次茶话会上，还可以数次进行发言，以不断补充、完善自己的见解、主张。

（4）主持人作总结，宣布茶话会结束。

知识链接

茶话会的由来与发展

茶话会通常是指一种备有茶点的社交性集会，它简单朴素，既不像我国古代茶宴那样隆重豪华，也不像日本茶道那样刻板循规。通过饮茶品点，达到畅叙友谊、寄托希望、交流思想、讨论问题、互庆佳节、展望未来的目的，可谓是一种既随和又庄重的集会形式。它顺应中国人聚集一起饮茶聊天的习惯，人们借茶引言，以茶助话，因此广泛地运用于各种社交场合，可谓是近代世界最流行的社交集会形式之一。

茶话会，这一祖国茶叶文化的奇葩，流传至今，究根追源，可以说已有上千年历史了。三国时吴末代君主孙皓，每宴群臣，必尽兴大醉。大臣韦曜酒量甚小，孙皓便密赐"以茶代酒"的方法。后来，逐渐产生集体饮茶的茶宴，且普遍起来，一般认为茶话会一词是复合历史上茶会和茶话两词演变而成的。另一种说法认为茶话会是在茶宴、茶会的基础上演变而成的。它是随着时代的进步，摈弃了过去茶宴、茶会那些费时忘业，以及排场奢靡的历史陈迹，保留了品茗叙谊、论事的内容。两种说法虽有差异，但比较接近，认为茶话会的出现，其雏形可追溯到茶会、茶宴和茶话。

茶会一词最早见于唐代钱起的《过长孙宅与朗上人茶会》：

偶与息心侣，忘归才子家。

玄谈兼藻思，绿茗代榴花。

岸帻看云卷，含毫任景斜。

松乔若逢此，不复醉流霞。

诗中既描写了参加茶会者的神态和感受，又赞美了以茶代酒、茶胜美酒的欢乐之情。

至于茶话一词的出现，比前者要晚些，首见于宋代方岳的《入局》诗。以后，随着我国茶叶的对外传播，茶话会这种以茶为引的社交集会方式，也慢慢扩大到世界各地，逐渐成了各国人民的一种重要社交方式。

在英国，18世纪时茶话会已盛行于伦敦的一些俱乐部组织。诗人波普曾为此写过一首赞美诗：

佛坛上银灯发着光，

赤色炎焰正烧得辉煌。

银茶壶泻出火一般的汤，

中国瓷器里热气如潮漾，

陡然地充满了雅味芳香，

这美妙的茶话会真闹忙。

时至今日，英国的学术界仍习惯于一边品茗尝点，一边探讨学问，进行学术和文化交流。这种做法被称为"茶杯精神"或"茶壶精神"。

日本是特别崇尚茶道礼仪的国家，但在城市中的商界和社会团体，在众多的社交场合中，以茶话会的方式进行活动的也不乏其例。

东南亚各国更是将茶话会看作一种高尚、文明的社交活动。

进入20世纪以来，茶话会已成了全球最时兴的社交集会形式。

在我国，特别是进入20世纪80年代以来，也在积极恢复和倡导这一古老的传统风尚，大如商议国家大事，欢迎各国使节，庆祝全国性的重大节日，小如开展文化学术交流，良辰喜庆，开张始业，等等，一般都采用茶话会的形式，特别是新春佳节，许多团体、单位总喜欢用茶话会的形式，"清茶一杯，辞旧迎新"。

🔊 实训

全面创新管理（Total Innovation Management，TIM）是迄今为止较为先进和科学的创新管理模式。它以技术创新为核心，以组织营销、文化等各种创新的有机结合与协同为手段，凭借有效的创新管理机制和方法，做到人人创新、事事创新、时时创新、处处创新。

近10年来，日本优秀企业所采取的创新管理战略既不是单纯的"自主创新战略"或是"合作创新战略"，也不是单纯的"模仿创新战略"，而是一种兼有上述三种创新战略优点的"复合创新战略"。

以索尼公司为例，其TIM模式的主要特点和成功之处在于：公司的各事业部都有自己的创新部门，创新在研究中心、实验室和业务部可以同时进行；公司专门设有专利部，拥有专利数量多的人晋升机会大，从而鼓励创新人员申请专利；通过成立创新计划和创新协调组确保创新共享和转移，该组不仅要了解企业内部创新，还关注外部相关创新，通过协调使创新在企业内外分享和转移；企业每年至少要举办两次上下游厂商座谈会，增进彼此的了解，从而有利于推动创新；召开创新座谈会，使创新人员之间以及与外部专家进行交流，以此来培育创新人际关系网络。

阅读以上资料，完成一篇小文章，谈谈索尼公司的座谈会对企业创新有什么作用。每组派一位代表在班上交流。

🔊 自测题

1. 座谈会的主题一般有哪些？
2. 座谈会的座位安排有哪些形式？试用实训室的桌椅进行排放。
3. 茶话会一般在什么情况下可以召开？
4. 茶话会的形式有哪几种？

任务五　评审会

一、评审会的基本形式

评审会是有关权威机构、专家或其他相关人员对企业某一成果（包括工程、项目、产品、实验等）的可行性、可靠性、科学性以及技术水平、工艺质量等各种指标进行专业性评议审定的会议。对于企业任何重要的成果，都应该至少执行一次正式技术评审。

评审会的形式一般由企业向上级主管部门或权威鉴定机构提出申请，提供有关的资料、数据或样品，上级主管部门或鉴定机构接受资料，并进行评审。由于关系到该成果的价值判断，评审会在进行正式评审前，评审人员对其要进行评审的产品进行把关，确认其是否具备进入评审的初步条件。初步条件具备后，相关部门组织有关领导、行业专家、权威人士、技术人员组成评审小组，约定具体时间召开专门的评审会。

二、评审会的基本内容

（一）汇报

企业根据自己的成果特点、价值、作用、影响，进行专题汇报。

（二）鉴定

评审小组专家从多个方面对成果及相关资料数据，进行真实性、科学性、正确性、清晰性、无二义性、一致性、必要性、完整性、可实现性、可验证性、可测性等进行鉴定。如果有可能，最好制订评审检查表，列出若干指标，逐一进行鉴定。

（三）评审

对鉴定的结果进行评议、审查、讨论。

（四）结论

根据评审会讨论结果，作出最终结论，并出具评审会结论性文件。

三、评审会的组织

评审会的组织方式与一般的会议大体相同，但特别需要注意以下几个问题：

（一）为评审领导专家提供完善的后勤服务

由于参加评审会的都是相关部门的领导和专家，会议的接待和后勤工作一定要高质量完成，在不造成浪费的前提下，尽可能安排周到。

（二）会场布置符合评审程序

评审会若干领导和专家在听取汇报、审阅资料的基础上，对成果进行评议，因此，会场布置可以考虑采用 U 形排放，让领导专家围坐在三边，另留一边作汇报人发言用。

（三）注意控制评审会的时间，劳逸结合

评审会的一个通病是"虎头蛇尾"。刚开始评审时，大家都比较认真，越到后边越马虎。如果评审时间较长，建议每隔两小时休息一次。另外，如果评审内容较多，也可以细分成不同的部分分别进行，严格控制每一次评审的规模及持续时间。

（四）注意控制会议的进程，保证效率

开评审会时经常因"跑题"，导致评审效率很低。有时话匣子一打开后就关不上，大家越扯越远，结果评审会议变成了聊天会议。主持人或评审组长应当控制话题，避免大家讨论与主题无关的东西。

（五）控制评审过程中争议的程度

开评审会时经常会发生争议。适当的争议有利于澄清问题，但当争议变为争吵时就坏事了。争吵不仅对评审工作无益，而且可能会伤害同行间的感情。在评审过程中，我们要尽可能地阐述事实和证据，而不是要说服别人。主持人或评审组长应鼓励大家充分围绕成果发表意见，一旦出现争议及时引导到评审的目标上来。

实训

某校汽车工程系的学生在老师指导下发明的轻型三轮小汽车成功试车。这辆轻型三轮小汽车采用摩托车 110CC 发动机，宽 100 厘米，长 250 厘米，采用玻璃钢车壳，总重不到 50 千克。经初步测试，最高时速可达 60 千米，百公里油耗不到 1.5 升。麻雀虽小，五脏俱全，这辆轻型三轮小汽车具有和普通汽车相仿的方向盘、离合器、油门踏板、挡位、刹车，不过只有一个乘坐位。

根据以上的素材，要求各组拿出一份"轻型三轮小汽车"的评审会方案，看看哪一组的方案最合理，由同学打分，最后评出一二三名。第一名的小组组织一场"评审会"，供全班同学观摩。

自测题

1.哪些情况需要召开评审会？

2.评审会的基本内容包括哪些方面？

3.如何才能提高评审会的效率？

项目八
网络视频会议的组织

知识目标

1. 了解网络视频会议的特点。

2. 熟悉智能会议系统的功能。

3. 熟悉智能会议系统的软硬件配置。

能力目标

1. 熟悉不同网络会议系统的功能。

2. 能够完成网络会议的软硬件准备工作。

3. 能够利用智能会议系统成功地组织会议。

素质目标

1. 通过网络会议提升会议效率。

2. 强化网络会议安全意识。

3. 提升文秘人员会务工作的数字素养。

【案例导入】

总经理秘书琳达正忙碌地为上司赶一份紧急材料，突然手机响起，是上司打来的电话。上司临时交办了一件非常紧急的事情，要求琳达通知几位副总经理、各分公司经理、总公司研发部全体成员下班后召开紧急会议，讨论明天上午召开新产品发布会的事情。琳达心里一紧，她知道这是一个非常重要的会议，虽然部分领导和同事还在出差，但会议必须尽快组织起来。

琳达立刻向领导汇报情况，并建议采用数字会议技术召开此次紧急会议。领导同意了琳达的建议，并让琳达负责组织这次会议。琳达立刻开始行动，首先她在自己的电脑上打开了公司的数字会议平台，然后进入了会议室预定界面。

　　琳达仔细查看了一下会议室的预定情况，发现晚上7点的会议室还没有被预定。于是琳达迅速预定了这个会议室，并设置了会议密码和参会人员名单。接下来，琳达又在公司的内部通讯群里发布了一条关于召开紧急会议的消息，并附上了会议的链接和密码。

　　琳达接着联系各位领导和同事，告诉他们关于召开紧急会议的消息，并请他们尽快确认是否能够参加。在联系的过程中，对于还在出差的领导和同事，她耐心地说明接入数字会议的步骤和注意事项，并请他们在确保安全的情况下尽量参加会议。经过琳达的努力，所有的领导和同事都确认了参加这次会议。

　　晚上6点，琳达再次进入了数字会议平台，开始了会议的准备工作。她首先测试了一下音响设备是否正常，然后又调整了摄像头的角度，确保画面清晰。接着，琳达开始为那些因出差无法线下参加会议的人员设置移动端接入公司数字会议平台的方式。她通过电话和邮件，耐心地向这些同事解释如何下载和使用相关应用，并为他们提供了详细的操作指南。

　　为了让线上线下的会议交流更加顺畅，琳达还调整了数字会议系统，设置了屏幕共享和文件传输功能。这样一来，那些在出差的同事也可以轻松地参与到会议中来，提出自己的意见和建议。

　　在会议过程中，琳达利用了一款AI语音转文字的工具，将参会人员的发言实时转化为文字记录。这样既方便了会议记录的整理，也确保了不会遗漏任何重要信息。同时，琳达还利用数字会议平台的互动功能，发起了一些实时投票和问卷调查，以便更好地了解大家的意见和需求。

　　经过一个半小时的讨论，大家对新产品发布会的筹备工作达成了共识。最后，琳达再次强调了明天早上8点准时参加会议的要求，并提醒大家注意线上参会的安全和保密措施。会议结束后，琳达关掉了数字会议平台，心里暗自庆幸自己能够成功地组织这次紧急会议。

　　第二天上午，新产品发布会如期举行，取得了圆满成功。这次会议的成功举办离不开琳达的高效组织和数字会议技术的应用。而琳达也因为这次的表现得到了领导的表扬和同事们的认可。

思考：

网络视频会议和传统会议有什么区别？组织网络视频会议应注意哪些事项？如何让网络视频会议这种新型的会议形式为更多企业和单位服务？

任务一 网络视频会议简介

网络视频会议系统的产生至今已有 30 多年的历史，但真正成为可用的协作和通信工具，并取得较大发展，是从 20 世纪 90 年代开始的。随着宽带网络的发展、QoS（服务质量"Quality of Service"的缩写）技术的提高、通信费用的降低，网络视频会议迎来了发展的良好环境。尤其是 2003 年非典和 2008 年金融危机的爆发，推动了网络视频会议的快速发展。视频会议成为网络应用的热点，其使用领域由政府、事业单位和大型企业向中、小型企业，甚至是微型企业和个人领域扩展。它在提高效率、节省成本的同时，更拓宽了人们沟通、交流的空间，人们的工作方式正经历着跳跃式的变革。

一、网络视频会议的概念

网络视频会议是指通过网络等各种电子通信传输媒体来实现虚拟会议，使空间和时间上分布不同的用户共聚一处，通过视音频、文字等多种方式交流信息、共享资源，增加双方或多方对内容理解的设备系统。该系统实际上是多媒体技术、计算机网络技术与现代通信技术相结合的产物，它除了具有电话的功能，还可让交流的双方看到对方的言行举止，包括共同讨论的文件资料、实物等，直观性强、信息量大，使参会人员有身临其境的感觉。

二、网络视频会议的种类

网络视频会议按照不同的方式有不同的分类，目前较详细的分类主要按以下方式划分。

（一）按照用户组成的模式划分

按照用户组成的模式划分，网络视频会议分为点对点视频会议和群组视频会议。

1.点对点视频会议

点对点视频会议主要用于两人组个人之间的通信，采用的是点与点之间直接通信的方式，会议双方的终端必须以相同的语言（协议）通信。该类视频会议系统专业程度不高，对参会人数也有很大的限制，并且如果对方未在线，通信就会受到限制。如果没有服务器支持，在线留言便无法实现。

2. 群组视频会议

群组视频会议主要用于 3 人及 3 人以上的多点网络视频会议系统，具体连线人数要根据不同系统的多点控制单元 MCU 而定，如图 8-1 所示。群组视频会议系统主要是采用类 B/S 结构设计，基于 Java 媒体框架（JMF）和流媒体技术来实现的。该类视频会议系统的模块化设计便于同其他系统的集成，性能稳定，兼容性好，为身处异地的人们提供低成本、快速度的多媒体环境，更符合商务和工作群组沟通的特点，是企业进行项目组和工作组沟通、管理的不错选择。但该系统受网络宽带、连接速率等因素的影响，流媒体的服务质量在很大程度上受到限制。

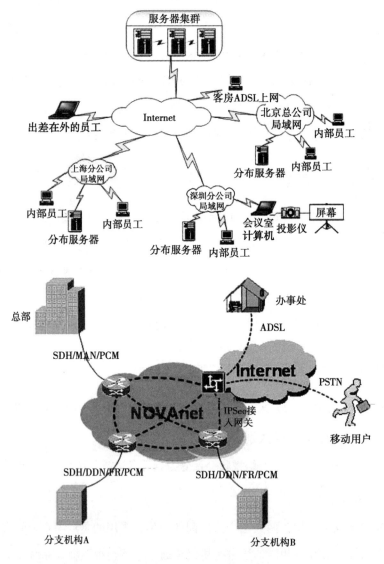

图 8-1　群组视频会议模型

（二）按照技术实现的方式划分

按照技术实现的方式划分，网络视频会议分为模拟视频会议和数字视频会议。

1. 模拟视频会议

模拟视频是通过调频、调幅的方式，将图像、语音或数据信号进行调制解调后输出，如图 8-2 所示。模拟视频会议系统可利用闭路有线电视系统实现单向网络会议，通过投影仪、终端将主会场的信息投入到分会场。也可以利用计算机显示卡输出，它由 5 路信号组成，包括分离的 RGB 彩色信号和 VS、HS 同步信号，从最早的 CGA 发展到现在的 VGA、SVGA 等制式，具有多种分辨率格式。

图 8-2　模拟视频图片

2. 数字视频会议

数字视频是基于数字技术以及其他更为拓展的图像显示标准的视频信息，借助于互联网、移动网、电信网，通过软硬件计算机和通信技术实现的。

与模拟视频相比，数字视频具有以下特点：

（1）收视效果好，图像清晰度高，音频质量高。

（2）数字内容更容易加工、利用和传播。

（3）抗干扰能力强。

（4）传输效率高。

（5）稳定性强，数字视频介质更便于移动和收藏。

（6）兼容性强，业务范围广。

数字视频虽然较模拟视频具有一些优越性，但受使用技术的影响。例如需要适当的元数据对数字资源进行管理、保存和获取；同时，在加工的过程中还必须考虑到不断变化更新的技术对加工工作的影响。

（三）按照形态划分

1.基于硬件的视频会议

该类视频是传统视频会议最常用的实现手段，大部分中高端视频应用中都采用了硬件视频方式。硬件视频是基于嵌入式架构，依靠 DSP+ 嵌入式软件实现视音频处理、网络通信和各项会议功能的视频通信方式。

此类视频会议系统主要包括嵌入式 MCU、会议室终端、桌面终端等设备。部署在网络中心的是 MCU，主要负责码流的处理和转发。会议室终端与摄像头、话筒、电视机等外围设备互联部署在会议室。桌面终端作为专用视频通信工具集成了小型摄像头和 LCD 显示器，主要安放在办公桌上。终端通常分为两种：

（1）分体式——编解码器 + 摄像头分体（适用于具有独立音控室的大型会议室、礼堂等）。

（2）机顶式——编解码器和摄像头为一体（适用于没有音控室的中小型会议室）。

视、音频编解码都由固化芯片中的程序完成。传输模式可以选用主摄像机图像与辅助摄像机图像组合、主摄像机图像与 DVD 图像组合、主摄像机图像与 PC 图像组合或者任意组合。从而实现一路图像为 VCD 效果，另一路远端会场可流畅播放各个会场的会议画面。

基于硬件的视频会议系统的特点是使用专用的设备来实现视频会议，集成度高，具有极高的安全性和稳定性，视、音频效果好，操作简单灵活，具有良好的 QoS 保障机制，支持广泛的通信网络，维护比较方便。但该系统造价高，投入风险大，桌面扩展需要软件支持，并且对网络要求较高，需要专线来保证。目前市场上硬件会议视频系统的主要品牌有——TANDBERG（挪威腾博）、Polycom（美国宝利通）、Lifesize（中国丽视）、Aethra（意大利爱斯乐）、SONY（日本索尼）、华为、中兴、柯达等。

2.基于软件的视频会议

此类视频会议完全使用软件来实现视频会议的功能，主要基于 PC 架构的视频通信方式，采用服务器 +PC 的架构。该视频会议系统在中心点上部署服务器（包括 MCU 服务器、多画面处理服务器和流媒体服务器），在 PC 上配置 USB 摄像头、耳麦和会议终端软件，在会议室里配置高性能的 PC 机、会议摄像头、视频采集卡和会议终端软件，这样召开视频会议时，就可以采用基于 Windows 的操作界面进行各项设置和管理，但通常只能用作小范围的视频会议交流与使用，如个人或企业。目前市场上软件视频会议系统以视高科技为代表的品牌居于领先地位。

软件视频会议系统终端通常采用"PC 机（笔记本电脑）+USB 摄像头 + 耳麦"的形式，

进行远程视频通信。系统软件主要分为以下几种：①基于客户端的视频会议，C/S 架构，目前市场上主要的视频会议软件供应商大多数使用此类系统软件；②基于 WEB 的视频会议，B/S 架构，需要安装专用浏览器插件，该类产品的兼容性和适用性存在很多问题；③基于 WEB 的视频会议，B/S 架构，需 Flash Player 支持，腾商视频会议系统就属于第三类，无须安装客户端和下载任何插件，就可以随时随地享受网络视讯的简便、高效。

从目前的趋势看，软件视频会议系统将会代替硬件视频会议系统成为视频会议的主流。其特点是高画质、低宽带、独立编码、安全保密，多媒体录制与播放，播放过程中可以随意操作，文档同步共享，低成本、"零"维护，功能灵活多样（如在线分发文件、会议投票、白板、网页同步浏览等），能实现很多硬件会议无法实现的功能。但该系统安全性和稳定性较差，容易受病毒和黑客等外界因素的影响，不能长时间运行；视、音频效果一般，视频延时较大，视音频信号无法达到同步；QoS 保障机制不健全，对不同网络的支持能力较差，一般只能支持以太网线路传输，无法支持基于专线的网络架构；不能处于及时呼叫状态，需要事先通知，并且使用人员有限。

3. 半软半硬的视频会议

由于软件视频会议还需要一段发展时间，因此在这个未能完全取代硬件视频会议的时期，出现了软硬结合的视频会议系统。其核心是解决软硬视频会议互相通信的问题，目前采用较多的形式是用 H.323 标准，用"终端呼叫"的方式来实现。例如，山东省某市工商局为了提高工作效率，节省时间和成本，通过"软硬结合"的方式进行对下属单位视频会议系统的推广。经过半年多时间的考察和多次认真详细的评测，最终在众多产品中将具有强大功能和优良表现的红杉树网络视频会议系统确定为最佳选择。该套系统通过"软硬结合"的方式不仅能满足市工商局与区县工商局之间召开正常会议、即时会议的需求，也能实现与省局视频会议的衔接，大大提高了工作效率。

三、网络视频会议的特点

（一）突破传统会议界限，有效交流

传统的交流方式大多局限于电子邮件、电话等，已不能满足人们办公的要求。可视化交流能够以最自然的形态、表情等表达相应的观点，提高双方的沟通效率。

（二）减少员工出差次数，节约资源

传统会议形式对于有分支机构的公司来说，差旅费用无疑是一笔很大的开支，同时旅途的劳累和误工误事也会给企业造成极大的资源浪费。网络视频会议可以节省商务旅行、住宿、场地等会议开支，减少不必要的资源浪费，保证人们有更多的时间和精力工作，从而提高企

业的工作效率。

（三）"面对面"的交谈，真实亲切，高效决策

信息化的好处之一就是成就了高效，网络视频会议使决策者能与更多相关人员进行"面对面"的交流，真实亲切，决策更为高效。对于突发事件，也能更快速地处理。

（四）减少了外出参会的公共安全隐患

在疫情期间，网络视频会议可以有效地减少参会人员出行，降低公共安全隐患，为各类企业和机构所接受。

四、网络视频会议的发展阶段

任何事物都遵循着产生、发展、高潮、衰落、死亡的自然规律，网络视频会议也不例外。网络视频会议自产生至今，经历了三个阶段：

（一）各自为战阶段

第一代网络视频会议产品的代表是终端，其代表为可视电话，美国是其发源地，1964 年，由美国费尔实验室研制出来。由于美国是互联网发源地，网络视频会议适逢很好的发展环境，已逐渐渗透到美国的政府、商业、金融、交通、服务和教育等各个行业，尤其是远程视频教育已被大型公司所采用，目的是为员工提供更好的培训教育。但是在 20 世纪 90 年代之前，视频会议系统所运用的基本都是专用的编解码硬件和软件，而且各个终端所使用的编解码器必须来自同一个厂商，否则不能正常工作。每个企业都有各自的标准，但没有行业的标准，无法实现互联互通。这种非标准化的视频产品极大地阻碍了视频会议领域的发展，并且当时的网络状况非常不稳定，宽带也不理想，由此限制了视频会议系统的传输速度。视频传输理论上可达到 30 帧 / 秒以上，与电视的传输速度相符，而当时的视频传输速度不超过 15 帧 / 秒，无法实现动态的视频图像。因此，当时的网络视频会议系统只能运用到商用视频通信市场中。

（二）统一标准阶段

1997 年 3 月，是世界范围内网络视频会议发展史上一个重要的时刻，国际电联电信委员会（ITU-T）发布了用于局域网的视频会议标准协议——HC23，为企业内网和互联网的视频会议提供了一个互通的标准。ITU-T 制定的适用于视频会议的标准有：H.320 协议（用于 ISDN 上的群视频会议）、H.323 协议（用于局域网上的桌面视频会议）、H.324（用于电话网上的视频会议）和 H.310（用于 ATM 和 B-ISDN 网络上的视频会议）。其中 H.323 协议成为目前应用最广且最通用的协议标准。从此以后，各个厂商纷纷推出符合市场标准的网络视频会议产品。近几年，随着国内外大型网络运营商对网络运营环境的建设和改造，以及网络

宽带接入技术的大力普及，视频会议软件产品越来越被普遍使用，尤其是 IT 行业和通信行业对视频会议领域高度关注，并且编解码技术也日趋成熟。视频会议的价格开始下调，而质量有了进一步的提高。

（三）百花争艳阶段

中国网络视频会议的发展与互联网是同步的，大致经历了 10 年左右的发展。ISDN 是我国第一台拥有自主知识产权的可视电话，它是在 2001 年 7 月由上海贝尔研制成功的。国内领域发展之初，主要应用于政府、金融和大型企业等高端市场，运用专网运行，造价相当高。2003 年"非典"爆发，很多人员不能出门，政府、教育、企业等部门开始运用网络视频会议解决问题、提供服务和进行交流，比如北京市各高校在非典时期开设了在线课堂，既不耽误学生的学习又有效地抑制了非典的继续蔓延。此后，网络视频突破了以往平稳发展的局面，开始进入快速发展时期。2007 年底，互联网上的赛迪顾问公司 2005 年底调查显示，发现我国在政府、能源、教育、金融、交通、通信、医疗等重点行业中的网络视频会议设备的用户比例达到 66.3%。网络视频会议系统已经成为我国行业信息交流和传递的重要手段，并且我国的视频会议以每年 32% 的速度增长。国内已形成数十家专门从事网络视频产品生产的厂家，网络视频会议中各种硬件实现的方案、软件实现的方案和软硬件结合实现的方案，使得网络视频会议领域已经形成百家争艳的局面。

2020 年新冠疫情席卷全球，此时很多知名大公司纷纷推出自己的网络视频会议系统，影响较大的有华为会议云系统、腾讯的"腾讯会议"、思科的 WebEx 等。这些系统的共同特点是功能齐全、易于操作，便于多人异地同时在线实时讨论和交流，将网络视频会议的普及性大大提升了；同时，功能也更加强大，将传统会议管理模式的弊端总结出来，使用互联网技术加以解决。特别是随着数字技术的成熟与普及，现代的网络视频会议更多地与元宇宙、人工智能、数字人等科技手段结合，增加了参会人员的真实感、参与感和交互性，大大丰富了网络视频会议的形式和功能。

实训

"哎，信息中心又要开会了！一连开了几个星期会议，真是烦人！不参加会议肯定被领导批评，去参加会议吧，异地奔波非常耽误工作，该怎么办呢？"小吴自言自语地发着牢骚。正在为此发愁时，小吴闪念一想，可不可以远程开会呢，这样既不用长途劳顿，又不用耽误工作？小吴随即将自己的想法反映给信息中心负责人，没想到信息中心对这个想法很感兴趣，并将召开网络视频会议的策划任务交给小吴去准备，但要求策划的方案既经济又省力。接到任务后，小吴既高兴又发愁，目前市场上关于视频会议的产品很多，而且产品更新换代很快，如何策划才能既提高效率又节省经费呢？

请根据材料内容帮助小吴策划一份网络视频会议方案。

要求方案科学合理、费用经济、维护容易，能适应网络技术日新月异的发展。

📶 自测题

1. 什么是网络视频会议？
2. 请详述网络视频会议的种类及划分依据。
3. 请举例介绍网络视频会议的功能。
4. 网络视频会议经历了哪些发展阶段？

任务二　智能数字会议系统介绍

随着无纸化、智能化办公技术的不断普及，智慧数字会议室正在以前所未有的速度取代传统会议室。市场调研机构智研咨询此前发布的数据显示，中国数字会议系统近年来一直保持着 20% 以上的市场增速，到 2025 年，中国数字会议系统需求量有望达到 84.46 万套/年。

现以某公司智能数字会议系统为例介绍主流会议室的设备配置及后台操作步骤。

一、智能数字会议系统的配置及参数

（一）智能数字会议系统的硬件

智能数字会议系统的硬件主要由控制系统（智能主机）、输出系统（终端、投影等）、网络通信系统、摄录系统、音响系统等部分组成。具体组成及参考配置见表 8-1。

表 8-1　智能数字会议系统的硬件

序号	名称	规格型号及主要技术参数	单位	数量
1	智慧无纸化会议文件管理主机	SF-8000 处理器：Intel（R）Core（TM）i3-41603.60 GHz 操作系统：Windows2008 电源需求：AC220V50/60 Hz	台	1
2	智能无纸化触控电容升降屏	HK-1000HT 15.6 寸，含话筒，带视像跟踪功能	台	20

序号	名称	规格型号及主要技术参数	单位	数量
3	智慧无纸化会议文件管理终端主机	HK-I3600 输出分辨率: 1920×1080 中央处理器: 15 高速 CPU 内存: DDR 4G 存储模块: 64G（SSD 固态硬盘）	台	1
4	智慧无纸化会议投影终端	SF-6000-T 内置投影软件 输出分辨率: 1920×1080 处理器: 酷睿双核 2.3G 内存: DDR3/4G	台	1
5	高清编码器	SF-6000ED 支持输入分辨率: 1920×1200@60/1080P60 等分辨率 信号输入类型: LINE IN、HDMI 音频采样率: 32000 码率范围: 64 Kbps-20 Mbps 功率: DC12V/8 W	台	1
6	会议系统主机（视像跟踪会议系统主机）	HK-670S LCD 显示屏参数: 73 mm×28 mm 频率响应: 20-25000 Hz（±3 dB）	台	1
7	调音台	MP1002E 10 路 USB 调音台（MP3 播放器、两编组—— 6 路麦克风输入）	台	1
8	反馈抑制器	BS-6302 输入通道: 2 路平衡输入和 2 路非平衡输入 输入阻抗: 30K Ω 平衡式 /15K Ω 非平衡式 输入最大电平: +20.5 dBu 输出通道: 2 路平衡输出和 2 路非平衡输出 输出阻抗: 100 Ω 平衡式 /50 Ω 非平衡式 输出最大电平: +14.5 dBu	台	1
9	数字音频处理器	BS-6305B 3 进 6 出专业网络音频处理器 信号处理: 32 位浮点 DSP 数模转换: 24 位专业级 AD/DA 转换器 采样率: 96 KHz	台	1

续表

序号	名称	规格型号及主要技术参数	单位	数量
10	功率放大器	MP-G220 双通道定阻专业功率发大器 8Ω 立体声额定功率：250W×2 4Ω 立体声额定功率：450W×2 8Ω 桥接功率：620W	台	2
11	矩阵切换器	LT-0808-HDMI 协议：支持 HDCP1.4 协议及以上，支持 HDCP1.3 协议及以上，兼容 DVI1.0 协议及以上	台	1
12	高清会议录播主机	MG-1040 四路高清会议录播 / 直播主机 支持 100 路网络直播访问——4 路 SDI+1 路 HDMI/VGA	台	1
13	高清会议摄像机	HS-80E 20 倍高清会议摄像机，视角：54.7° ——HDMI、SDI、LAN	台	2
14	继电器	LT-5601M 8 路强 / 弱电管理继电器	台	1
15	电源管理器	LT-5601T 8 路定时电源管理器——串口 / 网络控制	台	2
16	会议平板一体机	98 寸智能交互会议平板一体机 TCB-E98W	台	1
17	会议音箱	HK-608 额定阻抗：8 Ω 额定功率：100 W	台	4
18	无线麦克风主机	UI-830 频率范围：640~690 MHz 音频频响：40~18 000 Hz U 段无线麦克风系统（主机 ×1+ 手持 ×2）	台	1
19	云平台中央控制主机	I IK-L8000 支持 Windows、苹果、安卓	台	1
20	无线路由器	华为	台	1
21	无线中控触摸屏	HK-L600 主芯片：64 位 10 核处理器，主频 2.3 G 内存：4 GB+64 GB，支持 TF 卡扩展内存 支持 4G 支持全网通，VoLTE	台	1

序号	名称	规格型号及主要技术参数	单位	数量
22	无线投屏发射器	PTB3100 无线投屏 PAPA 发射器 兼容性: Windows7/8/10、Mac OS 10.8 及以上	个	1
23	会议平板一体机 PC 模块	KS-120PC CPU: I5-8250U 内存: 4 G 固态硬盘: 128 G 支持 4K/60 Hz, Wi-Fi 支持 2.4 G/5 G	个	1

（二）智能数字会议系统的软件

智能数字会议系统的软件由管理软件、控制软件、编程软件等组成。具体组成及参考配置见表 8-2。

表 8-2　智能数字会议系统的软件

序号	名称	规格型号及主要技术参数	单位	数量
1	智慧无纸化服务端管理软件	SF-8000-CF	套	1
2	智慧无纸化终端管理软件	SF-6000-CF	套	20
3	智慧无纸化终端管理软件 （远程端）	SF-6000-CF	套	2
4	中央控制系统编程软件	HK-L8000-CF 支持 Windows、苹果、安卓	套	1
5	无线投屏模块	含双 Wi-Fi 模块 + 软件授权 TCB-Wi-Fi	个	1

二、智能数字会议系统后台操作步骤

（一）系统启动（软件登录）

1. 启动会议系统外围设备

（1）打开无纸化会议文件管理主机、无纸化会议文件管理终端主机。

（2）打开视像跟踪会议系统主机。

（3）打开 8 路定时电源管理器。以上（1）-（3）所涉及的设备可见图 8-3。

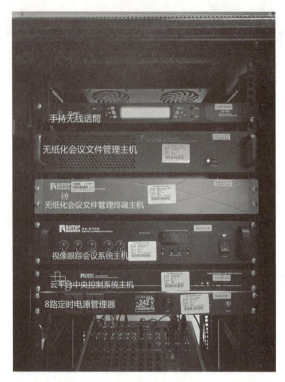

图 8-3　会议系统外围设备 1

（4）调整音响。调音台（如图 8-4）从左往右，第一路是手持无线话筒的音量，第二路是无纸化升降屏幕的话筒音量；第三路是降噪；第四路和第五路是无纸化投屏音量（需要同时开关）；第九路是效果调整，最右部分的 L、R 是 LED 大屏幕音量调节。

图 8-4　调音台

（5）打开矩阵切换器，并根据会议需要进行矩阵切换。

输入"1-1"并点击"Enter"键代表笔记本投屏；

输入"3-1"并点击"Enter"键代表无纸化投屏；

输入"4-1"并点击"Enter"键代表录播投屏。

（6）打开8路强/弱电管理继电器。

（7）打开高清会议录播主机。

（8）打开反馈抑制器。

（9）打开数字音频处理器。

（10）打开双通道定阻功率放大器。以上（4）-（10）所涉及的设备可见图8-5。

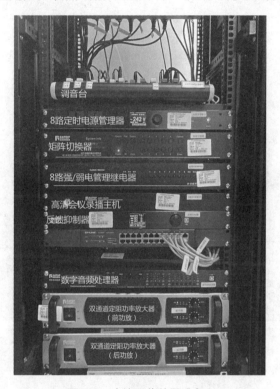

图8-5　会议系统外围设备2

2. 启动无纸化会议系统会议管理程序

在平板电脑上点击登录会议系统管理App，点击进入菜单界面，在"电源开关"一栏点击"电源全开"，在"无纸化升降"一栏选择"全升"。

这些操作最终呈现的界面如图8-6。

图 8-6　登录会议系统管理 App 后的三个操作界面

（二）系统设置

打开软件后台，显示登录账号界面，点击"连接"登录，如图 8-7。

图 8-7　连接

系统设置分为管理员设置、会议厅管理、终端管理、常用用户管理、部门管理等几类。

1. 管理员设置（如图 8-8）

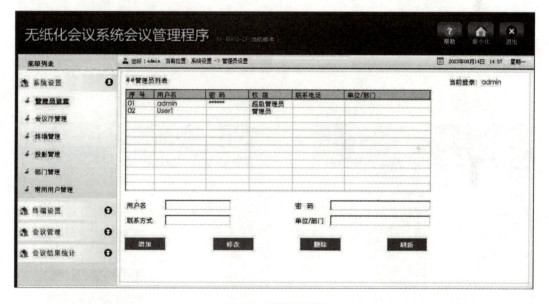

图 8-8　管理员设置

功能作用：超级管理员和管理员，超级管理员可以看到管理员所申请的会议，管理员只能看到自己申请的会议。

用户类型：分为超级管理员和管理员两种类型。

超级管理员：拥有最高权限，可查看、修改所有用户的信息及所有人申请的会议。

管理员：拥有一般权限，只能查看、修改个人的用户信息及个人申请的会议。

添加管理员：在编辑框输入管理员的信息，然后点击"增加"即可。

修改管理员：选中需要修改的管理员的用户名，在编辑框修改对应的信息，然后点击"修改"即可。

删除管理员：选中需要删除的管理员的用户名，然后点击"删除"即可。

刷新管理员： 点击"刷新"即可刷新管理员列表。

2. 会议厅管理（如图 8-9）

图 8-9　会议厅管理

3. 终端管理（如图 8-10）

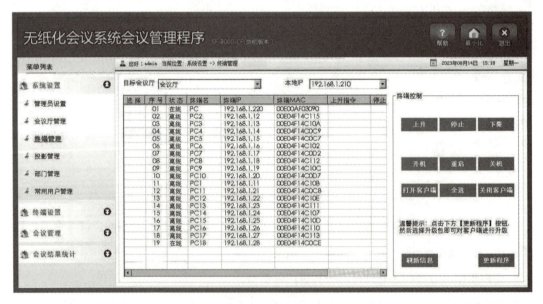

图 8-10　终端管理

　　管理会场终端设备，可以控制升降器的上升、下降、停止，控制终端设备的开机、重启、关机，控制无纸化会议系统会议管理程序软件的运行和关闭。

　　如需关闭客户端终端设备时，请先选择"关闭客户端"，再点击"关机"，最后选择"下降"把升降器降下去。

4. 常用用户管理（如图 8-11）

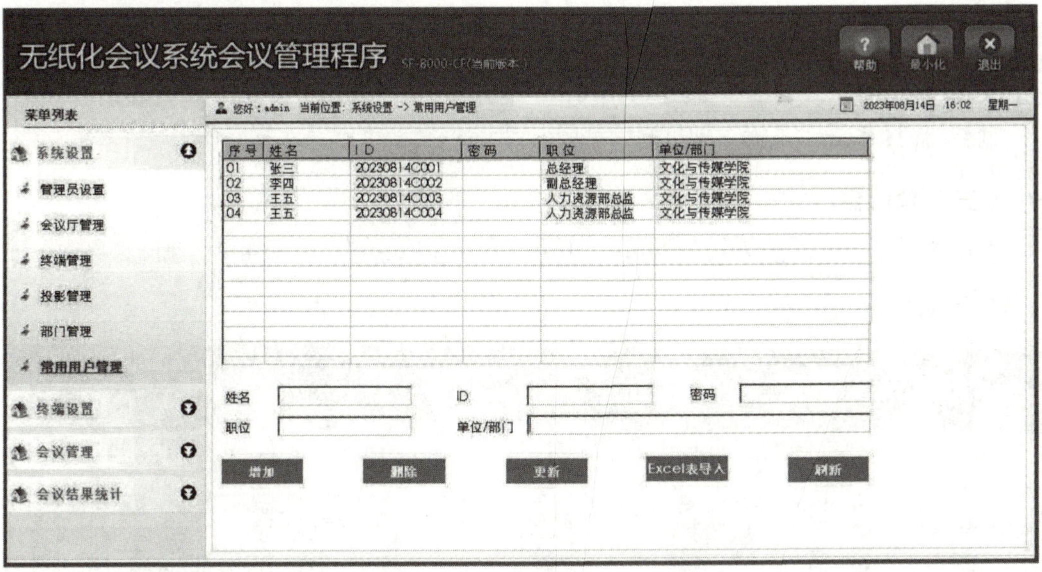

图 8-11　常用用户管理

功能作用：设置常用用户信息。添加常用用户信息后，在新建会议时可快速添加常用用户为参会人。

增加用户：在编辑框输入用户的信息，然后点击"增加"即可。

删除用户：选中需要删除的用户名，然后点击"删除"即可。

修改用户：选中需要修改的用户名，在编辑框修改对应的信息，然后点击"更新"即可。

刷新用户：点击"刷新"即可刷新用户列表。

5. 部门管理（如图 8-12）

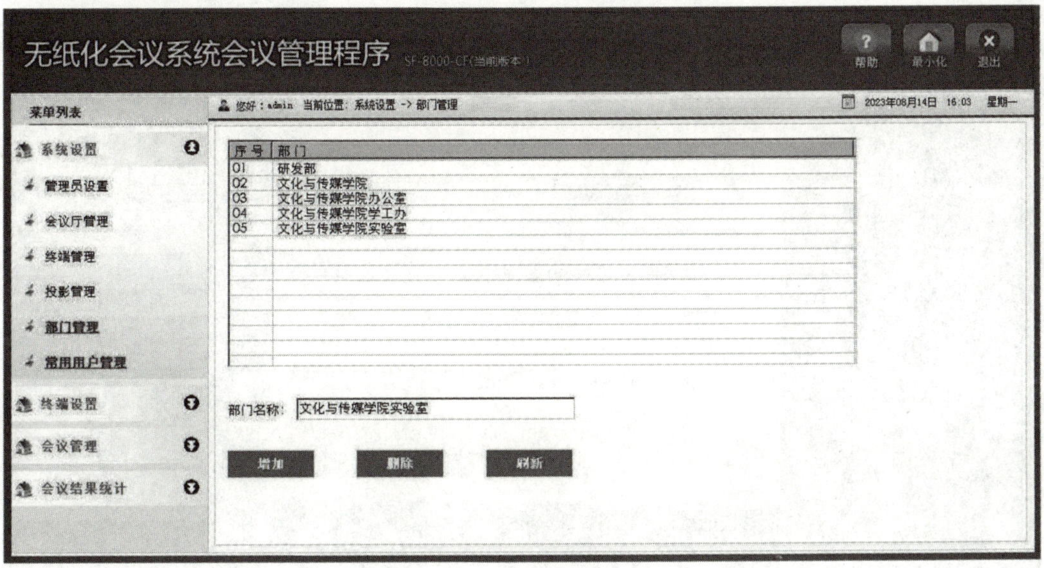

图 8-12　部门管理

功能作用：添加常用的部门。

增加部门：在编辑框输入部门名称，然后点击"增加"即可。

删除部门：选中要删除的部门，然后点击"删除"即可。

刷新部门：点击"刷新"即可刷新部门列表。

（三）会议管理

会议管理包括申请会议、编辑会议、开始会议、结束会议、信息变更、删除会议、一键归档七个方面，如图 8–13。

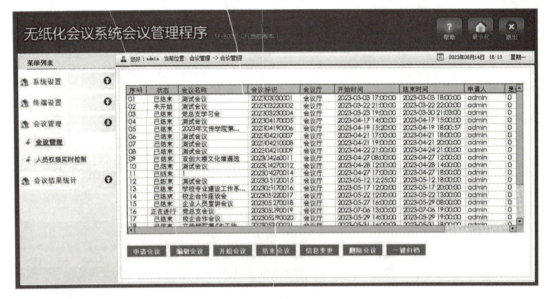

图 8-13　会议管理

1. 申请会议（如图 8–14）

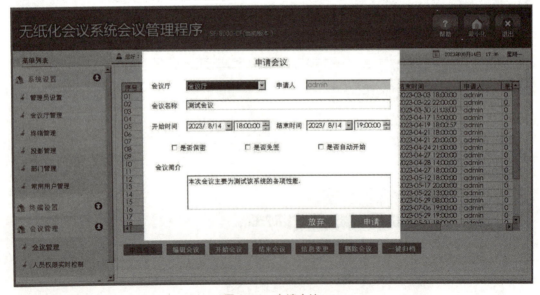

图 8-14　申请会议

点击"申请会议"，对会议厅、会议名称、开始时间、结束时间、是否保密、是否免签、是否自动开始、会议简介等进行填写，然后选择"申请"则会议申请完毕。

是否保密：如勾选，会议结束时将删除所有会议资料及会议结果信息。

是否免签：如勾选，运行客户端后，参会人员不用再签到，以访客登录直接进入软件。注意：免签投票表决不可用。

是否自动开始：如勾选，会议到时间后会自动开始会议，建议申请会议后，直接选择"开始会议"。

2. 编辑会议

（1）参会人（如图 8-15）

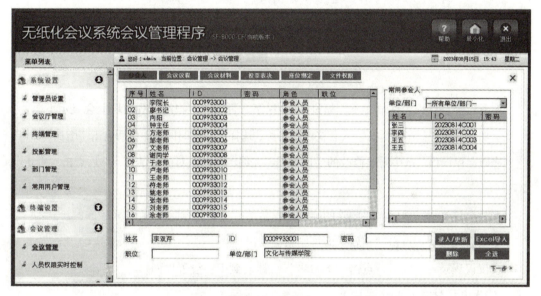

图 8-15　参会人

参会人录入：在编辑框输入参会人相关信息，然后点击"录入/更新"即可。

常用参会人录入：在常用参会人列表选中用户名，然后按着鼠标左键拖动到参会人列表即可；Excel 表导入，点击"Excel 导入"，选择要导入的 Excel 表，然后点"打开"即可。注意：导入模板，如模板上设置了参会人绑定到对应的终端上，导入后会自动绑定参会人，无须在后面的参会人绑定处再导入一次绑定表格。

修改参会人：选中需要修改的参会人，在编辑框修改对应的信息，然后点击"录入/更新"即可。

删除参会人：选中需要删除的参会人，然后点击"删除"即可；

参会人员录入完成后，点击"下一步"，跳转到下一设置界面。

（2）会议议程（如图8-16）

图 8-16　会议议程

注意：会议议程名称最多不能超过 39 个汉字，否则在客户端议程模块上会显示不全。

增加会议议程：在编辑框输入会议议程名称，选择议程的时间段，然后点击"增加"即可。

修改会议议程：选中需要修改的会议议程，在编辑框修改对应的信息，然后点击"更新"即可。

删除会议议程：选中需要删除的会议议程，然后点击"删除"即可。

刷新会议议程：点击"刷新"即可刷新会议议程。

会议议程录入完成后，点击"下一步"，跳转到下一设置界面。

（3）会议材料（如图8-17）

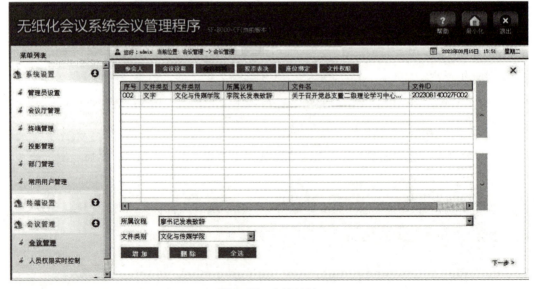

图 8-17　会议材料

会议材料：根据实际的硬件配置，硬件配置越高，浏览资料越流畅。

文件格式：doc、docx、xls、xlsx、ppt、pptx、txt、pdf、dwg、ced。

图片格式：jpg、jpeg、png、bmp。注意：如图片过大，客户端内部看图工具查看不了，可以选择外部看图王打开。

视频格式：mp4、avi、rmvb、rm、ts、mpg、wmv、flv、mp3、mkv、mov。视频分辨率最大 3840*1640P、帧数最大 28。

增加资料：选择文件类别和所属议程，然后点击"增加"，接着选择需要添加的资料，最后点击"打开"即可。注意：添加不同类型的文件需选择对应的文件类型才能显示。如："Text Files"文件类型，只显示文档文件（默认）；"Picture Files"文件类型，只显示图片文件；"Video Files"文件类型，只显示视频文件；"All File"文件类型，显示所有文件，如图 8-18。

图 8-18 "All File"文件类型

删除资料：选中需要删除的资料，然后点击删除即可。

资料排序：选中资料名称后，点击上、下移动即可移动资料的位置。

会议材料录入完成后，点击"下一步"，跳转到下一设置界面。

（4）投票表决（如图8-19）

图 8-19　投票表决

增加表决：在编辑框输入表决题目，按需求勾选表决类型，然后点击"增加"即可。

删除表决：选中需要删除的议程，然后点击"删除"即可；

Excel 导入：点击 Excel 导入，选择要导入的 Excel 表，然后点击"打开"即可；

表决类型：可多选，默认为记名表决。

匿名：勾选后，表决时不记名表决；

实时：勾选后，表决需秘书发起才能表决；

投票表决完成后，点击"下一步"，跳转到下一设置界面。

（5）座位绑定（如图8-20）

图 8-20　座位绑定

给参会人绑定座位：选中参会人名字，然后按着鼠标左键拖到对应的终端名上即可完成座位绑定。

取消座位绑定：双击终端名即可取消绑定该终端名的参会人的座位。

全部取消绑定：取消全部绑定终端名的参会人的座位，点击"全部取消绑定"即可。

Excel 导入绑定：点击"Excel 导入绑定"，选择要导入的 Excel 表，然后点击"打开"即可。

座位绑定完成后，点击"下一步"，跳转到下一设置界面。

（6）文件权限（如图 8-21）

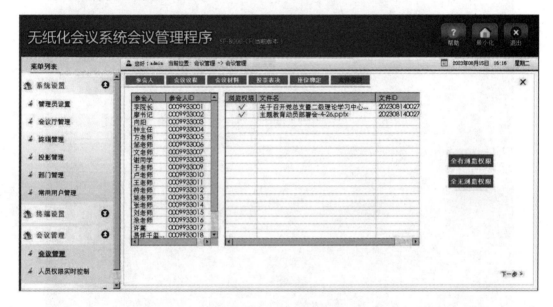

图 8-21　文件权限

设置参会人文件浏览权限：选择参会人，然后双击对应的文件名即可切换有无文件浏览权限。

设置全部文件的浏览权限：选择参会人，然后点击"全无浏览权限"即可设置为全无文件浏览权限，点击"全有浏览权限"即可设置为全有文件浏览权限。（默认为全有浏览权限）

文件权限完成后，点击"下一步"或右上角的"区"即可退出会议编辑。

3. 开始会议

选中你要参加的会议点击"开始会议"。

4. 结束会议

选中要结束的会议点击"结束会议"。

5. 信息变更

修改会议信息。

6. 删除会议

删除不要或已开过的会议。

7. 一键归档

把已结束的会议材料和会议结果全部下载归档。

（四）进入无纸化会议系统

点击"无纸化会议系统"，如图 8-22。

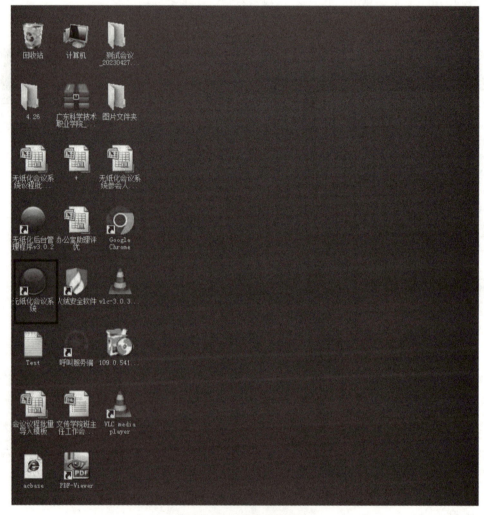

图 8-22　无纸化会议系统

进入无纸化会议系统后显示界面如下图 8-23。

图 8-23　进入无纸化会议系统界面

点击右下角数字按钮，可以选择"发起同屏"或者"发起投影"，如图 8-24。

发起同屏：所有电脑屏幕同屏。

发起投影：电脑屏幕页面投影至 LED 显示大屏。

图 8-24　点击右下角数字按钮后界面

（五）会议结果统计

1. 签到情况统计（如图 8-25）

图 8-25　签到情况统计

功能作用：可查看某个会议的全部参会人的签到时间和签退时间，也可根据已签到的或未签到的条件进行筛选查看。

生成表格：自动生成一个跟列表对应的 Excel 表，如图 8-26。

无纸化会议系统自动分析表-签到结果

Tab Time: 2023-08-15 16:24:16

序　号	姓　名	I　D	签到时间	签退时间
1	李院长	0009933001	2023-08-15 16:20:04	----
2	廖书记	0009933002	2023-08-15 16:20:06	----
3	向阳	0009933003	2023-08-15 16:20:11	----
4	钟主任	0009933004	2023-08-15 16:20:12	----
5	方老师	0009933005	2023-08-15 16:20:29	----
6	邹老师	0009933006	2023-08-15 16:20:31	----
7	文老师	0009933007	2023-08-15 16:20:59	----
8	谢同学	0009933008	2023-08-15 16:20:52	----
9	于老师	0009933009	2023-08-15 16:21:50	----
10	卢老师	0009933010	2023-08-15 16:21:22	----
11	王老师	0009933011	2023-08-15 16:22:14	----
12	符老师	0009933012	2023-08-15 16:22:01	2023-08-15 16:22:11
13	姚老师	0009933013	2023-08-15 16:22:43	----
14	张老师	0009933014	----	----
15	刘老师	0009933015	2023-08-15 16:22:52	----
16	涂老师	0009933016	2023-08-15 16:22:54	----
17	许嵩	0009933017	2023-08-15 16:19:42	2023-08-15 16:23:30
18	易烊千玺姐姐	0009933018	----	----
19	钱老师	0009933019	----	----
20	周老师	0009933020	----	----

图 8-26　签到结果生成表格

打印：自动生成一个跟列表对应的 Excel 表，并进入打印界面。注意：需连接打印机。

2. 表决结果统计（如图 8-27）

图 8-27　表决结果统计

功能作用：查看某个会议表决题的结果统计数据。

生成表格：根据结果统计数据生成 Excel 表，如图 8-28。

无纸化会议系统自动分析表-表决结果

Tab Time: 2023-08-15 16:38:08

序号	表决名称	表决ID	赞成票数量	弃权票数量	反对票数量
1	是否同意"谢晓冰"被评为优秀办公室助理	202308140027V001	10	3	3
2	是否同意"杨秀英"被评为优秀办公室助理	202308140027V002	11	5	0
3	是否同意"曹蕊"被评为优秀办公室助理	202308140027V003	9	4	3
4	是否同意"林微"被评为优秀办公室助理	202308140027V004	6	5	5
5	是否同意"张湘姿"被评为优秀办公室助理	202308140027V005	9	5	2

图 8-28　表决结果生成表格

打印：根据结果统计数据生成 Excel 表，并进入打印界面。

查看明细：查看所有参会人员的表决情况及结果统计数据，匿名表决题则无名字显示，如图 8-29。

无纸化会议系统自动分析表-表决结果(明细)

题目	是否同意"曹蕊"被评为优秀办公室助理(202308140027V003)		
赞成票数量	9	弃权票数量 4	反对票数量 3
投赞成票者	廖书记、文老师、谢同学、王老师、符老师、姚老师、刘老师、涂老师、许嵩		
投弃权票者	方老师、邹老师、于老师、卢老师		
投反对票者	向阳、钟主任、张老师		

题目	是否同意"林微"被评为优秀办公室助理(202308140027V004)		
赞成票数量	6	弃权票数量 5	反对票数量 5
投赞成票者	文老师、谢同学、卢老师、王老师、涂老师、许嵩		
投弃权票者	廖书记、钟主任、姚老师、张老师、刘老师		
投反对票者	向阳、方老师、邹老师、于老师、符老师		

题目	是否同意"张湘姿"被评为优秀办公室助理(202308140027V005)		
赞成票数量	9	弃权票数量 5	反对票数量 2
投赞成票者	廖书记、文老师、谢同学、于老师、卢老师、符老师、姚老师、涂老师、许嵩		
投弃权票者	向阳、钟主任、方老师、邹老师、张老师		
投反对票者	王老师、刘老师		

图 8-29　表决结果（明细）

打印明细：查看所有参会人员的表决情况及结果统计数据，并进入打印界面。

3. 批注结果统计（如图 8-30）

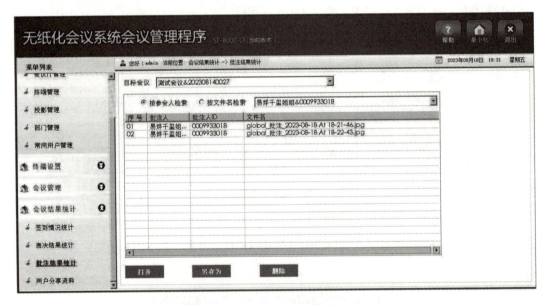

图 8-30　批注结果统计

功能作用：查看某个会议的批注文件。选择目标会议，按参会人检索或者按文件名检索批注文件。

打开批注文件：选中需要打开的文件名，然后点击"打开"（或者双击）即可。

复制批注文件：选中需要复制的文件名，然后点击"另存为"即可。

删除批注文件：选择需要删除的文件名，然后点击"删除"即可。

4.用户分享资料（如图 8-31）

图 8-31　用户分享资料

功能作用：管理查看客户端通过 U 盘导入的文件。

刷新文件：刷新客户端通过 U 盘导入的文件。

删除文件：删除客户端 U 盘导入的文件，客户端也会同步删除。

（六）录播的使用与操作

1.功能特色

（1）高清录制

4 机位录播主机软件主要针对教室上课环境进行高清录制，对视频支持同时录制 MP4、FIV 等多种格式课件，录制结束自动保存，同时也支持多路通道同时录制，具有时效快、操作简单、省时快捷的特点。录制的视频可以通过不同的标准进行调节观看，最高清晰度支持 1080P@60，可以保证视频的清晰度和观赏效果。

（2）现场直播

4 机位录播主机软件，在不增加设备的基础之上，既可对不同地点、不同会议室进行多并发的直播，也可以将本地的直播课件通过流媒体服务器推送到单位制定的平台进行并发的实时直播课件。

（3）手动导播

导播界面可以自由切换，可以将不同的资源窗口通过手动的方式切换至导播界面，也可以通过智能的方式进行自由切换，从而可以针对不同的视频进行录制、直播等操作。

（4）远程互动

在不需要增加设备的前提下即可接入不同教室之间的远程互动视频来进行观看，支持单个教室设置接入多个教室远程互动视频，可以自由切换互动视频，在接入的同时，远程互动视频的声音也会随着接入进来，以增加视频的观赏效果。

（5）远程导播微课

不需要增加设备即可支持远程导播、教学资源编辑与管理，远程控制成像机云台、录像导播功能，支持对录制的课件资源点播、下载、目录编辑，同时支持课件在线编辑，剪切成为微课，并共享至平台。

2. 远程导播界面

打开电脑浏览器（建议谷歌浏览器）直接输入录播主机 IP 地址，进入远程导播微课系统登录界面，如图 8-32 所示；默认用户名：admin ，密码：12345。

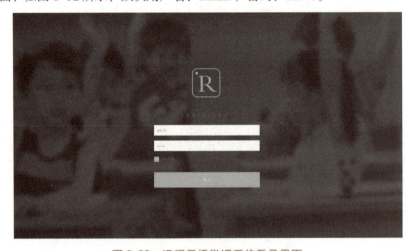

图 8-32　远程导播微课系统登录界面

（1）导播页面（如图 8-33）

图 8-33　导播页面

主播画面显示：云台控制、页面布局（单分屏、双分屏、画中画、三分屏、多分屏显示效果）、切换特效（淡入淡出、对角切换等 15 种特效组成）。

资源通道：显示所有接入视频信号；双击预览画面可切换至主监视画面。

录播控制区域：录制/停止、暂停、直播、手/自动。

状态显示区：显示当前录播状态；如录制时间、直播时间等。

（2）点播页面（如图 8-34）

图 8-34　点播页面

支持按日期搜索视频，按时间排序显示所有点播视频；单击可进行预览、上传、下载、制作微视频、删除等操作，如图 8-35。

图 8-35　上传视频等操作页面

（3）微视频页面

制作微视频之前需预先设置好学科和年级，在设置界面点击微视频菜单，输入学科和年级，依次添加。

点击微视频，出现如下页面，如图8-36。

图8-36　微视频页面

按时间截取所需要的内容，可直接拖动时间轴；微视频界面显示已经截取完成的视频，可对该视频进行预览、下载、删除等操作。

（4）设置页面

本机配置－网络，显示当前录播主机的网卡信息、IP信息，如图8-37。

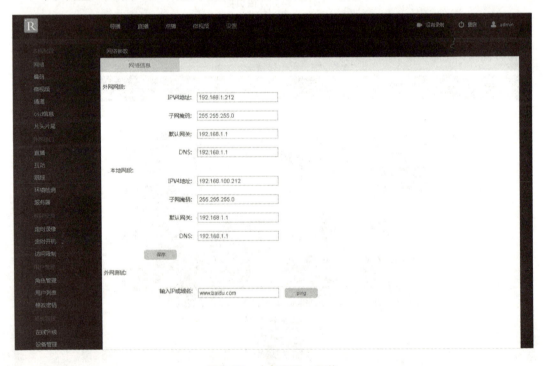

图8-37　本机配置－网络

本机配置－编码－本机直播参数，如图8-38。

图 8-38　本机配置－编码－本机直播参数

本地直播参数：参数对应导播码流及录制视频码流设置。暂只支持码率修改。外网直播参数：参数对应直播视频码流设置。分辨率支持 1080P、720P、480P、768P。可针对码率做修改。

本机配置－编码－音频编码参数，如图8-39。

图 8-39　本机配置－编码－音频编码参数

音频参数不可更改，保持默认即可。

本机配置 – 微视频，如图 8-40。

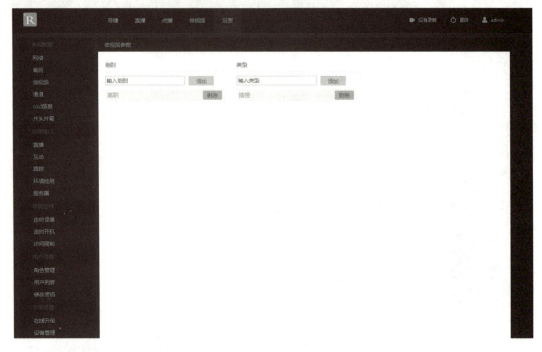

图 8-40　本机配置 – 微视频

添加制作微视频时按学科、年级进行编辑；剪辑完成的微视频按学科、年级分类。

本机配置 –osd 信息 – 字幕，如图 8-41。

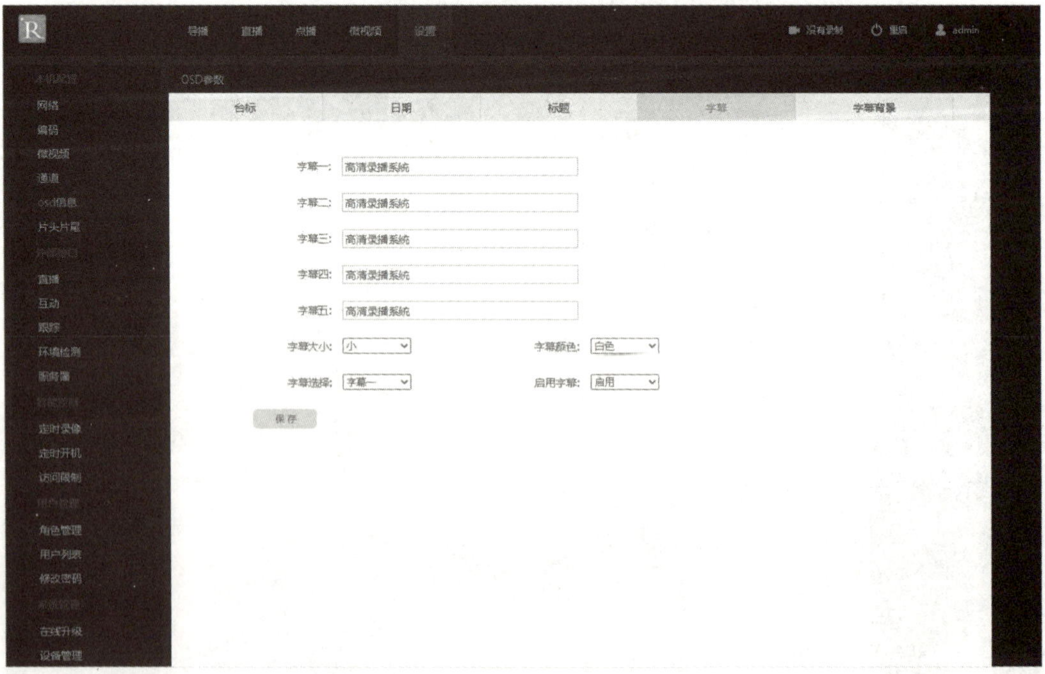

图 8-41　本机配置 –osd 信息 – 字幕

支持预先设置 5 条字幕,录制过程也可以直接使用,还可以调整字幕大小、颜色等。

本机配置 –osd 信息 – 台标,如图 8-42。

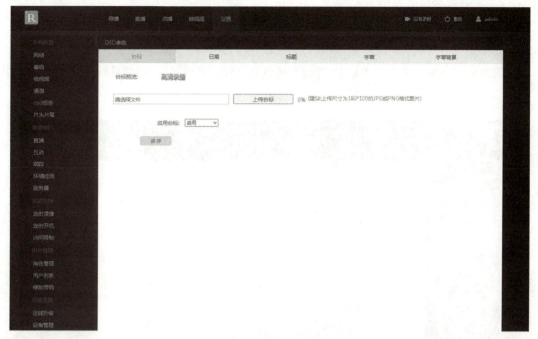

图 8-42　本机配置 –osd 信息 – 台标

点击"上传台标",支持选择任意 JPG 文件上传,用于台标显示,图片文件不超过 1 MB 为宜。

台标支持位置设置。

本机配置 – 片头片尾,如图 8-43。

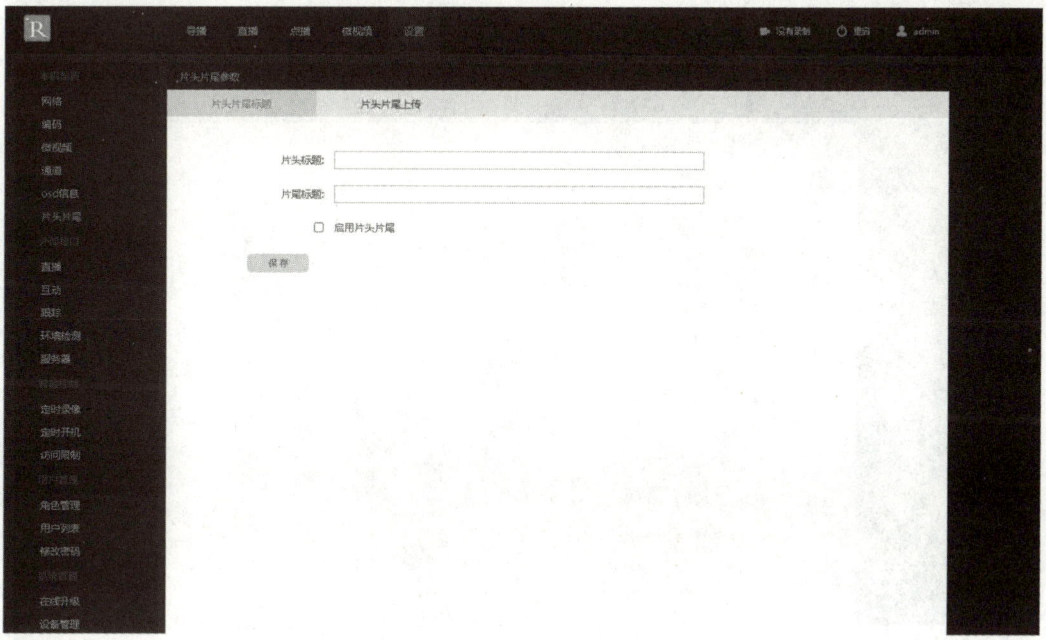

图 8-43　本机配置 – 片头片尾

默认蓝屏背景片头片尾，输入标题后，点击保存即可。

点击"片头片尾上传"，可以上传自定义片头背景。

返回片头片尾页面，按键盘 Ctrl+F5 强制刷新浏览器，即可查看上传的片尾图片。

外部接口 – 直播，如图 8-44。

流服务器地址，可填写本地 IP 进行本地直播推流，可填写第三方直播地址，用于全网直播。

图 8-44　外部接口 – 直播

外部接口 – 跟踪，如图 8-45。

图 8-45　外部接口 – 跟踪

用于跟踪机对接，填入老师跟踪机和学生跟踪机的 IP 地址进行跟踪对接 VGA 检测，用于调整 VGA 画面检测灵敏度。

外部接口 – 服务器，如图 8–46。

图 8-46 外部接口 – 服务器

文件服务器：将视频上传到 FTP 服务器上，地址 IP 填写为需要上传到指定服务器的 IP。

集控服务器：对接集控系统，地址和端口号填写安装集控系统服务器的 IP 及端口号。

平台服务器：对接资源管理平台，地址和端口号填写安装资源管理平台服务器 IP 及端口号。

智能控制 – 定时开机，显示定时开机、关机的设置信息，如图 8–47。

图 8-47　智能控制－定时开机

系统在待机情况下可设置定时开关机（必须保证设备通电待机状态才有效果）。

智能控制－定时录像，如图 8-48。

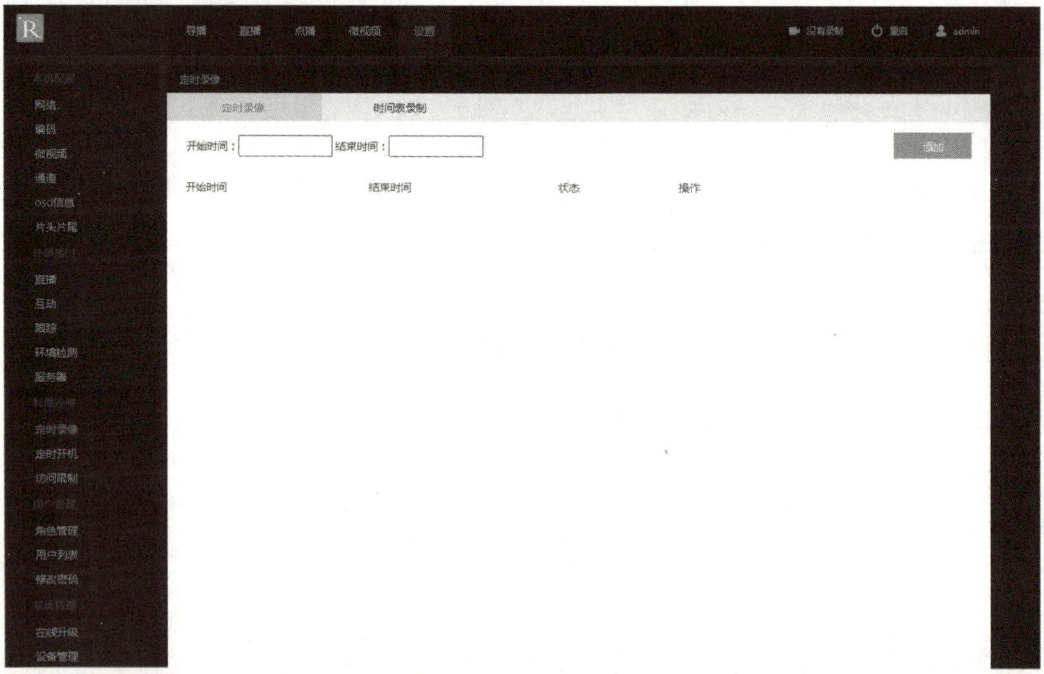

图 8-48　智能控制－定时录像

定时录像功能，支持手动设置录制、停止时间；同时支持导入学校课表进行自动录制。

智能控制 – 访问限制，如图 8-49。

图 8-49　智能控制 – 访问限制

支持设置录制状态及空闲状态下的访问人数，防止误操作。

用户管理 – 角色管理，如图 8-50。

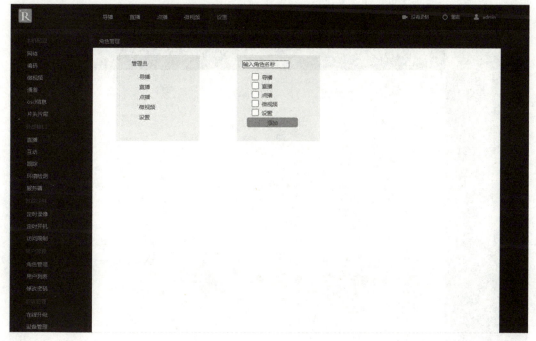

图 8-50　用户管理 – 角色管理

支持自定义操作权限，如单个权限赋予直播权限，即该类型用户只能观看直播。

用户管理 – 用户列表，如图 8-51。

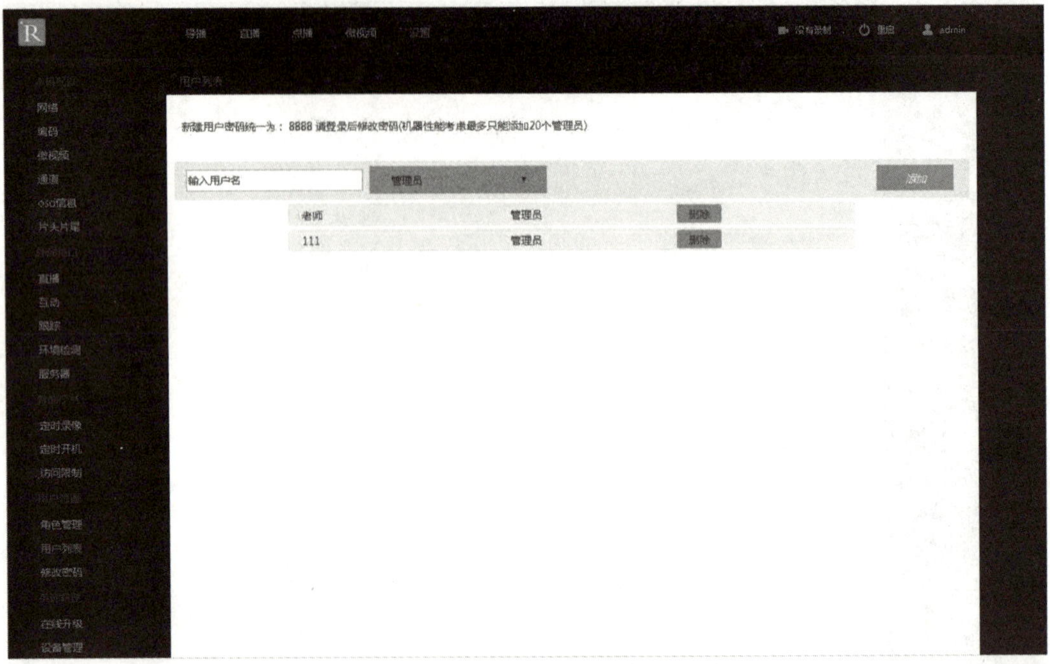

图 8-51　用户管理 – 用户列表

新建登录用户，默认密码 8888；可直接赋予该用户属于哪个权限级别；基于系统正常运行考虑，最多支持新建 8 个用户。

用户管理 - 修改密码，如图 8-52。

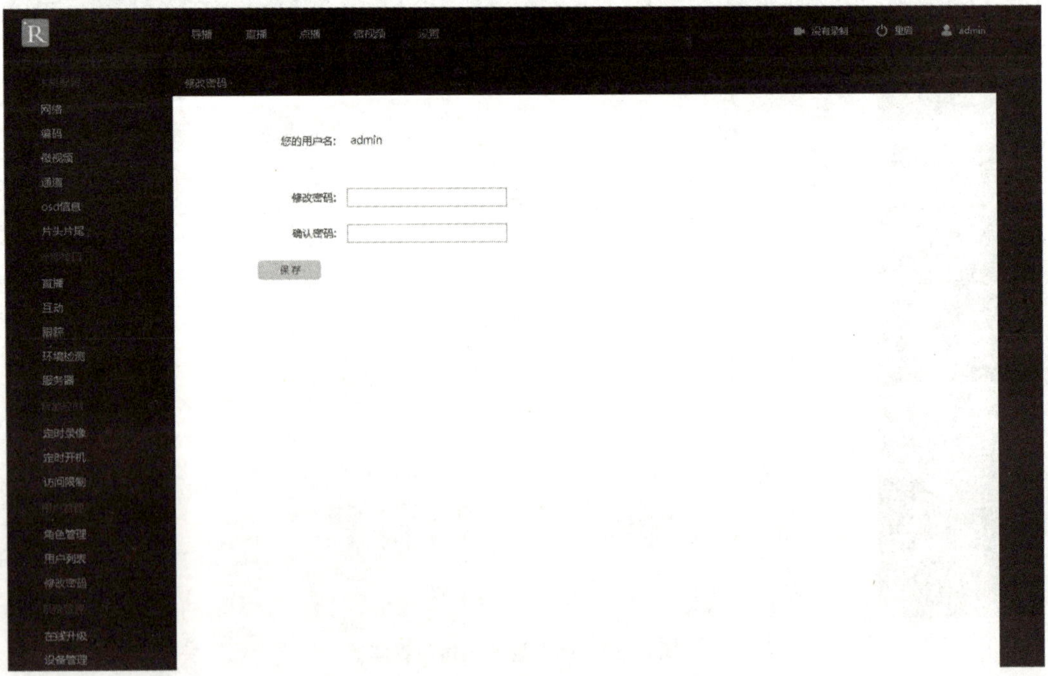

图 8-52　用户管理 – 修改密码

修改当前登录用户的登录密码。

系统管理 – 在线升级，如图 8-53。

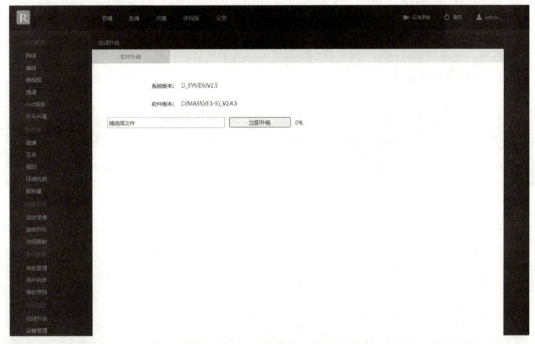

图 8-53　系统管理 – 在线升级

升级系统的版本，选择需要更新版本的文件点击"立即更新"，系统升级时请保持通电正常（正常情况下此操作请勿动，防止数据丢失）；升级成功后，系统会自动重启。

系统管理 – 设备管理 – 主机命名，如图 8-54。

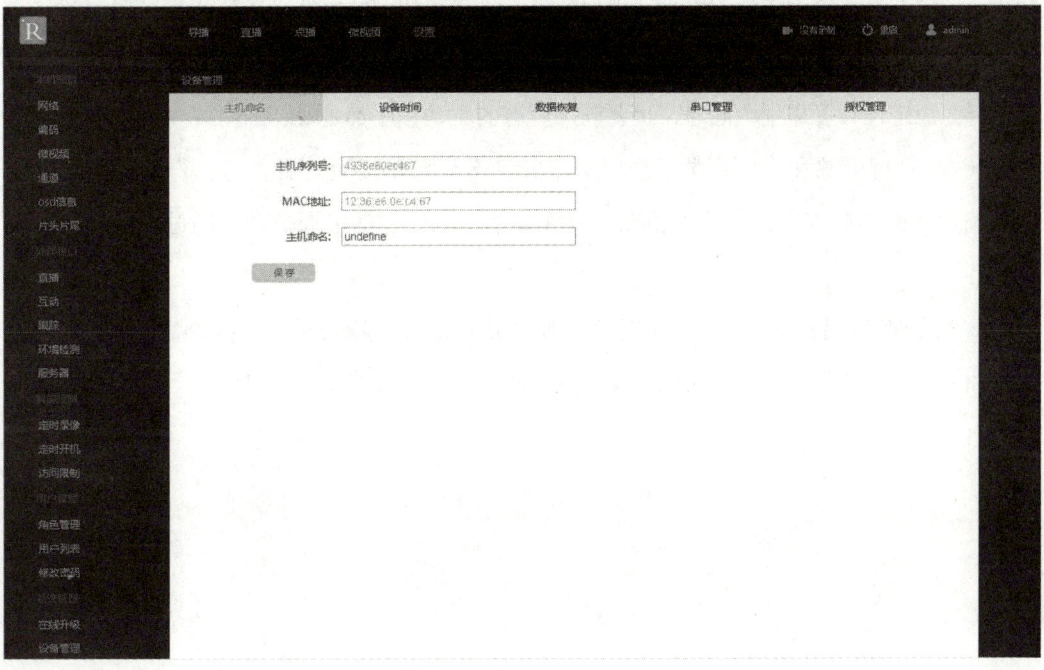

图 8-54　系统管理 – 设备管理 – 主机命名

（七）注意事项

1. 熟悉设备及操作程序，提前做好会议准备

会务人员需熟悉会议设备的操作程序，在出现突发情况时能及时调整系统以确保会议的正常进行。应提前与会议组织者了解会议程序、收集会议资料，并于会前 30~40 分钟调试会议设备，导入会议资料。

2. 会议进行中注意随时处理各种状况，保证会议顺利进行

会议期间可能出现各种临时的要求或突发状况，会务人员应坚守岗位，随时应对和处理各种状况，保证会议的顺利进行。

3. 会后应及时整理相关资料和数据

会议期间会产生各种资料、文件，如选举结果、会议记录、修改意见、讨论结论等，会务人员应及时进行资料的收集、整理，因为有些资料一旦关机就不复存在了。如果会议需要摄录，相关视频资料也需要及时保存。

4. 做好日常设备维护和保养

（1）定期检查设备：数字会议室中的设备包括投影仪、音响设备、摄像头等，这些设备都需要定期检查，确保它们的性能正常。若发现问题，应及时修复或更换，以免影响日常使用。

（2）维护清洁卫生：数字会议室通常会有很多人使用，因此，保持室内的清洁卫生非常重要。定期进行室内清洁、除尘，以保持设备干净整洁，减少故障风险。

（3）更新软件和驱动程序：数字会议室中的电脑和软件需要定期更新和升级，以保持其运行的稳定性和可靠性。同时，也要确保所有的驱动程序都是最新的。

（4）管理电源和供电：数字会议室中的许多设备都需要外部供电，若使用不当，可能影响设备的寿命。为避免这种情况，要确保单个插座上的电源负载不超过该插座的额定功率。

（5）远程支持和保障：由于数字会议室中使用的设备较为复杂，可能需要不断的技术支持和保障。如遇问题，应及时联系设备供应商或第三方维修服务提供商。

参考文献

［1］杨锋.会议管理［M］.北京：中国人民大学出版社，2015.

［2］肖庆国，武少源.会议运营管理［M］.北京：中国商务出版社，2008.

［3］郑建瑜.会议策划与管理［M］.天津：南开大学出版社，2008.

［4］钟文，刘松萍.会议策划实务［M］.重庆：重庆大学出版社，2017.

［5］成都市机关事务管理局.现代会务［M］.成都：四川大学出版社，2021.

［6］黄加有，梁叶.高效会议管理［M］.北京：北京大学出版社，2022.

［7］任康磊.你真的会开会吗？高效会议的四个关键［M］.北京：人民邮电出版社，2023.

［8］陈正康.会展经典案例分析［M］.哈尔滨：哈尔滨工程大学出版社，2022.

［9］王敏杰.商务会议与活动管理实务［M］.上海：上海交通大学出版社，2008.

［10］陈建国.会议管理实务［M］.大连：大连理工大学出版社，2014.

［11］王玉荣，葛新红.低效会议怎么改 每年节省一半会议成本的秘密［M］.北京：中华工商联合出版社，2015.

［12］向国敏.会议学与会议管理［M］.3版.北京：首都经济贸易大学出版社，2019.

［13］于丽伟.数字文化创意与会展设计研究［M］.成都：四川大学出版社，2022.

［14］李浇，支海宇.人力资源管理实训教程［M］.大连：东北财经大学出版社，2009.

［15］杨劲祥.会展实务［M］.大连：东北财经大学出版社，2008.

［16］雷鹏.会展案例与分析［M］.北京：化学工业出版社，2009.

［17］向阳.秘书会务管理［M］.北京：北京大学出版社，2009.